한길인문학문고 1

생각하는 사람

경계와 편견을 넘어서

우리시대 정치철학자들과의 대화

곽준혁 지음

한길인문학문고 1
생각하는 사람

한길사

경계와 편견을 넘어서
우리시대 정치철학자들과의 대화

지은이 · 곽준혁
펴낸이 · 김언호
펴낸곳 · (주)도서출판 한길사

등록 · 1976년 12월 24일 제74호
주소 · 413-756 경기도 파주시 교하읍 문발리 520-11
    www.hangilsa.co.kr
    E-mail: hangilsa@hangilsa.co.kr

전화 · 031-955-2000~3   팩스 · 031-955-2005

상무이사 · 박관순
영업이사 · 곽명호
기획편집 · 박희진 안민재 김지희 이지은
전산 · 김현정
경영기획 · 김관영
마케팅 및 제작 · 이경호 박유진
관리 · 이중환 문주상 장비연 김선희

출력 · 한국커뮤니케이션 | 인쇄 · 갑우문화사 | 제본 · 성문제책사

제1판 제1쇄 2010년 5월 18일
제1판 제2쇄 2011년 6월 10일

값 17,000원

ISBN 978-89-356-6221-0 03300

이 도서의 국립중앙도서관 출판시도서목록(CIP)은
e-CIP 홈페이지(http://www.nl.go.kr/cip.php)에서 이용하실 수 있습니다.
(CIP제어번호: CIP2010001698)

새로운 이념의 지평을 찾아서

☒ 머리말

후기 산업사회의 혼돈 속에서, 지구촌이 새로운 이념을 갈망하고 있다. 마치 지금 우리가 당면한 문제들이 과거에는 전혀 없었던 것처럼, 현상에 대한 이해에서부터 미래에 대한 전망까지 모두 새롭게 조명할 수 있는 판단기준을 요구하고 있다. 그러나 우리가 찾고자 하는 것이 전혀 새로운 것들인지, 그리고 우리가 원하는 것이 전혀 새로운 것인지를 속단하기는 아직 이르다. 기대하고 계획했던 일이 우연적인 사건으로 인해 실패할 때 느끼는 감정처럼, 완전히 새로운 것은 설렘보다는 불안으로 다가와 삶의 기쁨을 제공하는 새로운 가치가 되기는 힘들기 때문이다. 아울러 당면한 문제의 새로움이 던져주는 두려움에 더해 검증되지 않은 새로운 가치가 만들어낼 불확정적인 미래까지 기대할 정도로 모험심이 강한 사람들이 그리 많을 것 같지도 않다. 비록 무정형의 우연적 결합에 창조적 희열을 느끼는 사람도 있겠지만, 예측이 불가능한 삶의 지속을 행복으로 받아들일 수 있는 열정을 모두에게 기대하기란 참으로 어렵다.

　새로움이 던져주는 두려움과 기대의 길항은 새로운 이념적 지평을 제시하는 사람들이 당면하는 첫 번째 어려움이다. 서양 정치사상은 이러한 어려움을 철학적 성찰로 전환시키는 계기들로 점철되어 있다. 소크라테스를 죽음으로 몰고간 사유 중 하나가 옛 것들을 버리고 '새로운 신들'(kainous theous)을 소개한 것이었고(Apologia, 3b1-4), 신과의 새로운 약속을 위해 인간의 세계로 내려온 예수가 가이나(Kaynah)에서 최초로 기적을 보여주며 한 말도 "새(neos) 술은 새(kainos) 부대에 담아야"한다는 것이었다(Matthew, 9: 17). 또한 마키아벨리가 자신의 성취를 콜럼버스의 신대륙 발견에 비유해서 한 표현에서도 '새로운'(nuovi)이라는 말은 빠지지 않았고(*Discorsi*, proemio), 근대적 의미에서 '혁명'(rivoluzione)이라는 단어가 통용되기 이전 시기에 정치적 격변을 의미했던 말도 라틴어의 '새로운'(novus)이라는 형용사에서 파생된 '새로움'(novità)이라는 명사였다. 물론 새로움이 가져다주는 긴장이 서양 정치사상의 전유물은 아니다. 『논어』의 「위정편」에서 공자가 말한 선생이 될 수 있는 조건의 하나가 바로 '옛 것을 익히어 새로운 것을 아는 것'(溫故而知新)이었고, 『예기』의 「학기편」은 새로움에 대한 회고적 성찰이 없는 지식을 피상적이라는 의미에서 '기문지학'(記問之學)이라고 부르기에 주저하지 않았다. 동서양을 막론하고 새로움이 던져주는 어려움, 그리고 이러한 어려움을 극복한 사람들에 대한 경외심이 철학적 성찰의 주요한 주제였다.

결국 가치의 새로운 지평을 찾는 작업은 인간의 통제를 벗어난 것들에 대한 인간적 애환, 특히 결코 잡을 수 없는 '시간'(tempo)에 대한 고뇌를 담게 된다. 고대 그리스인들은 이러한 고민을 새로움을 의미하는 두 단어 속에 담아두었다. 하나가 '새로움' 또는 '생소함'이라는 의미를 가졌던 카이노스(kainos)라는 단어다. 이 단어는 과거부터 존재했지만 아직 실현되지 못했던 것을 지칭하고, 그 결과 시간적 의미에서 발생했거나 선재했던 과거의 것들과는 다른 사물 또는 사건의 질적인 특성을 전달한다. 또 다른 하나는 네오스(neos)다. 이 단어는 전혀 존재하지 않던 바, 그래서 시간적으로 미래적 시점에 존재 또는 발생할 사물 또는 사건을 의미한다. 라틴어의 노부스(novus)와 뜻이 상응하는 이 단어는 젊음 또는 더 많은 가능성을 가진 무엇인가를 지칭하기도 한다.

이러한 용례에 기초해서 소크라테스의 죄목과 예수의 표현을 살펴보면, 새로움을 찾는 작업과 관련된 정치사상적 고민들이 다른 각도에서 정리가 될 수 있다. 소크라테스가 섬겼던 '새로운 신들'(kainous theous)은 당시에 전혀 존재하지 않았던 것이 아니라 이미 있었지만 실현되지 못했던 것들을 의미하고, 예수가 말했던 '새 부대'(kainos askos)도 실현되지 못했기에 생소할 수밖에 없던 과거의 약속을 의미하게 된다. 동일한 맥락에서 근대 정치철학의 길을 활짝 연 마키아벨리의 '새로운 방식과 질서들'(modi e ordini nuovi)은 고대 로마 공화국의 위대함을 부활시키려는 지난한 노력과 연관된다. 동양의 '온고지신'이 전하는 지혜가 서양의 정치사상적 실천 속에서도 발견되는 것이다.

이러한 맥락에서 볼 때, 새로운 이념적 지평을 찾는 일은 최소한 세 가지 태도를 우선적으로 요구한다. 첫째는 주어진 모든 것을 의심하지만 진리가 존재한다는 사실 그 자체를 부정하지 않는 소크라테스적 회의주의(Socratic Skepticism)다. 일반적으로 소크라테스적 회의주의는 소피스트적 상대주의와 구별된다. 왜냐하면 소크라테스는 주어진 모든 것을 의심한다는 점에서 소피스트들과 유사하지만, 말로써 좌중의 지지만 얻으면 그것이 곧 진리가 될 수 있다는 편견(doxai)을 거부함으로써 대중의 의사와는 독립된 진정한 진리를 찾고자 노력했기 때문이다. 이러한 차이는 소크라테스의 대화(elengkhos)에는 모든 것을 안다는 소피스트들의 태도보다 '나는 아는 것이 없다는 것을 안다'(en oida oti ouden oida)는 태도가 전제되어 있다는 점에서도 비롯된다. 즉 소크라테스와의 대화에서 '알 수 없음'(aporia)은 치명적인 논리적 허점이나 논박에서의 패배를 의미하기보다 모든 것을 알 수 없는 인간의 한계에 대한 진지한 자각이 담겨 있고, 이러한 자각은 그의 질문에 대답하려는 사람들을 철학적 성찰의 길로 유도한다(Meno, 84a-c). 여기에 어떤 자명하고 절대적인 원칙을 통해 진리를 재단하려거나 이성적으로 상대방에게 무엇인가를 주입하려는 오만은 없다. 동시에 아무것도 선험적으로 주어진 것이 없기에 백지상태에서 좌중의 동의를 통해 진리를 구성하면 그만이라는 무분별함도 없다. 이성과 경험에 대한 무조건적 신뢰가 가져올 위험을 응시하면서도 의심이 진리에 대한 탐구 그 자체를 위협하지 않는 대화를 의도한 것이다. 이러한 소크라테스적 회의주의는 철인 왕이 아닌 사람들도 너무 늦기 전에 진리를 '알아차림'(anagnorsis)으로써 상황을 '반전'(peripeteia)시킬 수 있으며, 철인 왕이 될 수 없는 인간들의 대화도 진리에 다다를 수 있다는 믿음을 우리에게 심어 준다. 아울러 진지한 성찰과 개방된 대화에 기초한 소크라테스적 회의주의는 불확실한 시대에 실현가능한 미래의 폭을 넓혀줄 수 있을 것이다.

둘째는 관계적 가치에 대한 지적 호기심이다. 지금 우리는 가치가 세상을 바꿀 수 없다는 맹목적인 현실주의의 밀물 속에 살고 있다. 인식론적 차이에 대한 고민보다 현상에 대한 이념적이고 규범적인 판단부터 하고보는 습관이 결국 힘이 최고라는 생각으로 전환되었고, 다른 사람들에게 불편을 주지 말라는 교육보다 기죽지 말라는 훈육으로 자라난 세대의 힘에 대한 열망도 우려할 만한 수준이다. 권력만 잡으면 일정 기간 동안 세상을 뒤집어버릴 수 있다는 트라시마쿠스(Thrasymachus)적 망상이 미시적 삶의 공간 속에서도 자리를 잡고 있다. 여기에 인식론적 차이에서 비롯된 방법상의 차이를 좌와 우의 잣대로 판단부터 하고보는 풍토, 경험적이고 역사적인 분석보다 자신들의 이념적 편견을 앞세워 다른 사람들에게 자신의 의견을 강요하는 일상이 지적 무관심을 부채질하고 있다. 그럼에도 불구하고, 지식인조차 대중의 지적 무관심에 대한 고민을 다른 사람의 일로 미루고 있다. 대중에게 얼마만큼의 호소력이 있느냐에 따라 차별되는 지식의 가치 속에서, 가치가 연루된 대화를 기피하는 것이 곧 상대방에 대한 배려라는 분위기 속에서, 지식인들도 자신을 무력하게 만드는 '희망 없는 현실주의'(realism without hope)의 잔인함에 길들여지고 있다. 결과는 참혹하다. 이견을 가진 상대방에게 일방적으로 묵인을 요구하거나, 다양성을 앞세워 의견의 충돌을 시장거래에서 발견되는 선호의 차이 정도로 간주하는 경우가 비일비재하다. '공화'를 이야기하지만 타인의 자의적 의지로부터 자유로운 시민적 조건이 공동체의 안위라는 이름으로 침해당할 수 있다는 고민은 극히 제한된 영역에서만 들려온다. '자유'를 지켜야 한다는 목소리는 크지만, 입장의 차이가 대화를 통해 극복될 수 있다는 신념, 그리고 이러한 극복은 단순히 이견을 무시하거나 인내하는 것이 아니라 각자가 심의를 통해 자신의 의사를 바꿀 때 가능하다는 관용의 정신은 찾아보기 힘들다. 이견을 가진 상대방의 의사에 대한 관심을 갖기 위해서라도, 그리고 이견이 있더라도 결정이 이루어지면 이에 대한 정치사회적 책임을 공유할 수밖에 없는 현실을 이해하기 위해서라도, 비관계적 무관심을 관계적 가치에 대한 지적 호기심으로 전환시킬 계기가 필요하다.

셋째는 문화적 변용(cultural appropriation)에 대한 적극적 시인이다. 이것이 문화적 특수성 또는 상이한 문화 사이의 통약불가능성(incommensurability)이라는 개념을 가지고 정초적이고 본질주의적인 서구중심주의를 비판해온 노력이 무의미하다는 말은 아니다. 적극적 시인이 의미하는 바는 '순수한 혈통'이나 '순수한 문화'와 같이 어느 사회의 문화를 오직 하나 또는 일련의 불변의 전통으로 단순화하는 특수주의, 모든 전통은 한때 변혁이었다는 문화의 지속과 변화에 대한 지극히 자연스러운 인정조차 무시하는 전통주의, 그리고 상이한 문화와의 접촉을 통해 정치사회적 상상력이 예술적 창의력을 넘어설 수 있다는 사실을 부정하는 국수주의를 극복해야 한다는 것이다. 또한 자기 문제를 전달하지 못해 보편적인 문제를 오히려 특수한 문제로 축소시키는 폐쇄적 문화상대주의, 자기 문화의 전달을 통해 자부심을 느끼는 일상은 선전하지만 다른 문화로부터 배우는 데는 인색한 세계 전략적 민족주의도 극복의 대상이 된다. 대신 문화적 변용에 대한 적극적 시인은 다양한 문화 사이의 교류를 통해 새로운 상상력이 등장하고, 이러한 상상력이 과거에 연계된 현재를 새로운 미래의 가능성으로 바꿀 수 있다는 자각에서 출발한다. 서구의 르네상스 문화가 이미 존재했지만 실현되지는 못했던 과거의 회복과 여러 문화적 변용이 만들어낸 창의력이 만나 꽃을 피웠듯이, 19세기와 20세기 유럽의 예술이 이질적인 일본 미술을 통해 계발된 심미안과 기술로 안일한 재생산에서 탈피했듯이, 문화적 접촉과 변용이 새로운 생각의 조합을 제공할 수 있다는 믿음이 필요하다. 그렇지 않으면, 공화주의 전통이 없다는 이유로 근대 서양의 문화적 산물로 채색된 민족주의가 전달하는 가치는 받아들이면서도 우리의 삶 속에 숨 쉬고 있는 '조국에 대한 사랑'(amore della patria)의 가치에는 무관심한 오류를 범하게 될 것이고, 자유주의가 최초부터 우리의 것이 아니라는 이유로 지금 서구 사회에서 들려오는 자유주의자들의 자성을 못들은 체 할 것이다. 만약 이러하다면, 우리의 현재는 다가올 것들의 잠재적 가능성을 통해 의미를 가질 기회를 상실하고, 우리의 고민은 인류의 보편적 기대를 충족시킬 수 없으며, 지금의 정치사회적 문제를 해결하려는 열정을 가진 사람들은 상상력의 나래를 펼 수 없을 것이다.

인식의 전환은 경험적 연구만큼이나 이론적 탐구로부터 시작된다. 이론(theoria)이라는 단어가 '여행하다', '보다', 그리고 '해석하다'의 뜻을 가진 관찰자(theoros)라는 말에서 파생되었듯이, 현상에 대한 치밀한 분석만큼이나 주어진 현상을 새롭게 조명할 사고의 방식을 찾는 작업이 우선적으로 요구된다. 특히 기존의 제도를 수정하려 하거나, 새로운 것으로 대체하려는 사람들에게 이론적 탐구는 필수적이다. 델포이 신전에 신탁을 받으러 가는 사람처럼, 문제의 재생산을 막기 위해서는 직면한 문제에 대한 현상적 집착을 넘어 근원부터 찾아가는 노력이 필요하기 때문이다. 보다 직접적으로 말하자면, 이미 익숙한 사고방식으로부터의 자발적인 일탈, 진지한 자기반성, 그리고 사려 있는 재해석의 반복적 수행 없이는 당면한 문제에 얽힌 직접적인 이해관계가 문제를 통해 반영된 절박한 사회경제적 요구를 압도하는 것을 막을 방도가 없다.

이러한 맥락에서 필자는 다섯 명의 이론가를 만났다. 석학이라는 말이 어떤 전형(eidos)을 찾아가는 길까지 보았다는 의미를 갖는다면, 그리고 우리가 말하고자 하는 지식(scientia)이 백과사전에서 찾을 수 있는 정보를 의미하는 것이 아니라면, 우리는 이들이 '안다'(oida)는 말이 진리를 힐끗이나마 '보다'(eido)의 의미를 갖는 이유에 대해 잘 아는 사람들이라 말할 수 있다.

그러나 이들을 만난 이유가 단순히 그들의 학문적 역량이나 학계의 평판만은 아니었다. 정치권력으로부터 스스로의 본분과 비판적 견해를 지켜내는 이들의 학자적 의연함이 매력적이었고, 스스로가 경험하고 체득한 전통과 대립되고 상충하는 요구들을 수용하고자 몸부림치는 모습에서 배우기를 원했으며, 이러한 노력을 통해 만들어진 정치사회적 구상들이 우리의 이념적 지평(horizon)을 넓혀줄 수 있다고 믿었기 때문이었다. 그리고 공화주의자가 공화가 아니라 자유에 주목하고, 민족주의자가 영광이 아니라 공존을 열망하고, 급진주의자가 혁명이 아니라 절차에서 해답을 찾고, 자유주의 교육의 핵심이 시민적 덕목의 훈육으로 채워지며, 자유주의자가 경쟁이 아니라 재분배를 요구하는 모습에 우리 시대가 요구하는 관찰자(theoros)의 모습을 보았기 때문이었다. 또한 지금의 우리가 당면한 문제를 해결하는 데 있어 무엇보다 중요한 것을 대화에서 찾으면서도 대립되고 상충되는 사람들 사이의 대화가 폭력으로 귀결되지 않는 방법을 고민하는 신중함에 매료되었기 때문이었다.

특히 대담의 앞뒤 글들이 이들의 고민을 살펴보는 시간을 제공하기를 원한다. 비지배 자유로 다져진 시민적 품위(decorum)에서 해답을 찾는 페팃(Philip Pettit)처럼 법치의 의미를 재고해보기도 하고, 시민적 신뢰를 통해 빚어진 시민적 책임성에 기대를 거는 밀러(David Miller)처럼 민족주의의 수정을 요청해보기도 하며, 중립적 제도에 대한 불신이 냉소적 허무주의로 귀결되지 않도록 오히려 시민적 견제력에 초점을 맞추는 무페(Chantal Mouffe)처럼 용기를 내보기도 하고, 것만(Amy Gutmann)처럼 개인의 자율성에만 초점이 맞추어진 자유주의와 정치공동체의 목적을 주입하는 공동체주의 시민교육에 담대하게 '아니오'라고 소리쳐보는 기회를 독자들이 갖기 원한다. 그리고 자유로운 선택만이 아니라 자유로운 선택이 가능한 조건을 공화주의자나 사회민주주의자보다 더 열심히 소리치는 너스바움(Martha Nussbaum)의 자유주의로부터 잊었던 자유주의의 혜안을 발견하기를 원한다. 만약 이 모두가 우리의 인문학적 상상력을 통해 진지하게 경험될 수 있다면, 그래서 현재의 문제가 유발한 열정적 운동이 관찰자적 안목과 신중함을 통해 삶의 세계로 돌아오는 과정이 반복될 수 있다면, 새로운 제도를 가능하게 만들 정치적 상상력이 편견과 현실이라는 장벽을 넘을 수 있으리라 기대한다. 그리고 이러한 과정을 통해 우리의 정치적 삶이 성찰과 진정성으로 더욱 건강해질 수 있다면, 우리의 고민을 통해 숙성된 이론들이 인류사회의 공영에 기여할 수 있는 터전도 넓어지리라 기대한다.

마키아벨리가 베토리(Vettori)에게 보낸 편지가 필자의 책상 위에 있다. "나는 프란체스코 구이치아르디니를 사랑하네. 그리고 나의 조국(patria)을 내 영혼(anima)보다 사랑하네. 내 육십 평생의 경험으로 자네에게 말하네만, 지금보다 더 어려운 상황들(articuli)은 없었네. 평화는 필요하지만 전쟁을 포기할 수는 없고, 평화든 전쟁이든 어떤 것도 잘할 수 없는 군주를 우리가 모시고 있지 않은가"라는 말에서, 선생으로서 마키아벨리의 마지막 희망을 다시 보고 있다(*Lettere*, Aprile 16, 1527). 마키아벨리가 친구처럼 생각했지만 14년 연하인 구이치아르디니에게 조국의 미래를 걸었던 것처럼, 그리고 정치적으로 의견이 달랐지만 자기의 말을 이해할 수 있으리라 믿었던 유력한 가문의 자제에게서 조국의 희망을 발견했던 것처럼, 진지하고 차분하게 다른 나라의 소장학자에게 성의를 다해 대답해준 다섯 분의 학자에게 무엇보다 감사를 드리고 싶다. 그리고 게재되었던 글들을 다시 편집해서 출간하도록 허락해준 고려대학교 아세아문제연구소 등재학술지 『아세아연구』 편집위원회와 계간 『비평』 편집위원회, 출판시장의 흐름을 역행하면서까지 이 책을 출간하는 한길사의 김언호 사장과 박희진 편집장, 그리고 두 해에 걸쳐 국내외에서 여러 방식으로 진행된 원고를 읽어준 모든 분들께 감사를 드린다. 필자의 일천하고 부족한 지식이 우리가 진정 자유롭고 행복한 정치적 삶(vivere politico)을 구상하는 데 조금이라도 도움이 될 수 있다면 이 분들의 성의를 부끄럽게 만들지는 않으리라 생각한다.

2010년 3월
곽준혁

2 변화하는 세계, 민족주의는 아직도 필요한가
: 데이비드 밀러 교수와의 대화

3 다양한 갈등이 표출되는 쟁투적 민주주의를 지지한다
: 샹탈 무페 교수와의 대화

무페의 정치사상

무페와의 대화

민주주의와 한국사회

4 민주적 시민은 무엇으로 교육되는가
: 에이미 것만 교수와의 대화

것만의 정치사상

것만과의 대화

시민교육과 한국사회

5 문화적·정치적 경계를 넘어 인간의 삶을 생각한다
: 마사 너스바움 교수와의 대화

너스바움의 정치사상

너스바움과의 대화

자유주의와 한국사회

1 비지배 자유가 실현되는 이상적 공화국을 꿈꾸다

: 필립 페팃 교수와의 대화

페팃의 정치사상

페팃 공화주의의 중요한 두 축

페팃(Philip Pettit)은 미국 프린스턴 대학 정치학과 교수로, 90년대 말부터 영미뿐만 아니라 전 세계 정치이론 및 정치사상학계의 최대 화두로 떠오른 신로마 공화주의(Neo-Roman Republicanism)의 가장 정교한 이론가로 손꼽히는 학자다. 아일랜드 태생으로 벨파스트(Belfast)에 있는 퀸스(Queen's) 대학에서 박사학위를 받았고, 더블린(Dublin)에 있는 국립대학 육성 칼리지에서의 강의를 시작으로, 캠브리지 대학 연구원, 브래드포드(Bradford) 대학 교수(1977~83), 오스트레일리아 국립대학 교수(1983~2002)를 거쳐, 2002년부터 프린스턴 대학의 교수로 재직하고 있다.

그의 정치철학적 배경은 그의 학문적 여정이 말해주듯 복잡하다. 아일랜드에서 그는 분석철학과 인지과학에 심취했고, 캠브리지 대학에서 구체화한 방법론적 개인주의와 결과론적 구성주의를 바탕으로 사회정의와 법철학을 탐구했으며, 오스트레일리아 국립대학에서 보다 안정적으로 교편을 잡고 스키너(Quentin Skinner)를 비롯한 여러 학자들과 본격적인 교문을 나누면서 자신의 정치이론을 신로마 공화주의로 체계화했다. 우리가 특히 주목해야 할 부분은 바로 그의 공화주의를 지탱하고 있는 방법론적 개인주의와 결과론적 구성주의다.

페팃의 방법론적 개인주의는 이기적 동기뿐만 아니라 관계적 사고의 능력을 가진 행위자로서 개인과 사회와의 상호작용으로 사회현상과 집단의식을 설명하려는 인식론적·해석학적 틀을 말한다.[1] 이러한 방법론적 개인주의는 분석의 출발이 개인이라는 점에서, 최종 판단자로서 고립된 개인의 동기에 초점을 두면서 그러

---

1 방법론적 개인주의(methodological individualism)는 전체와 개체를 대립적 관계로 설정하거나, 사회를 개인들의 조합으로 설명하는 존재론적 원자주의(ontological atomism)와는 전혀 다른 인식론적 틀을 의미한다. 주지하다시피 방법론적 개인주의의 역사는 소피스트(the Sophists)의 계약론적 사고로 거슬러 올라갈 정도로 역사가 오래되었다. 따라서 방법론적 개인주의를 한 마디로 정의하기는 힘들다. 다만 페팃이 "포괄적 개인주의"(holistic individualism)라고 부른 방법론적 개인주의는 한편으로는 인간의 사회성과 상호 주관적 실체로서 사회를 인정한다는 점에서 사회적 개인주의(social individualism)의 성격, 다른 한편으로는 개인이 사회 구조에 수동적으로 응답하기보다 사고의 자율적 능력을 통해 공적·제도적 구조를 재구성할 수 있다는 주관주의적 개인주의(subjective individualism)의 성격을 동시에 가지고 있다고 할 수 있다. 페팃을 비롯한 신로마 공화주의가 갖고 있는 인식론적인 특징과 그러한 특징의 정치

한 개인들의 상호작용으로 사회현상을 설명하려는 사회계약론이나 실증주의 경제학의 입장과 유사해보인다. 그러나 관계적 인간과 사회 전반에 대한 이해 없이 사회현상을 설명하고 평가하는 것이 불가능하다고 보고, 개인의 심리 상태를 중시하면서도 개개인이 어떻게 사회적으로 관계를 맺으며 동시에 그들이 구성한 사회적 실체와는 어떻게 연관되는지 설명하고자 한다는 점에서 이들 입장과 뚜렷이 구별된다(Pettit, 1993: vii-ix). 이러한 차이는 한편으로는 개인적 차원의 심리적 경향과 상호 주관적 관계를 통해 형성되는 문화적 특성의 상호작용을 살펴봄으로써 자율성과 공공성의 조화가 가능한 정치적 조망을 제시하고, 다른 한편으로는 고립된 개인에게만 초점을 맞춘 극단적 자유주의와 전체에 매몰된 극단적 공동체주의의 오류를 피할 수 있는 단초를 제공한다. 아울러 이러한 차이는 개인의 자율성과 사회의 공공성을 조화시키는 제3의 길이 단순히 좋은 것들의 조합이나 절충이 아니라, 일관성을 유지할 수 있는 또 다른 철학적·인식론적 해석의 틀을 요구한다는 것을 말해준다.

페팃의 결과론적 구성주의는 거듭된 설명에도 불구하고 많은 비판을 불러일으키는 부분이다. 사실 페팃의 결과주의는 결과론

사회적 반영은 곽준혁(2008b)을 참조, 페팃의 개인주의 일반에 대한 종합적인 견해는 페팃의 초기 정치철학적 견해가 담긴 연구(Pettit, 1980: 43~72)를 참조, 그리고 방법론적 개인주의를 표방하는 입장들의 미묘한 차이는 우덴(Udehn, 2001; 2002)을 참조.

과 의무론이라는 이분법적 구분으로는 설명할 수 없는 복잡한 내용을 갖고 있다.[2] 첫째, 페팃은 잠재적으로 공유된 가치가 있을 수 있고 그것을 통해 사안의 우선순위를 결정할 수 있다고 보지만, 어떤 특정한 의무 또는 행위의 패턴이 모든 행위자의 행동이나 심리, 또는 관계에 항상 내재되어야 한다는 도덕적 요구는 거부한다. 그는 어떤 공동체 구성원들이 공유하는 가치가 정언적 명제(categorical imperative)와 같은 것일 수도 있고, 행위자로부터 독립된 행위 패턴 또는 중립적 규정으로 표현될 수 있다고 본다. 다만 절대적 가치가 있다거나, 어떤 가치의 실현까지 그 가치를

---

2 페팃은 자신의 결과론을 '제한적 결과주의'(restricted consequentialism) 라고 부른다(Pettit, 1986). 그가 정의한 제한적 결과주의는 여러 대안들 중 어느 하나를 선택하는 데 있어 기준을 제공하고자 하는 동일한 목적을 갖고 있지만, 무엇이 옳으냐를 결정하는 것 또는 그러한 선택을 평가하는 데 기여하는 가치가 곧 정책 결정과정에서 반드시 적용되어야 하는 바를 선택하는 데 결정적인 기준이 되는 것은 아니라는 점에서 일반적 결과론 과는 차이가 있다. 이러한 차이는 한편으로는 공리주의적 결과론과 스스로를 구분하고 싶은 의도를 갖고 있고, 다른 한편으로는 자신의 결과론을 심의를 통한 공공선의 구성이라는 목적에 부합하도록 조정한 결과라고 할 수 있다. 칸트적 의무론보다 결과론이 자유를 보호하는 데 더 기여할 것이라는 페팃의 주장은 벤(Stanley Benn)의 연구에 대한 비판(Pettit 1989)을 참조. 결과론에 대한 일반적 논의는 그가 정리한 결과주의(Pettit 1991)를 참조. 그리고 그의 결과론적 구성주의가 법철학에서 어떻게 적용되는지를 살펴보기 위해서는 형법에 대한 그의 연구(Braithwait & Pettit, 1993)를 참조.

통해 평가받아야 한다는 것에 동의할 수 없는 것이다. 예를 들면, 전쟁을 종식시키기 위해 전쟁을 할 수도 있다는 것이다. 둘째, 페팃은 심의를 통해 공공선이 구성되어야 한다는 견해를 가지고 있다. 우선 그는 어떤 천부적 권리나 자연적 가치도 인정하지 않는다. 또한 그는 공리주의의 효용과 같이 다른 모든 원칙들이 파생되고 그 내용이 좌우되는 제1원칙(the first principle)을 제시함으로써 심의를 통한 공공선의 구성이 사실상 불가능한 상황을 원하지 않는다. 즉 심의를 가능하게 하고, 심의를 통해 어떤 가치가 선택될 수 있도록 조정하는 원칙은 있을 수 있지만, 무엇을 선택해야 하는지가 심의 이전에 결정되는 것은 거부한다. 그의 결과론적 구성주의는 아래 질문 5에 대한 대답에서 잘 드러난다. 심의를 가능하게 만드는 조건으로서 비지배 자유, 그리고 비지배 자유를 정당화하는 정치적 근거 모두 결과론적 구성주의에 기초하고 있다.

비지배 자유 개념에 대한 논의

전 세계적으로 페팃의 공화주의가 주목받고 있는 이유는 그가 자유주의 이전의 자유의 의미로 구체화한 비지배(non-domination)—타인의 자의적 의지로부터의 자유—라는 개념이 한편으로는 자유주의와 공화주의의 오랜 논쟁을 끝낼 수 있다는 기대를 갖게 했기 때문이고, 다른 한편으로는 신자유주의가 가져온 지구적 어려움을 극복할 수 있는 새로운 사상적 지평을 열어줄 수 있다는 확신을 제공하고 있기 때문이다. 전자가 학문적·이론적 기대라면, 후자는 실천적 · 운동적 신념이다.

학문적 · 이론적 측면에서 살펴보면, 비지배 자유는 반집합적 (anti-collective)이면서도 반원자적(anti-atomist)인 공화주의가 존재할 수 있다는 점을 환기시킴으로써, 기존에 공동체주의를 통해 형성된 공화주의에 대한 자유주의자들의 우려를 불식시키는 데 크게 기여했다. 즉 다름 아닌 자유를 통해서도 공동체, 시민적 덕성, 공유된 가치, 자율(self-rule), 그리고 정치참여와 같은 공화주의적 이상을 논의할 수 있다는 사실을 널리 확인시켜준 것이다.[3] 사실 자유주의의 대안적 요소를 중심으로 공화주의를 몇 가지 특성으로 설명하는 일반적 추세와는 달리, 오랜 전통을 가지고 있는 공화주의는 내부적으로 매우 다양한 모습을 가지고 있다.[4] 단

---

3 비지배 자유가 구체화되기 이전, 자유주의와 공화주의의 논쟁은 전자의 승리로 일단락되는 듯했다. 1990년대 동유럽 사회주의 국가의 몰락이 자유주의 시장경제의 승리로 인식되는 분위기에서, 개인의 자율성과 자연적 권리보다 공동체적 연대와 적극적인 정치 참여를 강조함으로써 자유주의 진영으로부터 전체주의적이라는 비난을 받아왔던 공동체주의가 대안적 능력을 상실한 것처럼 인식되었던 것이다. 이런 분위기에서 1990년대 초반부터 공동체주의가 기반하고 있는 아리스토텔레스적 전통과는 달리 개인적 자유와 시민적 참여가 대립되지 않는 전통이 있다는 지적이 대두되었다. 이런 지적은 1980년대 스키너가 처음 제기한 것이지만, 이를 체계적으로 정리하고 발전시킨 사람은 페팃이다. 이들과 같이 로마 공화국에서 공화주의의 기원을 찾는 입장을 '신로마 공화주의'라고 부른다. 여기에 이탈리아의 비롤리(Maurizio Viroli)와 프랑스의 스피츠(Jean-Fabian Spitz) 등이 가세함으로써 새로운 공화주의 논쟁을 유발했다.

순화의 위험은 있지만, 아리스토텔레스(Aristotle)의 '정치적 동물'(zoon politikon) 테제를 확대 적용하거나 시민적 덕성과 시민의 적극적인 정치참여를 강조하는 르네상스 시민적 인문주의(civic humanism)의 전통을 계승한 공동체주의는 시민적 공화주의(civic republicanism)로 분류되며, 시민적 공화주의가 선험적이고 자연발생적인 연대감을 지나치게 강조함으로써 개인의 자유를 파괴하고 다양성을 해칠 수 있다는 비판을 받아들여 아리스토텔레스가 아니라 로마 공화국으로부터 공화주의의 전통을 찾아야 한다고 주장하는 신로마 공화주의자들은 개인의 자율성과 공공선의 추구를 조화시키려는 자유주의적 공화주의(liberal republicanism)에 속한다. 페팃은 후자의 입장에 서 있는데, 한편으로는 자유주의가

---

4 흥미로운 사실은 대부분이 고전적 공화주의(classical republicanism)라는 표현을 종종 사용한다는 것이다. 즉 근대 자유주의의 출현을 기준으로 한다면, 아리스토텔레스로부터 기원을 찾는 시민적 공화주의나 키케로로부터 기원을 찾는 신로마 공화주의나 모두 고전적 공화주의라고 할 수 있다. 예를 들면, 보수의 원조라는 평가와 민주주의 이론의 정신적 지주라는 평가가 공존하는 아렌트(Hannah Arendt), 미국 역사학계의 공화주의적 수정주의를 대표하는 포콕(John Pocock), 그리고 공동체주의의 대표적인 정치철학자 맥킨타이어(Alasdair MacIntyre)가 전자의 입장을 대변한다고 할 수 있다. 후자의 입장은 신로마 공화주의자들을 통해 잘 드러나고, 종종 '고전적'이라는 표현은 거부하지만 선스타인(Cass Sunstein)과 같은 자유주의적 공화주의자들도 비슷한 입장을 보이는 경우가 있다. 고전적 공화주의에 대해서는 곽준혁(2007c)을 참조.

추구하는 개인의 자유와 다양성이라는 조건을 충족시킴으로써 자유주의와의 공존의 틀을 제공하고, 다른 한편으로는 자유를 향유하는 사람들이 자의적 지배에 대한 저항을 체화하여 상호 호혜적인 관계를 형성하는 과정으로 민주적 심의를 부각시켜, 자유주의와 공동체주의의 문제점들을 극복할 수 있는 가장 적절한 대안으로 인정받게 된 것이다.

실천적·운동적 신념이라는 측면에서 볼 때, 페팃이 정의한 비지배 자유가 사회운동에 미친 영향은 그가 최초에 의도했던 것과는 다소 다른 방향으로 진행되고 있다. 물론 신로마 공화주의의 등장은 신자유주의의 확산이라는 흐름 속에 시민적 삶의 질적 추락에 대한 불만과, 시장경제의 지구적 고도화라는 흐름 속에서 복지를 위한 국가의 역할이 제고되어야 한다는 요구에 대한 하나의 응답이다. 그러나 신로마 공화주의에 대한 민주주의 이론가들과 실천가들의 환호 속에, 페팃을 비롯한 신로마 공화주의자들이 정치참여에 대해 가진 입장이 등한시되는 경향이 있다. 그 결과 페팃의 비지배 자유가 시민적 공화주의의 적극적인 시민성을 강조하는 도구로 사용되기도 하고, 그가 자신의 헌정적 구상에서 보여준 반민중주의적(anti-populist) 태도가 혁명적 동원의 근거로 사용되기도 한다. 한편으로는 '유력 시민' 또는 '권력 집단'이 공적영역과 공적 자산을 독점 또는 오용하는 것을 방지하고자 하는 공화주의 전통에서의 시민적 권리가 적극적인 정치참여로 해석되고, 다른 한편으로는 민주적 절차 또는 시민적 합의로부터 독립된 절대적 기준에 호소하지 않으면서도 다수결에 의해 개인의 자율성이 훼손될 수 없도록 조정하는 비지배 자유가 내재적 원칙으로서 갖는 가치가 축소되기도 하는 것이다.[5] 질문 4와 11에 대한 페팃의 답변에서 보듯, 그는 신자유주의 또는 자유주의와 민중주의 또는 공동체주의의 중간에 자신을 위치 지우고 있다. 비지배 자유에 대한 다양한 해석이 있을 수 있겠지만, 페팃의 공화주의가 갖는 위치는 그가 의도한 바에 따라 정확하게 평가되어야 할 것이다.

공화주의 논쟁의 전개

페팃의 『공화주의』(Republicanism: A Theory of Freedom and

---

[5] 이러한 경우는 특히 라틴아메리카 학자들의 연구에서 잘 나타난다. 그러나 '공적인 것'(res publica)으로 대표되는 공공 영역과 공적 자산에 대한 시민적 권리는 시민의 적극적인 참여를 주문하는 시민적 공화주의 또는 공동체주의, 그리고 참여 민주주의를 강조하는 학자들이 오래 전부터 다루었던 주제다. 따라서 시민적 공화주의와 자유주의적 공화주의를 뚜렷이 구분하지 않은 채, 공화주의의 부활 그 자체를 민주주의의 실질적인 심화의 계기로 삼고자 하는 것이다. 심지어 2003년 ECPR(European Consortium for Political Research)이 주관한 'Republican Theory, Republican Practice'라는 워크숍에서 발표된 논문들 중에서도, 신로마 공화주의자들이 제기한 고전적 공화주의 또는 자유주의적 공화주의를 시민적 공화주의와 혼동하는 경우를 발견하게 된다. 라틴아메리카 학자들 사이에서 시민적 공화주의의 인식론적 배경을 가지고 공화주의의 부활을 논의한 대표적인 경우는 페레이라의 연구(Bresser-Pereira, 2002)를 참조, 그리고 ECPR의 워크숍 결과물은 호노한과 예닝스가 편집한 책을 참조(Honohan & Jennings, 2006).

Government, 1997)가 지금까지 공화주의에 대한 다양한 출판물 중에서 가장 정교하고 체계적인 이론서라는 점에는 이견이 없다. 스키너가 밝히고 있듯이 이 책은 이후에 등장하는 공화주의 관련 서적에 큰 영향을 미쳤으며(Skinner, 1998: xi), 라모가 언급하듯 이 자유주의와 공동체주의의 진부한 논쟁을 새로운 단계로 끌어 올린 중요한 학술서다(Larmore, 2003: 96). 따라서 최근 공화주의와 관련된 내부와 외부의 비판과 논쟁이 페팃의 이론을 중심으로 전개되는 것은 크게 놀랄 일이 아니다.

그럼에도 불구하고, 최근 주요 정치이론가들 대부분이 페팃을 둘러싼 논쟁에 가담하고 있다는 사실은 페팃의 이론에 동조하는 학자나 반대하는 학자나 모두 조금 당황스럽다는 반응이다(Goodin, 2003: 56). 일찍이 사회적으로 주변화된 사람들을 위한 포용(inclusion)의 원칙으로 영이 비지배를 받아들였고(Young, 2002), 자율성에 바탕을 둔 민주주의 이론가 대거는 시민경제(civic economy)라는 개념을 통해 비지배를 사회경제적 조건으로 구체화했으며(Dagger, 2006), 심의민주주의 이론가인 보먼은 비지배를 지구적 차원에서의 민주적 거버넌스를 만드는 원칙으로 확대시키고 있다(Bohman, 2007). 또한 최근 여러 학회지에서 페팃의 공화주의를 특집으로 다루고 있고, 그의 이론에 대한 여러 학자들의 평가를 담은 단행본도 여럿 출판되었다.[6] 게다가 페팃의 이론에 비판적인 학자들이 그와 공통의 주제를 가지고 저서를 낸 경우도 종종 보게 된다.[7]

이렇듯 페팃의 이론에 대한 관심이 증폭되면서, 그의 이론에 대한 비판도 거세게 일고 있다. 특히 우리가 주목해야 할 비판들은 크게 두 가지다. 첫째는 그가 기반하고 있는 텍스트 해석과 관련된 비판이다. 이러한 비판은 특히 마키아벨리의 저작에 대한 그의 해석에 집중되고 있는데, 이러한 추세를 대표하는 학자가 맥코믹(John McCormick)이다. 맥코믹은 마키아벨리(Niccoló Machiavelli)가 인민의 폭력적 견제까지 용인했다는 점을 부각시킴으로써, 마키아벨리의 비지배 자유라는 개념을 통해 시민적 공화주의의 문제점을 극복하려한 페팃의 공화주의는 자유주의적 왜곡이라고 단정한다(McCormick, 2003). 표면적으로 이러한 비판은 마키아벨리의 텍

---

6 학술잡지의 경우, *Politics, Philosophy & Economics*는 2006년 특집으로 페팃의 공화주의를 다루었고, 2002년 몬트리얼 대학(the Université de Montréal)에서 있었던 컨퍼런스의 결과가 *Critical Review of International Social and Political Philosophy* 2003년 특집으로 출판된 후 이듬해에 단행본으로 출간되었으며(Weinstock & Nadeau, 2004), 2009년에는 *European Journal of Political Theory*가 「공화주의와 지구적 정의」(Republicanism & Global Justice)라는 주제로 특집을 구성했다. 단행본의 경우, 앞서 언급한 ECPR의 결과 이외에도 여러 권이 출간되었는데, 이중 2008년에 출간된 책을 주목할 필요가 있다. 이 책을 통해 우리는 페팃의 공화주의에 대한 주요 정치이론가들의 평가와 공화주의의 부활이 정치이론에 미친 영향을 동시에 살펴볼 수 있다(Laborde & Maynor, 2008).

7 페팃의 주요 비판자이면서도 그와 함께 특정 주제를 잡아 단행본을 낸 대표적인 경우로는 경제학자 브레넌이 페팃과 함께 존중(esteem)에 대해 쓴 단행본을 참조(Brennan & Pettit, 2004). 브레넌의 페팃에 대한 비판은 로마스키와 함께 쓴 논문을 참조(Brennan & Lomasky, 2006).

스트가 다르게 해석될 수 있다는 주장처럼 보이지만, 실제로는 페팃의 반민중적 태도에 대한 불만이 표출된 것이다(곽준혁, 2008a). 즉 다수의 폭력을 비롯한 그 어떤 형태의 자의적인 권력의 행사도 방지해야 한다는 취지에서 법을 강조하는 것은 이해되지만, 법의 지배에만 집착하는 것은 제도 안에서 행해지는 지배 집단의 자의적 행위에 대한 인민의 견제력을 무력화시키는 결과를 초래할 수도 있다는 것이다(McCormick, 2001; 2003: 626).[8] 이렇게 텍스트 해석과 관련된 비판들은 거의 대부분 페팃의 공화주의와 구별되는 이론을 제시하고자 하는 목적을 의도로 갖고 있다. 마키아벨리의 비지배를 어떤 형태의 이상적 정체 또는 근원적 기준도 거부하는 무정부적 또는 반정초적 민주주의 이론으로 해석한 배터의 비판(Vatter, 2005), 키케로의 공화주의를 정부의 형태나 특정 입장에 국한시키는 경향에 반대함으로써 시민의 권리를 좀더 강화하려는 입장(Digeser, 2004), 아리스토텔레스를 시민적 공화주의

---

8 사실 마키아벨리의 정치사상이 갖는 민중주의적 성격을 애써 피하려는 페팃의 태도는 민주주의 이론가들과 고전 연구자들 모두에게 지적을 받고 있다. 비록 페팃이 스스로를 마키아벨리 전문가로 규정하지는 않지만, 매디슨(Madison)적 반다수결주의를 마키아벨리가 공유하지 않았다는 사실을 인정할 필요는 있다. 물론, 페팃이 비지배 자유의 법제화를 고민한 만큼, 마키아벨리도 인민의 폭력적 견제가 항상 좋은 결과를 가져올 수 없기에 법과 리더십을 동시에 논의했다는 점은 새삼 강조해도 지나치지 않을 것이다. 이에 대해서는 곽준혁(2008a)을 참조, 그리고 페팃의 해석을 매디슨적이라고 비판한 경우는 보쉐(Bosche, 1998)를 참조.

가 아니라 자유주의적 공화주의에 더 적합한 사상가로 해석하는 견해(Duvall & Dotson, 1998)까지 모두 저마다 꿈꾸는 새로운 이념적 지평이 있다.[9]

보다 직접적인 비판은 자유주의 또는 신자유주의의 입장에서 페팃의 공화주의의 문제점을 찾아내는 것이다. 자유주의와 신자유주의 진영에서의 비판은 거의 대부분 세 가지 범주에 들어간다. 첫째, 벌린(Isaiah Berlin)의 소극적(negative) 자유도 비지배 자유를 내포하고 있다는 주장이다. 질문 2에 대한 답변에서 보듯, 페팃은 지배가 없는 간섭이 가져오는 불편이 간섭이 없는 지배가 가져다주는 해악보다 더 나은 정치적 결과를 가져온다는 입장을 견지하고 있다. 이에 대해 자유주의 학자들은 소극적 자유, 즉 불간섭(non-interference)으로 규정되는 근대적 자유의 개념도 법과 제도에 의한 간섭을 이미 인정하고 있고, 실질적인 간섭의 유무만큼이나 잠재적인 학대와 부당한 처우에 대해서도 민감하게 반응한다고 주장한다(Larmore, 2003). 종종 이러한 비판은 자유주의를 방어하는 선에서 그치지 않고, 페팃의 공화주의의 실효성과 존재 이유까지 공격하는 것으로 확대되는 경우도 있다.[10] 둘째, 페팃

---

9 비록 뚜렷하게 페팃의 공화주의 또는 신로마 공화주의의 문제점을 지적하지는 않지만, 스트라우스(Leo Strauss)의 제자들을 중심으로 마키아벨리의 텍스트를 통해 미국식 자유주의적 공화주의의 전형을 찾으려는 노력도 이와 유사한 의도를 갖고 있다고 생각된다. 이에 대해서는 라에가 편집한 책(Rahe, 2006)을 참조.

의 공화주의가 비지배 자유를 갈등 중에 있는 개인 또는 집단이 모두 합의할 수 있는 단일한 최상의 이상(supreme ideal)처럼 제시하고 있다는 비판이다(Kwak, 2004; Bader, 2005). 일차적으로 이런 비판은 그의 결과론적 구성주의에 대한 오해에서 비롯되었을 수도 있다. 즉 앞서 설명한 바 그대로, 페팃의 결과론이 공리주의의 '효용'과 같은 제1원칙으로 비지배 자유를 제시하고 있다고 보고 비판을 제기할 수도 있다는 것이다. 이 경우는 어떤 최종적이거나 고정적인 원칙을 고수하는 것이 아니라 행위자들을 통해 지속적으로 재구성되는 조건과 규범을 지향하는 것이며, 비지배 자유도 절대적 개념으로 이해되어서는 곤란하다는 반론을 통해 충분히 해소된다. 그러나 질문 5에 대한 페팃의 대답에서 알 수 있듯이, 정치적으로 일원론(monism)을 고수하는 것이 갖는 의문에 대해서는 여전히 많은 설명이 필요할 것이다. 셋째, 경제학자들이나 신자유주의 진영에서 제기되는 비판으로, 페팃의 공화주의가 반시장적이라는 것이다. 이러한 의구심은 무엇보다 페팃의 공유된 선(shared good)이라는 개념, 그리고 비지배 자유를 보장하는 국가의 역할로부터 비롯된다. 전자의 경우는 경제학자들의 비판

10 예를 들면, 굿인(Robert Goodin)은 페팃이 주장하는 시민적 견제력은 자유주의뿐만 아니라 다른 여러 이념들도 제공할 수 있고, 시민들에게 내면화된 규범과 군사적 덕성을 요구할 수 있는 여지를 남겨둠으로써 공동체주의의 전체주의적 경향을 완전히 극복하지 못했다고 비난한다 (Goodin, 2003).

이 주축을 이루고 있는데, 경제 활동에서 최종 판단자로서 개인의 선택은 존중되어야 하며, 이러한 개인의 선호가 존중되는 가운데 공적 영역과 제도적 보조의 정당성이 인정된다고 본다(Brennan & Lomasky, 2006: 224~226). 후자의 경우는 페팃의 공화주의를 실패한 사회주의 또는 사회민주주의의 얄팍한 위장으로 간주하는 신자유주의자들의 비판에서 나타나는데, 페팃이 비지배 자유를 보장한다는 이유로 국가의 반시장적 역할을 용인 또는 조장할 수 있다는 것이다(Gaus, 2003: 64, 68~69). 이러한 비판에 대한 평가는 질문 8에 대한 페팃의 대답으로 대신하는 것이 더 바람직하다고 생각된다.

자유는 간섭의 부재가 아니라 지배의 부재

01 **곽준혁**—5년 전에 제가 쓴 '고전적' 혹은 신로마 공화주의
에 관한 논문을 위시한 여러 학자들의 연구를 통해 선생의 이론이
소개된 이래, 한국 학자들은 선생의 자유개념에 많은 관심을 가져
왔습니다. 이는 특히 지구적 차원에서 신자유주의에 대한 대안을
찾으려는 열망과 관련이 있습니다. 이제 많은 사람들이 선생의 『공
화주의』와 『자유론』(*A Theory of Freedom*, 2001)에 대해 알고 있
습니다. 선생께서는 이 책에서 '비지배'(non-domination) 자유
의 개념을 발전시켰고, 이를 이사야 벌린이 내린 적극적 자유와
소극적 자유의 분류에 포함되지 않는 제3의 개념으로 정의하셨습
니다. 그리고 선생의 비지배 자유는 온건한 자유주의 사상가와 신
중한 공동체주의 사상가들로부터 오늘날 가장 사려 깊은 공화주
의 이론으로 인정받고 있습니다.

선생께서 말씀하시는 비지배 자유가 의미하는 것은 무엇이고, 자유주의자들과 공동체주의자들 간의 오랜 논쟁과 어떠한 연관이 있는지 설명해주셨으면 합니다. 또한 학문적 관심의 측면에서 1990년대 중반부터 오늘날까지 자유에 관한 선생의 주장이 어떻게 발전되어왔는지를 말씀해주십시오. 선생께서 어떤 계기로 공화주의에 관심을 가지게 되었는지, 그리고 합리성에 관한 형식론에서부터 언어철학에 이르는 선생의 학문적 관심사에서 공화주의가 어떻게 접점을 제공할 수 있는지 설명해주십시오.

페팃─저는 1990년대 초반, 20세기 영미철학에 만연했던 사회적 원자론 전통은 근본적으로 잘못되었으며, 사람들이 이를 사회적 개인주의와 혼동했기 때문에 그 명맥을 유지해왔다고 믿게 되었습니다. 이것이 바로 제가 1993년에 쓴 『공통의 의식』(*The Common Mind*)의 핵심 주제입니다. 사회적 개인주의는 사회가 우리와 동떨어져 작동하는 것이 아니라 개별 행위자들에게 친숙한 심리를 통해서만 작동한다는 분별력 있는 독트린입니다. 제 생각에 우리 모두가 이를 받아들여야 합니다. 사회적 원자론은 이와는 전혀 다른 명제로, 개인은 고립된 존재이고 인간 본성은 본래 사회적이지 않다고 주장합니다. 제 생각에 우리 모두는 이를 거부해야 합니다. 이러한 원자론을 거부하면서, 저는 어떻게 비원자론(non-atomism)이 자유와 같은 정치적 가치를 개념화하는 데 영향을 미칠 수 있을까라고 스스로에게 질문하기 시작했습니다. 만약 홉스(Thomas Hobbes)와 다른 사람들이 이해한 것처럼 자유가 고립된 개인을 위한 이상이 아니라 본질적으로 사회적 이상이 되어야 한다면, 중요한 과제는 이러한 자유가 의미하는 바가 무엇인지를 깊이 생각하는 것이었습니다.

이 과제를 고심하는 와중에, 저는 공화주의의 로마적 그리고 신로마적 전통이 제가 설계한 연구 주제에 맞는 자유의 개념을 가지고 있다는 것을 알게 되었습니다. 이 전통에서 자유는 사람들이 다른 사람들의 통제를 비교적 잘 막아낼 수 있을 때, 그리고 상호 관계에서 대등한 시민적 지위(civic status)를 향유할 때에만 존재하는 것이었습니다. 이렇게 동등한 지위를 누릴 수 있는 이유는 힘의 균형 때문일 수도 있고, 보다 전형적인 경우로 평등주의적 법과 문화 속에서 공동의 결속(common incorporation)을 이루고 있기 때문일 수도 있습니다. 리베르타스(Libertas: 자유)가 키비타스(Civitas: 도시)와 같은 의미로 쓰였듯이, 고대 로마에서 자유는 시민의 자격(citizenship)과 동의어였습니다.[11]

---

11 여기에서 페팃이 언급하는 고대 로마의 자유가 의미하는 바는 로마법에서의 자유다. 로마법에서 비지배는 노예가 아닌 시민이 향유한 자유(libertas), 즉 다른 사람의 일방적 지배(potestate domini)로부터의 자유를 의미한다. 이러한 맥락에서 페팃의 공화주의는 '신로마 공화주의'라고 불리게 되었다. 사실 자유에 대한 고전적 이해는 근대적 이해보다 포괄적이다. 그리스와 로마에서 자유(eleutheros, libertas)라는 말이 자유인(eleutheros, liber)이라는 말에서 파생되었다는 점에서도 드러나듯, 고전적 자유는 노예(duolos, servus)가 아닌 삶, 즉 시민이 향유하는 모든 것을 의미한다. 자유에 대한 고전적 이해는 곽준혁(2007c)을 참고.

이러한 전통을 탐구하기 시작하고, 그 결과를 지금의 철학용어로 이해하려고 노력할 때, 저는 스키너의 연구에서 정말 많은 것을 배웠습니다. 그는 공화주의자들이 자유를 소극적 의미에서, 즉 어떤 특정 해악의 부재(absence)를 요구하는 것으로 간주했다는 점을 강조했습니다. 따라서 스키너는 공화주의적 표현에서 자유롭다는 것을 곧 민주적이고 자율적으로 통치되는 사회에서 적극적인 참여자가 되는 것으로 이해하는 일반적 실수를 바로잡았습니다. 이러한 실수가 적극적으로 정치에 참여할 수 있는 능력으로 자유를 정의하는 공동체주의적 관념을 유발했지요. 그러나 저는 스키너가 공화주의에서의 소극적 자유와 불간섭으로 정의되는 자유주의에서의 소극적 자유를 명시적으로 구분하는 데 전력을 다하지 않았다고 느꼈습니다. 그래서 스키너의 연구를 발전시키면서, 이 두 가지 소극적 자유의 개념들이 큰 차이가 있다는 것을 주장하고 나섰습니다. 공화주의자들에게 자유는 간섭의 부재가 아니라 지배의 부재에 있었습니다. 이는 곧 다른 사람들에게 자의적인 또는 허락받지 않은 간섭을 할 수 있는 능력이 부재하다는 것을 의미합니다.

02 **곽준혁**─선생의 공화주의 이론에 대한 관심이 높아지면 높아질수록, 더 많은 이론가들이 선생의 비지배 자유 개념에 대해 다양한 비판들을 제기하고 있습니다. 비지배 자유를 수긍하지 않는 사람들은 단순히 "어디에나 존재하는"(omnipresent) 지배와 제도화된 권위를 혼동하는 비관적 현실주의자들만은 아닐 것입니

다. 여기에는 선생의 공화주의 이론은 단지 자유주의의 변형일 뿐이고, '잠재적'(potential) 간섭에 대한 두려움이라는 점에서 벌린의 소극적 자유의 개념이 선생의 비지배 자유 개념을 포용한다는 주장까지 포함됩니다. 선생의 비지배 자유 개념과 벌린의 소극적 자유의 개념 간에 뚜렷한 차이가 있는지요? 그리고 그 차이가 선생의 공화주의 이론에서 핵심을 이루는 이유는 무엇입니까?

페팃─제가 말하는 '지배'는 공화주의 용어인 라틴어 '도미나티오'(dominatio: 전제적 지배)를 번역한 것으로 주인(master) 또는 '도미누스'(dominus: 지배자)의 힘을 의미합니다. 어떤 의미에서 오늘날 우리는 자본주의나 가부장주의, 또는 군산복합체와 같은 추상적인 구조들이 우리를 지배할 수 있다고 말하고, 이러한 의미에서 지배가 어디에나 존재한다고 생각합니다. 그러나 제 생각에는 오직 개인 또는 개인들로 이루어진 집단만이 다른 사람들을 지배합니다. 구조가 지배한다고 하더라도, 그것은 이러한 구조가 간접적으로 직접적인 지배를 촉진시킨다는 의미에서만 그러합니다.

이렇게 이해되는 비지배 자유는 벌린을 위시한 학자들이 정의한 불간섭 자유와 매우 다릅니다. 정확히 두 가지 핵심적인 차이가 있습니다. 다른 자유주의자들과 마찬가지로 벌린은 오직 간섭만이 자유를 빼앗아가고, 간섭은 항상 자유를 빼앗는다고 생각합니다. 이를 '오직 간섭만'(the only-interference) 명제, '간섭은 항상'(the interference-always) 명제로 부릅시다. 공화주의 시각에서 두 명제는 모두 오류입니다.

여러분의 허락 또는 인가 없이 다른 사람의 의지가 여러분에게 가해지는 정도만큼 자유의 상실이라는 고통을 겪게 된다고 합시다. 그리고 이것을 모두가 받아들여야 한다고 합시다. 이때 '오직 간섭만'이라는 명제가 오류인 이유는 제가 여러분을 실제로 간섭하지 않고도 제 의지를 여러분에게 강요할 수 있는 방법이 있기 때문입니다. 저는 여러분이 무엇을 하는지 주시하면서, 여러분이 제 구미에 맞지 않은 것을 선택할 경우에만 간섭할 수 있습니다. 저는 여러분이 제 의지를 따르도록 해놓고서, 여러분의 행동을 '감독'(invigilate)하면서 실질적 간섭을 아낄 수도 있습니다. 감독을 통해 저의 의지를 강요하는 것—실제로는 아무런 간섭을 야기하지 않을 수도 있는—외에 위협(intimidation)을 통해 제 의지를 강요할 수도 있습니다. 단지 허풍인 것처럼 할 수도 있지만, 제가 여러분을 감독하고 있고 여러분이 제 의지에 반대되는 행동을 한다면 언제나 간섭할 것이라고 이해시킴으로써 말이지요. 이 둘 중 어느 경우에도 저는 어떤 간섭을 하지 않고서도 여러분이 가진 선택의 자유를 줄일 것입니다. 저는 여러분이 무엇을 하든지 오직 제가 허락할 때에만 하도록 만들 것입니다. 오래된 공화주의의 경구에서처럼 여러분은 오직 "허락해준 것"(cum permissu)만 할 수 있을 것입니다.

'간섭은 항상' 명제가 오류인 이유는 보다 직접적입니다. 여러분 스스로가 허용했다면 간섭이 자유를 항상 축소시키지는 않을 것입니다. 여러분 스스로가 원했기에 간섭이 유발될 수도 있습니다. 다음과 같은 상황을 상상해봅시다. 여러분이 담배를 피우고 싶지 않아서 저에게 담배를 줬습니다. 24시간 전에 미리 얘기를 해야지만 돌려달라고 당부하면서 말이지요. 저는 24시간 이후가 아니라 지금 당장 담배를 달라는 여러분의 요청을 거부함으로써 간섭을 할 수 있을 것입니다. 그러나 이러한 간섭이 여러분의 자유를 축소하지는 않습니다. 제 의지를 여러분에게 부과하는 것이 아니라 단지 여러분으로 하여금 스스로의 의지를 따르도록 도와주는 것이기 때문입니다. 불간섭이 아니라 비지배 자유를 주장하면서 제가 특징짓고자 한 공화주의와 자유주의 사이의 차이점이 바로 이것입니다. 두 경우 모두 매우 중요합니다.

공화주의는 자유주의보다 사회적으로 더 급진적입니다. 왜냐하면 실제 간섭이 없을 때조차 자유를 잃을 수 있다고 주장하기 때문입니다. 공화주의는 자유주의보다 더 많은 전선에서 잘못된 점을 찾을 준비가 되어 있습니다. 예를 들어 남녀관계, 고용관계, 사회적 집단 간의 관계를 비판적으로 바라볼 준비가 되어 있습니다. 이러한 관계 속에서는 명시적인 간섭이 없어도, 감독과 위협에 의해 자유가 축소될 수 있다는 것입니다. 벌린의 자유주의가 간섭이 부재하다고 만족해할 만한 상황에서, 공화주의는 힘 있는 자들 (the powerful)에 의한 지배가 발생하고 있는지를 확인하기 위해 그곳에 존재하는 상호관계를 조사하고자 할 것입니다.

뿐만 아니라 공화주의는 자유주의보다 정치적으로 더 급진적입니다. 왜냐하면 실제 간섭이 존재한다고 하더라도 자유가 손실되지 않는다고 주장하기 때문입니다. 공화주의는 국가가 헌정적

(constitutionally)으로, 그리고 민주적(democratically)으로 조직되어 시민들의 지지를 받을 수 있다면, 법을 제정하고 세금을 부과하며 범죄행위를 처벌할 때 행사하는 국가의 간섭은 외부적 의지(alien will)의 부과가 아니라고 주장할 것입니다. 이때 국가의 간섭은 도둑이나 침략자의 간섭과 다릅니다. 여기에 대해서는 나중에 더 언급하겠습니다.

철학적 이상 · 헌정적 이상 · 민주적 이상

03 **곽준혁**―스키너와 비롤리 같은 신로마 공화주의자들과 마찬가지로, 선생께서는 반집합적이며 동시에 반원자적인 정치적 이상이 인간은 정치적 동물이라는 아리스토텔레스의 개념으로 회귀하지 않더라도 달성될 수 있다고 생각하십니다. 한편으로는 공동체주의자들의 주장이 지닌 이론적 배경이 아리스토텔레스주의의 정치에 대한 이해들 중 하나와 일치해왔다는 점에서 볼 때, 시민적 공화주의와 공동체주의에 대한 보류는 이해할 만합니다. 인간의 본성은 오직 정치적 공동체(polis)를 통해서만 완성될 수 있다는 전제를 가지고, 아리스토텔레스주의에서는 자기 자신의 이익보다 공공선을 우선시해야 한다고 주장하기 때문입니다. 그러나 다른 한편으로는, 아리스토텔레스의 '정치적 공동체'(koinonia politike)라는 개념에 대해 상충되는 해석들이 존재한다는 점에서, 선생이 아리스토텔레스에 대해 가지고 계시는 주저함은 논쟁의 여지가 있습니다. 신아리스토텔레스주의(neo-Aristotelianism) 혹

은 아리스토텔레스에 대한 자유주의적 해석에서는 정치적 우애 (philia politike)를 자유로운 시민들 간의 호혜적(reciprocal) 관계로 파악하고 있기 때문입니다.

특히 후자의 논쟁과 관련해서, '정치적 참여'와 '정치적 대표'라는 고전적 공화주의의 두 가지 핵심적 내용 중 어디에 주안점을 두느냐에 따라 아리스토텔레스, 키케로, 마키아벨리와 같은 고전적 공화주의의 주요 사상가들에 대한 해석에 불일치가 생긴다고 생각합니다. 이러한 맥락에서 선생이 반민중주의적(anti-populist) 입장에서 주요 사상가들에 대한 해석을 지나치게 재단하지 않았는가라는 비판이 제기될 수 있을 것 같습니다. 그 결과 매디슨적인 정치적 이상으로 인해 이기심(selfishness)과 구별되는 키케로의 '자기애'(self-love)나 지배집단의 야망을 견제하는 마키아벨리의 민중적 사나움(popular ferocity)과 같은 '고전적' 공화주의 개념들이 제자리를 찾지 못하게 된다는 비판이 있습니다. 이런 비판에 대해서는 어떻게 생각하십니까?

페팃─물론 아리스토텔레스의 사상은 공화주의자들의 생각에 큰 영향을 미쳤습니다. 그러나 저는 공화주의 전통의 핵심적 사상이 아리스토텔레스의 저서에서 뒷받침되었다거나, 명료하게 기술되었다는 주장은 잘못된 것이라고 생각합니다. 그의 영향은 기원전 2세기 폴리비우스(Polybius)가 로마에서 발견한 시민적 덕성을 자세히 설명했던 책을 통해, 그리고 이러한 폴리비우스의 주석을 기반으로 공화주의적 전망을 완성했던 키케로와 여타 사상가들의 저서를 통해 전달된 것입니다. 공화주의 전통의 출현과 발전에 아리스토텔레스의 그늘이 드리워져 있긴 했지만, 그 전통의 핵심적 특징은 아리스토텔레스적이지 않습니다.

곽 교수님의 다른 질문으로 넘어가서, 공화주의 사상에는 다양한 요소들이 있고, 이러한 요소들이 중세 이후 유럽에서 공화주의 전통에 서 있었던 많은 사상가들에 의해 다양한 수준에서 강조되었다는 점에 동의합니다. 그러나 그 핵심적 요소는 세 가지 점에서 일치한다고 생각합니다. 첫째는 비지배 자유라는 고유한 개념이고, 둘째는 로마 공화국의 혼합정체가 보여주듯 사적 지배(private domination)로부터 시민을 보호하는 국가는 반드시 그 힘을 각기 다른 부문으로 분배해야 공적 지배(public domination)를 피할 수 있다는 신념이며, 셋째는 시민들이 통치에 참여할 준비가 되어 있어야, 특별히 정부가 하는 일을 면밀히 검사하고 견제하는 데 있어 방심하지 않을 준비가 되어 있어야, 그러한 정체가 손상되지 않고 효과적일 수 있다는 믿음입니다. 첫째는 자유라는 철학적(philosophical) 이상이고, 둘째는 혼합정체라는 헌정적(constitutional) 이상이며, 셋째는 시민적 관여라는 민주적(democratic) 이상입니다.

저는 이러한 공화주의 전통에서 인민이 자율적 통치에 반드시 참여하는 것은 자유를 정의하는 요소가 아니라고 주장해왔습니다. 참여는 그 사회의 헌정 체제와 시민의 자유를 유지하는 데 도움을 줄 수 있는 경우에만 제도적 이상이 됩니다. 참여는 시민적 관여라는 민주적 이상이지만, 자유롭기 위한 필수조건은 아닙니다. 정부가 확고한 헌정적 제약에 통제되고 민주적 견제에 열려 있어 인민이 원하는 규정대로 작동한다면, 인민은 그들 스스로가 통치에 참여하지 않을 때조차도 자유로울 수 있습니다.

이때 그 규정들은 어떤 것들일까요? 공화주의 전통에서는 그러한 규정들이 특별한 문제없이 공공선 또는 공공의 이익이라고 간주되는 바에 의해 결정됩니다. 오늘날 정치체제에서 대중들이 공유하는 가정들 속에는 정부가 반드시 견지하고 있어야 될 항목으로 고려되는 규정들이 있습니다. 그것들은 정책 결정과 동일한 정도의 지지를 받는 정책들을 선택하는 의회, 사법, 행정, 또는 대중적 절차와 관련이 있습니다. 심의민주주의자들은 이러한 고려 사항들을 공동체 내에서 서로가 받아들일 수 있는 근거, 즉 일반적 이해(general understanding)의 문제라고 묘사합니다. 여기에는 법과 헌정체제가 모든 이들을 평등하게 대우해야 하고, 개인이 과도한 공적 관리를 받지 않으면서 자신의 삶을 영위할 수 있어야 하며, 절대적 빈곤에 처한 사람들에게 사회적 안전망을 제공해야 하고, 국지적으로 발생하는 자연재앙의 희생자들을 돌봐야 하며, 사적 그리고 공적 소유를 위한 규칙들을 확립해야 한다는 취지가 포함되어 있습니다. 국가가 민주적이고 정당하다고 간주되기 위해서 반드시 존중해야 할 고려 사항이 있는 반면, 그 외의 사항에서는 개별 국가가 가져야 할 규정에 문화적 차이가 반영될 여지가 있을 것입니다.

04 **곽준혁**─법과 제도와 관련된 선생의 주장에 대해, 심의에 보다 초점을 맞추면서 응답성이 높은 시민적 책임성을 구현하고자 했던 '고전적' 공화주의자들의 일반적인 기대치를 충분히 만족시키지 못한다는 불만이 있을 것 같습니다. 불만의 요지는 최소한 법과 제도를 구성하는 정치적 행위자로서의 역할을 시민이 담당해야 한다는 맥락에서 헌정주의에 대한 선생의 주장이 시민적 책임성에 대해 부적절하게 침묵한다는 것인데요. 시민적 책임성이 오직 법적·제도적 비지배 자유의 보장을 통해서만 제고될 수 있다고 보십니까? 선생께서 시민적 책임성, 또는 책임 있는 시민을 어떻게 이해하고 있으신지 설명해주실 수 있으신지요?

페팃─제가 앞서 얘기했듯이 공화주의 전통에서는 두 가지 제도적 요건을 강조합니다. 첫째, 개별적 권력 중추들을 포괄적인 법 지배의 틀 안에서 조정하는 헌정체제가 있어야 합니다. 그리고 둘째, 시민은 통치에 참여할 준비가 되어 있어야 합니다. 공직에 출마하거나 투표에 참여할 수도 있겠지만, 보다 중요한 것은 시민들은 정부의 행위를 감시할 준비가 되어 있어야 하고, 서로가 수용할 수 있고 일반적으로 납득할 수 있는 근거에 의해 뒷받침되지 않아 인민들이 주장하는 규정과 맞지 않는 정책 및 제안에 대해서는 견제할 준비가 되어 있어야 한다는 점입니다.

공화주의의 오랜 전통 속에는 혼합정체의 필요성을 강조하는 사람들도 있고, 경계하는 시민의 필요성을 강조하는 사람들도 있습니다. 제가 보기에 이 두 요소는 서로 상충되지 않습니다. 헌정체제는 적극적 시민들이 제공할 수 있는 지속적인 검증과 쇄신에 의해 통제될 경우에만 튼튼해지고 신뢰할 수 있게 됩니다. 그리고 시민들이 헌정체제를 통해 정부의 투명성을 확보하고 정부를 견제할 수 있으며 도전할 수 있을 때, 적극적이고 효과적으로 정부를 감시할 수 있을 것입니다.

이러한 청사진 속에서 시민들은 시민적 책임성을 발휘해, 제안을 하고 주도를 하며, 그리고 정부가 하는 일을 감시할 것입니다. 저는 정부의 정책에 대해 꼼꼼히 따지면서 이런저런 방향으로 정부에 압력을 가하고자 하는 사회운동들을 통해, 그리고 감시와 압력이 공적으로 발휘되고 대중적 규정 안에서 행사되는 곳에서 책임성이 가장 잘 발휘된다고 믿습니다. 이는 사적인 이익집단들의 로비와는 다릅니다. 사회운동은 영역별 정책결정에 전문성을 갖게 해줌으로써 시민적 노동을 분담시키고, 시민들이 효과적으로 통치에 기여할 수 있게 해줍니다. 오늘날 정부는 너무나 복잡해서 어느 한 개인이나 집단이 정부 활동의 모든 영역을 지속적으로 감시할 수 없습니다.

비지배 자유와 '가능성' 이론

05 곽준혁_비지배 자유가 의견의 불일치를 적절하게 해결할 수 있는 원칙의 하나가 될 수 있다는 점은 부인할 수 없습니다. 그러나 서로 다른 집단들과 개인들로 하여금 모두가 공유할 수 있는 시민적 덕성에 항상 평화롭게 도달할 수 있도록 이끄는 최상의 정

치적 이상(a supreme political ideal)이라고 말하기는 매우 어렵습니다. 이러한 맥락에서 선생께서 스스로를 결과론자라고 빈번히 규정하는 것이 흥미롭습니다. 특히 비지배 자유는 단순히 존중되어야 할 것이 아니라 극대화되어야 한다고 주장하실 때 말입니다. 스스로를 결과론자로 규정하신 의도가 무엇입니까? 선생의 결과론은 선생이 일원론자(monist)라고 비판받는 것과 다소 연관이 있다고 말하는 것이 옳다고 보십니까?

페팃─인간의 삶에서 어떤 가치가 중요한가라는 질문과, 강제성을 띨 수밖에 없는 국가의 관리 행위에서 어떤 가치가 중요한가라는 질문은 구별해야 합니다. 저는 인간 삶의 중요한 가치에서는 다원주의자이지만, 정치의 중요한 가치에 관해서는 일원론자가 되고자 합니다. 만약 공적인 위치에 있는 사람들이 핵심적 또는 우선적 가치 하나가 아니라 여러 가치들을 말해야 한다면, 그들은 그들이 선호하는 모든 정책은 각기 다른 가치들이 요구하는 바의 교환의 산물일 뿐이라고 쉽게 말해버릴 것입니다. 하나의 가치가 부각되면 이러한 위험은 최소한 어느 정도 피할 수 있습니다.

그러나 만약 그 가치에 대한 관심이 대중적으로 이해할 수 있는 관점에서 합당한 사회적 응분을 고려하지 않는다면, 어떤 가치도 정치에서 핵심적인 것으로 만들 수 없을 것입니다. 비지배 자유가 지닌 놀라운 점은, 만약 비지배가 정부 활동의 목표로 충족된다면, 일어날 수 있는 수많은 불평들이 발생하지 않도록 보장해줄 것이라는 점입니다. 비지배 자유는 시민들을 공적인 지배로부터 보호할 수 있도록 보장하는 헌정적이고 민주적 제한들을 충족시킬 것을 정부에게 요구합니다. 이에 더해 비지배 자유는 인민을 사적인 지배에 노출시키는 모든 문제들을 줄이기 위한 조치를 취하라고 정부에 요구할 것입니다. 물론 비지배 자유는 여느 분별력 있는 정치철학과 마찬가지로 무질서, 범죄, 그리고 환경파괴의 위험에 대처하라고 정부에게 요구할 것입니다. 또한 교육, 정보, 또는 사회 통합의 실패에서 야기되는 문제들뿐만 아니라, 물질적, 의료적, 법적, 사회적 취약성에 대한 대처에 이르기까지, 광범위한 분야에서의 대응을 요구할 것입니다. 만약 사람들이 이러한 문제를 겪도록 내버려둔다면, 그들은 사적인 지배에 노출될 것입니다.

제가 결과론을 이야기하며 비지배 자유야말로 정부가 신장시켜야 할 뿐만 아니라 달성이 가능한 목표라고 주장하는 이유는 다음과 같습니다. 결과론은 이상적인 공화국을 묘사할 수 있도록 만들뿐만 아니라, 실제 정치체제가 비지배를 성취하는 데 있어 얼마나 진전이 있었는지를 평가할 수 있게 합니다. 최근 센(Amartya Sen)은 완벽한 이상에 초점을 맞춤으로써 완벽하지 않은 국가들의 분류 또는 발전 정도에 대한 검증을 할 수 없도록 만드는 '초월적'(transcendental) 정치철학에 대해 비판을 했는데요. 저는 비결과론적 철학이야말로 그가 의미하는 초월적인 경향을 보인다고 믿습니다. 현실 세계에 대한 평가를 제공하고, 센이 말한 가능성의 항목들을 충족시킬 수 있다는 점에서 저는 결과론적 접근을 선호합니다.

06 **곽준혁**—제가 작년에 너스바움(Martha Nussbaum) 교수를 인터뷰했을 때, 그녀는 선생의 공화주의 이론이 칸트적 자유주의와 상충되는 것이 아니라 신자유주의와 상충되는 것이라고 말했습니다. 동시에 비지배 자유와 그녀의 '가능성'이라는 개념이 모두 정치사회적 조건으로 이해될 수 있다면 서로 간에 많은 공통점을 공유할 수 있다는 암시를 주었습니다. 실제로『공화주의』에서 선생은 센의 가능성 이론에 대해 언급하고 있습니다. 비록 너스바움의 '가능성'에 대한 해석이 '기능'보다 '선택'을 더 중시한다는 점에서 센의 이론과는 차이가 있지만, 이것도 소위 '가능성 접근'의 범주에 넣을 수 있겠습니다. 비지배 자유에 대한 선생의 해석과 너스바움의 정치사회적 최소 조건으로서 가능성에 대한 해석의 연관성에 대해 혹시 더 생각하신 것이 있으신지요? 너스바움의 가능성 이론과 비교할 때, 비지배 자유가 갖는 강점과 약점으로는 무엇이 있을까요?

페팃—제가 강력하게 옹호하는 견해를 너스바움 교수가 취하고 있다니 매우 기쁩니다. 가능성 접근은 그것이 센의 주장이건 너스바움의 변용이건 상관없이, 사람들이 다른 개인들과 집단들의 지배를 피하고자 한다면 그들 스스로의 삶에서 반드시 충족시킬 수 있어야 할 요건들에 초점을 맞추고 있습니다. 사회에서 다른 사람들과 동등한 시민적 지위를 향유한다는 공화적 이상, 즉 다른 사람들의 지배하에 살아서는 안 된다는 이상은 바로 여러분이 그 사회에서 기능할 수 있는 능력(the capability of functioning)을 가질 것을 요구합니다. 따라서 넓은 의미에서 가능성 이론가들이 지금까지 밝혀온 주장들과 괘를 같이합니다.

센 교수와 너스바움 교수 간의 차이점을 판별하고 싶지는 않지만, 한 가지 측면에서 '기능'에 초점을 둔 가능성이 공화주의적 관점에서 분명 중요하다는 점을 언급할 수는 있을 것 같습니다. 바로 여러분 또는 제가 사회에서 기능을 잘하려면, 우리가 세력가(potentate) 또는 지배 엘리트의 의지에 좌우되어서는 안 됩니다. 그렇지 않다면 여러분은 그들의 지배에 종속됩니다. 이러한 점에서 우리는 그들이 가능성이라고 일컫는 바에 뿌리내리고 있어야 합니다. 제 생각에 두 학자 모두 이러한 요건을 수긍할 것 같습니다. 이는 그들이 쓴 많은 저서들 속에 함축되어 있습니다.

따라서 비지배 자유라는 이상은 시민들이 제대로 기능할 수 있는 가능성을 신장시키기 위한 정부의 활동을 지지합니다. 물론 비지배 자유는 가능성과 구별되는 이상입니다. 이러한 점은 비지배가 가능성과 별로 관계없는 정책들도 지지한다는 점에서 잘 드러납니다. 정부를 헌정적으로 그리고 민주적으로 견제할 수 있는 정책들을 마련하도록 요구하는 것 등을 예로 들 수 있습니다.

시장에 적대적이지 않은 공화주의

07 곽준혁—최근 몇몇 신자유주의 경제학자들이 선생의 공화주의 이론을 반시장주의의 허접한 위장(unsettled disguise of anti-market)이라고 비난한 바 있습니다. 정치사회적 조건으로서

비지배라는 관점에서 분배 문제에 대한 선생의 주장은 무엇인지, 그리고 그것이 대거(Richard Dagger)의 주장과는 어떻게 다른지 설명해주실 수 있으신지요?

페팃─제가 여러 곳에서 주장했듯이, 공화주의 이론은 일반적으로 말하는 시장에 적대적이지 않습니다. 시장 교환은 지배적일 필요가 없습니다. 왜냐하면 시장 교환에서 일방이 타방에 제의한 것이 간섭이나 감시 또는 위협이 될 필요는 없기 때문입니다. 만약 여러분이 둘 중 하나를 선택해야 하고, 제가 여러분에게 그중 하나를 택할 재정적 동기를 부여한다면, 여러분은 두 개가 아니라 세 가지 선택지를 가지게 됩니다. 여러분은 자신이 싫어하는 선택을 할 수도 있고, 자신이 좋아하는 선택을 하고 보상은 거절할 수도 있고, 아니면 좋아하는 선택을 하고 제의를 받아들일 수도 있습니다.

이러한 의미에서 시장 교환 자체가 지배적일 필요는 없지만, 이러한 교환은 조정되지 않은 극도의 비대칭적 힘이 존재하는 상황에서는 지배적으로 변할 수 있습니다. 게다가 이런 효과가 어떤 시장 사회에 누적되면, 몇몇 사람들은 다른 개인들과 집단들의 지배에 노출될 수도 있습니다. 따라서 공화주의는 시장의 절제(moderation)를 주장합니다. 예를 들어 고용 시장에 '공정 해고법'(fair-dismissal laws)을 도입해야 한다는 주장처럼 말이지요. 공화주의는 우월한 지위에 있는 개인들이 그렇지 못한 사람들로부터 이익을 취하지 못하도록, 또는 그들이 불필요한 위험에 노출되지 않도록, 시장 활동을 규제해야 한다고 주장합니다. 물론 이에 더해 특정 집단과 계급에 가해진 시장의 피폐함을 바로잡자는 의견을 지지합니다. 이는 가능성 이론에 대한 제 논평과도 연관이 있습니다.

한층 더 급진적으로, 공화주의는 적절한 영역에서 공유의 도입을 지지할 것입니다. 자유지상주의(libertarianism) 또는 신자유주의(neo-liberalism)의 중심 주제는 최대한 많은 품목과 상품이 사적으로 소유되어야 하고 시장에서 사적으로 교환될 수 있어야 한다는 것입니다. 이는 터무니없는 주장이고 공화주의는 여기에 정면으로 도전하고자 합니다. 사적 소유의 영역(domains), 사적 소유를 주장할 수 있는 자격(titles), 그리고 사적 소유의 권리(rights)는 지역별 역사적·문화적 전통에 따라, 비지배 자유의 동등한 향유를 증진시킨다는 전망에 따라 확립되어야 합니다. 다양한 영역에서 공유를 반대할 어떤 자연적 법도 존재하지 않습니다.

정리하자면, 공화주의 전통은 본질적으로 사유 재산이나 시장 교환에 적대적이지 않습니다. 하지만 자유지상주의처럼 사적 소유를 신성시하지도 않습니다. 이러한 관점에서 저는 대거의 주장에 넓은 의미에서 공감을 느낍니다. 제 생각에 저와 대거는 세부적인 것들에서 차이가 있을 뿐입니다.

08 **곽준혁**_선생의 비지배 자유 개념은 현재 전 세계적으로 벌어지고 있는 신자유주의적 변화에 대한 도전이 될 수도 있겠습니다. 특히 한국에서는 지금까지 공적으로 다루어왔던 많은 일들

이 개인의 자기관리 능력의 문제로 치환되고 있습니다. 예를 들면, 주변화된 계층을 위한 사회 안전망과 같은 것들 말입니다. 오늘날 전 지구적으로 발생하는 신자유주의적 변화에 대해 어떻게 생각하십니까? 선생의 공화주의 이론이 어떠한 점에서 신자유주의의 대안이 될 수 있다고 생각하십니까?

페팃 — 대체로 저는 자유로운 세계 시장이 매우 바람직하다고 생각합니다. 자유로운 세계 시장은 부를 전 세계적으로 확산시킬 수 있는 기회를 늘리고, 전쟁과 침략행위를 방지할 상호 의존을 창출합니다. 현재 진행되는 상황에 대한 저의 주된 불만은 공정 무역이라는 기치 아래 시장이 보다 가난한 나라들에게 완전히 개방되어 있지 않다는 것입니다. 세계화가 초래한 문제가 우리가 너무 많은 것을 개방했기 때문이 아니라 너무 적게 개방했기 때문에 일어났다고 본다는 점에서, 저는 사회민주주의적 비판자들 중에서 아마도 이례적인 경우라고 할 수 있을 것입니다.

신자유주의가 세계화를 지지하고 저 또한 앞서 언급한 측면에서 세계화를 지지하지만, 신자유주의가 주장해온 사유재산 영역의 끝없는 확장, 사적 소유권의 증가, 급진적 탈규제를 반대한다는 점에서 다릅니다. 앞서 설명했듯이 저는 이러한 주장들을 강력히 반대합니다. 이러한 점에서 신공화주의는 신자유주의를 단호하게 반대합니다.

공화주의적 애국심과 민족주의

09 곽준혁 — 한국사회에서는 민족주의가 지닌 파괴력에 대한 우려에서 선생의 공화주의 이론에 대해 의구심을 갖는 학자들이 있습니다. 한국에서 민족주의는 실로 눈에 보이는 것 이상입니다. 시민적 신뢰와 사회적 통합을 이끌어내는 기능 이상으로 부가된 함의가 있습니다. 민족주의의 허구성을 지적하는 지식인들도 물론 있습니다. 저도 아리스토텔레스의 회고적 시민성(reflexive citizenship)과 키케로(Marcus Cicero)의 품위(decorum)를 결합시킨 '민족주의 없는 애국심'(비롤리의 것과는 조금 다른 의미에서)을 주장함으로써 한국사회의 강한 민족주의를 순화시키려고 하고 있습니다. 그러나 민족주의는 한국인의 정신에 깊이 뿌리박혀 있기 때문에, 애국심과 민족주의를 혼동하는 한국인들을 보는 것은 그리 어려운 일이 아닙니다. 비지배 자유를 실질적으로 경험함으로써 갖게 되는 애국심과 관련해서, 선생의 공화주의 이론으로부터 우리가 배울 수 있는 좋은 점이 있는지요?

페팃 — 만약 어떤 공동체의 사람들이 동등하게 비지배 자유를 누리고 있다면, 이는 그들이 살아가는 공동체의 법과 헌정체제, 그리고 그러한 정치제도에 활력과 효과를 불어넣어주는 시민적 견제력을 갖춘 문화 덕분일 것입니다. 그렇기 때문에 그들이 그러한 정치적 삶을 영위할 수 있는 공동체에 헌신해야 하는 점은 지극히 자연스러운 것입니다. 그들은 공동체에 대해서는 고마움을 느껴야 하고, 공동체의 전통에 대해서는 충성심을 가져야 하며, 공동체가 유지되고 건강하도록 헌신할 의지가 있어야 합니다. 곽 교수님의 용어를 따르자면, 민족주의자가 아니면서 애국자가 되어야 합니다. 이런 종류의 공화주의적 애국심과 통상적 민족주의 간의 차이는 애국심은 여러분의 조국이나 문화, 또는 인민이 다른 어느 누구의 것보다 더 우월하다는 믿음을 수반하지 않는다는 점입니다. 여러분은 다른 사람들의 가족이 어떤 측면에서는 더 칭찬할 만하다는 것을 인정하면서도 여러분의 가족에 충심을 다할 수 있습니다. 이와 똑같이 여러분은 자신의 조국이 지구상에서 가장 위대한 국가라고 생각하지 않고서도 조국에 충성을 다할 수 있을 겁니다. 즉 조국의 업적에 대해서는 애국적 기쁨을 누리고, 실패에 대해서는 고통을 느낄 것입니다.

삶의 일부로서의 시민 참여

10 곽준혁_이제 비지배 자유를 어떻게 실현시킬 수 있는지에 대해 이야기를 나눌 때가 된 것 같습니다. 비록 우리가 정치적 현실주의는 비관주의가 아니라는 사실에 동의하더라도, 최초에 비지배 자유를 어떻게 획득할 수 있을까라는 이행의 문제에 답할 필요가 있습니다. 갈등 중에 있는 집단들을 위해 어떤 기술적이거나 정치적인 결단에 호소하지 않고 비지배 자유를 실현시킬 수 있을까요? 어떠한 사회든지 비지배 자유가 실현되는 이상적 공화국을 꿈꿀 수 있는지요?

페팃—이 질문에 답하기 위해서는 다시 결과주의로 돌아가야 합니다. 비지배 자유가 지닌 가치를 반기는 철학에서는 그것을 보다 많이 혹은 보다 적게 달성할 수 있는 목표로 간주합니다. 따라서 세상에 완전히 이상적인 공화정은 없다는 사실이 곧 비지배 자유의 선도적 가치가 부적절하다는 것을 의미하지는 않습니다. 역사상 어느 시점, 지구상 어느 곳에 있더라도, 비지배 자유를 옹호하는 공화주의자들은 그러한 자유를 가장 잘 증진시킬 수 있는 개혁 방안을 고안해내야 합니다. 그들은 사회의 총체적 변동을 낭만적으로 고대하기보다, 점진적 접근의 필요를 받아들일 것입니다. 이런 이유에서 저는 『공화주의』에서 천연가스와 샘물을 찾듯 공화주의를 모색해야 한다고 주장한 것입니다. 제한된 시간 안에 할 수 있는 일에 대해 인내심을 가지고, 제한된 분야에서의 개선을 위해 모든 노력을 경주하는 통치의 철학(a philosophy of government)이 바로 그것입니다.

11 **곽준혁**—최근 한국사회는 이중 현상을 경험하고 있습니다. 한편으로는 수천 명의 시위대가 두 달 여에 걸쳐 전국 주요 도시에 모여 미국으로부터 30개월 이상 된 소가 수입되지 못하도록 재협상을 요구한 사건에서 드러나듯, 사이버 네트워크를 통한 자기 계몽적 동원이 가능하다는 사실을 알게 되었습니다. 다른 한편으로는, 선거를 통해 정부가 보다 책임감 있고 응답성 있게 활동할 수 있도록 만드는 헌정적 민주주의로 빠르게 이행했지만, 시민들은 정치인과 전투적 정치활동가가 만들어내는 감동적 주

제에 대해서만 간헐적으로 반응하는 수동적이고 이질적 군중이 되어가는 후기 민주주의적(post-democratic) 변화를 경험하고 있습니다. 이러한 역설적인 경험들은 우리로 하여금 선생의 시민적 견제력이라는 개념에 큰 관심을 갖게 만듭니다. 이론적 수준에서 시민적 견제력은 선생의 공화주의 이론에 선재되어 있는 것으로 보이는 반면, 현실적 수준에서는 다소 헌정적 테두리 안에 제한되어버린 것 같습니다. 주어진 헌정적 틀에서는 자신들의 정치적 의사가 대표될 수 없는, 자기 계몽적 시민들이 조직하는 비제도적 운동과 관련해서 선생의 견제력 개념을 말할 수는 없는지요? 선생의 시민적 견제력이라는 개념은 새로운 헌정구조를 만들기 위한 비제도적이고 무정형적 운동들을 설명하기에 충분한지요?

페팃─공동체주의는 현실 정치에서 달성될 수 없는 루소적 이상을 환호하기에, 통치에 있어 인민의 적극적 참여를 주장합니다. 또 다른 극단으로, 신자유주의는 선거 때 대표자의 선출을 위해 요구되는 것을 제외하고는 인민으로부터 어떠한 참여도 기대하지 않습니다. 견제의 역할을 강조하면서, 저는 중도적 입장이 보다 적절하다고 주장하고 싶었습니다. 완전히 참여 위주의 의회를 만들도록 요구하지 않고서도, 인민은 선거가 요구하는 것 이상으로 정치에 관여하고 개입할 수 있습니다.

또한 저는 이러한 종류의 견제가 현대의 복잡한 사회에서 노동의 분업을 요구하며, 특화된 사회운동을 통해 가장 잘 달성될 수 있다고 주장하고자 했습니다. 이러한 운동으로는 소비자 문제, 작업장 조건, 죄수의 권리, 여성 및 환경 문제에 초점을 맞춘 운동들을 예로 들 수 있습니다. 사회의 모든 구성원이 이런저런 운동에 항상 관여해야 한다는 것은 필수적이지도 않고, 사실 가능하지도 않습니다. 하지만 모든 사람들이 그들의 삶의 일부를 이런 운동에 참여하면서 보내는 것은 가능할 겁니다. 그러한 운동을 통한 견제는 모든 이들로 하여금 인민이 보편적으로 지지할 규정에 맞게 정부가 작동하도록 보장해줄 것입니다. 단지 지배 집단이나 지배적 다수를 위해 작동하는 것이 아니라는 말입니다.

다문화 공존 및 빈곤 문제에 대한 입장

12 곽준혁─최근 국경을 넘어선 이주가 증가하면서, 한 사회 안에 다양한 문화가 공존하는 것이 흔한 현상이 되었습니다. 한국에서도 이주 노동자와 결혼 이주자들의 급격한 증가로 인해 다문화 사회로의 이동이 촉진되고 있으며, 그 결과 많은 사회적 갈등과 문제들이 발생하고 있습니다. 다문화 공존에 있어 선생의 공화주의 이론은 어떤 기여를 할 수 있을까요?

페팃─제가 묘사한 공화주의 모델에서는, 어떤 사회가 다문화적이 되어가면 갈수록 점점 다양해진 구성원들이 정치에 개입하고 참여하는 것을 보장하기가 더 어려워집니다. 특히 공적 삶에서 합의된 규정들이 각기 다른 집단의 견해를 반영하고 모든 측면에서 다른 시각들을 반영한다고 납득되기도 더 어려워질 것입니다. 이는 공화주의의 제도디자인에 있어서 진정한 도전이 아닐 수 없습니다. 그러나 특별히 공화주의 정치이론만이 이러한 도전에 봉착하게 되는 것은 아닙니다. 다문화 사회에서도 비지배 자유는 가치를 가지고 있고, '혼합정체'와 '시민적 견제력'이라는 두 장치는 정체를 조직하는 데 여전히 유효합니다. 비지배 자유가 지닌 가치를 증진시킴으로써 보다 많은 장애를 극복해야 할 것이고, 혼합정체와 시민적 견제력은 보다 많은 상상력과 민감성을 가지고 운용되어야 할 것입니다.

13 **곽준혁**— 비지배 자유가 지구적 정의와 다른 나라의 빈곤 문제에 대해 어떠한 의견을 제시해줄 수 있는지에 대해 듣고 싶습니다. 선생의 공화주의 이론이 지구적 차원에서의 힘의 불평등 문제를 해결하는 데 어떠한 기여를 할 수 있을까요?

페팃— 비지배 자유는 단지 사람들이 서로 어떻게 관계를 맺어야 하느냐에 대한 이상이나, 정부가 시민들과 어떠한 관계를 가져야 하느냐에 대한 이상이 아닙니다. 제가 최근에 주장해온 것처럼, 비지배 자유는 국가들이 다른 국가들과 어떻게 관계를 맺어야 하느냐에 대한 이상이기도 합니다. 특히 진정으로 인민을 대변하는 잘 조직된 국가들이 상호간에 어떻게 관계를 맺어야 하느냐에 대한 이상이기도 하지요. 단지 실질적 간섭만이 아니라 모든 형태의 지배적 권력을 제거하고, 군사적 영역뿐만 아니라 경제적 · 문화적 영역에서도 적용된다는 점에서, 비지배 자유의 이상은 불개입(non-intervention)의 이상보다 풍부합니다. 물론 비지배 자유의 이상은 기능장애를 겪고 있거나 잘못 조직된 국가의 인민들이 만족할 만한 수준의 정치 조직을 가질 수 있도록, 그리고 폭압적이거나 잘못 조직된 국가들이 보다 민주적인 방향으로 나아갈 수 있게 압력을 가할 수 있도록 국제적 노력을 기울여야 한다고 주장합니다. 그리고 다른 모든 점에서 동등하다면, 그러한 목표는 국가가 다국적 조직 또는 다국적 기업의 지배를 받지 않도록 보장하기 위한 방안을 지지할 것입니다.

어떻게 이러한 목표들이 진전될 수 있을까요? 분명 국제적 차원의 행동과 조력이 무엇보다 중요합니다. 국가들 간, 그리고 비정부적 조직들——앞서 언급한 사회운동——이 국가의 행위를 감시할 수 있고, 심지어 국가의 조력을 보충할 수도 있을 것입니다. 이와 마찬가지로, 강대국 혹은 강력한 국제적 기업들의 지배 권력으로부터 스스로를 보호할 수 있도록 약소국들이 지역 단위 또는 다른 기반 위에 서로 연합하는 것도 중요합니다.

특히 잘못 조직된(ill-ordered) 국가와 무질서한(disordered) 국가가 겪는 지구적 빈곤(global poverty)이 국제적 수준에서 가장 우선적으로 다뤄져야 합니다. 저는 개별 국가들이 독자적으로 접근하는 것보다 다자적 행동이 문제의 해결이라고 생각합니다. 이러한 행동은 기근과 질병의 원인을 제거하는 데 초점이 맞춰져야 하고, 보다 장기적인 관점에서 빈국들을 세계 시장에 편입시키는 방향으로 진행되어야 합니다. 전면적이고 포괄적인 세계화는 빈곤의 근본적인 문제를 해결하는 데 최선의 전망을 제공할 것으로 기대됩니다.

다시 민주주의를 생각하다: 공화주의 이론이 지닌 함의

14 곽준혁—선생께서는 최근에 홉스에 관한 책 『말로 만들기: 언어·정신·정치에 관한 홉스의 고찰』(*Made with Words: Hobbes on Language, Mind, and Politics*)을 한 권 출간하셨습니다. 지금까지 홉스에 대한 방대한 연구들이 나왔는데요. 이 책을 통해서 홉스 연구에 어떤 기여를 하시고자 했는지 궁금합니다. 그리고 다음에 어떤 주제로 글을 쓰려고 하시는지도 궁금합니다.

페팃—홉스는 그가 17세기에 공화주의 전통에 대해 품었던 반감 때문에 제 관심을 끌었습니다. 대중의 의식 속에서 비지배 자유를 불간섭 자유로 대체한 사람은 벤담(Jeremy Bentham)과 같은 후세의 사상가들이었지만, 홉스는 대중의 의식으로부터 비지배 자유의 이상의 토대를 파손시킨 책임이 있습니다.

홉스의 저작을 검토하면서, 입맛에 맞지 않는 정치적 절대주의와 자유의 개념적 수정에도 불구하고, 저는 다른 측면에서 그는 정말 독창적이고 중요한 인물이었다는 점을 새삼 깨달았습니다. 홉스는 언어가 인간이라는 종을 변형시킨 사회적 창조물(social invention)이라는 것을 주장한 최초의 사상가였습니다. 즉 언어는 우리에게 사고할 수 있고, 서로에게 헌신할 수 있으며, 그리고 집단으로 뭉칠 수 있는 능력을 부여했다는 것입니다. 비록 그는 사회적 삶에 대해서는 전형적인 원자론자이긴 하지만, 후세의 사상가들이 원자론을 거부하도록 이끌어낼 첫 번째 걸음을 시작한 사람이기도 합니다.

인간의 사고가 언어에 좌우된다는 홉스의 주장에 근거해서, 후세 사상가들은 홉스 자신은 용납하지 않았을 전제 하나를 덧붙임으로써 사회적 원자론에 반대하는 주장을 전개했습니다. 바로 언어는 사회에 달려 있다는 점입니다. 만약 인간의 사고가 언어에 의해 좌우된다면, 언어는 사회적 삶에 의해 좌우되고, 결국 인간의 사고는 반원자론자들이 주장하는 것처럼 사회에 달려 있게 됩니다.

말씀하신 홉스에 대한 책은 최근의 제 작업들과 연관은 있지만, 직접적이지는 않습니다. 지금 초고 단계의 두 권의 책이 있는데, 하나는 도덕과 인간본성에 대한 책으로, 우리의 언어능력이 이를 통해 확립되는 헌신의 가능성과 더불어 우리가 지닌 도덕적 성향의 근원이라는 주장을 담고 있습니다. 다른 한 권은 리스트 교수(Christian List)와 함께 쓰고 있는데, 집단 행위자가 지닌 잠재력과 위험성을 탐색합니다. 홉스는 이 두 주제에 독창적인 통찰력을 가져다주었고, 그의 저술은 이들 논의가 지닌 역사적 배경에 있어 중요한 부분을 차지하고 있습니다.

그러나 지금 제가 집필하고 있는 책은 홉스에 대한 부정적인 견해로 다시 돌아갑니다. 우리가 민주주의를 어떻게 바라보아야 하는가라는 문제에 있어 공화주의 이론이 지닌 함의를 더욱 발전시키려는 시도이고, 이 속에서 홉스는 『공화주의』에서처럼 주적(arch-enemy)으로 간주됩니다. 제가 이 책에서 한층 더 다듬으려는 민주주의에 대한 공화주의 이론은 다음과 같은 두 가정에 기초할 것입니다. 첫째는 민주적이라고 간주될 자격이 있는 체제는 정부를 통제한다는 것이 어떻게 해석되든지 상관없이 피통치자들에게 그 능력을 부여해야 된다는 것입니다. 둘째는 정부를 인민의 삶에 비지배적 존재로 확립시킨 연후에, 그 정부에 정당성을 부여해야 한다는 것입니다. 이러한 가정들이 제가 희망하는 바가 민주주의에 대한 독특한 공화주의 이론으로 나타날 수 있는 무대가 될 것입니다.

공화주의와 한국사회

'희망 없는 현실주의'에 사로잡힌 한국사회

한국사회는 빈곤하다. 크게 두 가지 점에서 그렇다. 첫째는 인식론적 차이에 대한 고민보다 현상에 대한 이념적이고 규범적인 판단부터 하고보는 습관 때문이다. 많은 사람들이 민주주의를 옹호하고, 또 다양한 형태의 민주주의 원칙을 언급하지만, 바람직한 민주주의를 실현하기 위한 방식에 있어 서로 다른 의견의 조정에 대한 고민은 부족하다. 동일한 목표를 추구하지만 인식론적 차이에서 비롯된 방법상의 차이를 좌와 우의 잣대로 도덕적 판단부터 하고보는 풍토, 경험적이고 역사적인 분석보다 자신들의 이념적 편견을 앞세워 다른 사람들에게 자신의 의견을 강요하는 일상이 이런 빈곤을 더욱 가중시킨다. '시민적 덕성'에 대한 주장은 있지만 전체주의적 '헌신'과 시민적 신뢰가 갖는 차이에는 전혀 관심이 없는 경우, 자유주의의 문제점을 보완할 필요성은 역설하지만 시장의 실패를 오직 개인의 책임으로만 치환시키는 경우, 그리고 민주주의의 정치적 해결을 최초부터 부정하면서 민주주의라는 이름으로 재분배와 경제적 평등에만 골몰하는 경우를 자주 보게 되는 것이다. 이미 여러 형태의 민주주의 이론이 소개되었고, 민주주의와 다양한 이념들의 결합이 시도되고 있으며, 보수적인 입장에서부터 진보적인 입장에 이르기까지 거의 모두가 민주주의를 언급하고 있다. 그러나 어느 누구도 어떤 민주주의가 바람직한 것인지에 대한 진지한 토론을 시작하려고 하지 않는다. 이 와중에 인식론적 차이에 대한 학문적 고민보다 이념적이고 규범적인 판단을 우선적으로 요구하는 공허한 담론의 세계가 만들어지고 있다. 이러한 공허한 담론 속에 감정적 극단과 비판으로 서로를 몰아세웠던 경험이 이제는 사회 전 영역에서 재생산될 수 있는 여지마저 생기고 말았다.

둘째는 맹목적인 현실주의에 의해 사회 전반으로까지 확대된 지적 무관심이다. 민주화 이후 한국사회는 그 어느 때보다 권력을 맹목적으로 추구하고 있다. 이전에도 권력 지향적 속성이 없었던 것은 아니지만, 사회 전반에서 이렇게까지 권력 또는 힘을 갈망하지는 않았던 것 같다. 교육현장도 점점 황폐해진다. 대학이 학원처럼 변하고, 다른 사람들에게 불편을 주지 말라는 교육보다 기죽지 말라는 훈육으로 자라난 학생들 앞에서 선생은 더욱 무기력해진다. 권력만 잡으면 일정 기간 동안 세상을 뒤집어버릴 수 있다는 트라시마쿠스(Thrasymachus)적 망상이 미시적인 삶의 공간 속에서도 자리 잡고 있다. 이런 가운데 권력과 권위의 구분을 요구하고, 개인의 의사에서 출발해서 개인의 의지를 극복할 수 있는 정치사회적 태도를 요구하는 민주주의의 역설은 쉽게 납득되지 않는다. 여기에 미디어를 통한 대중과의 직접 대면에 능숙한 미디어적 인물이 대중의 의사를 형성하는 '청중민주주의'가 가세했다. 한편으로는 인물 중심으로 흩어졌다 뭉쳤다 하는 한국 정당들의 모습 속에서, 다른 한편으로는 대중에게 얼마만큼의 호소력이 있느냐에 따라 차별되는 지식의 가치 속에서, 이제 지적 무관심은 우리의 일상이 되었다. 우리의 삶을 풍부하게 만들 수 있는 기초적인 고민들은 대중뿐만 아니라 지식인들로부터도 소외당하고, 거대한 담론들의 공허한 메아리만이 민주주의의 저변을 잠식하고 있다. 감정적 극단과 추상적 담론이 한국사회의 일상적 민주시민의 생활을 장악한 것이다. 이른바 '희망 없는 현실주의'(realism without hope)의 잔인함이 한국사회 전반을 사로잡은 것이다.

공화주의의 한국적 변용

우리나라에서도 이미 '미국식', '자유주의적', '귀족적', '보수적', '민중적', 그리고 '시민적'이라는 표현을 가지고 공화주의 내부의 이념적 대립과 분화가 시작되었다. 이런 가운데 정치권 일각에서 나타나는 한 가지 흥미로운 점은 '사회적 재분배를 위한 공적 가치의 부각'이라는 측면에서 공화주의의 가치를 찾는 경향이 발견된다는 사실이다. 사회경제적 재분배가 비지배적 조건의 구축이라는 측면에서 매우 중요한 주제라는 점은 분명하다. 그러나 사회적 재분배 또는 사회민주주의의 심화를 위해 공화주의의 수단적 가치만을 언급하는 경우는 문제가 다르다. 왜냐하면, 공화를 위한 조건의 구축을 위해 사회적 재분배의 필요성이 역설되는 것이 아니라 재분배를 위해 공화주의를 빌려올 경우, 구태여 '공화주의'라는 표현을 사용할 이유가 없기 때문이다. 그럼에도 불구하고, 공화주의의 수단적 가치를 강조하는 경향은 점점 강화되고 있다. 고전적 공화주의 입장에서 볼 때, 이러한 경향은 시민적 기풍의 퇴보이자 시민적 다양성의 파괴다. 이러한 현상을 서구의 공화주의에 대한 고민과 비교해볼 때 다음과 같은 특징이 발견된다.

첫째, 서구에서 공화주의는 추상적인 개념보다 구체적인 원칙을 제시하는 데 비해, 한국사회에서 논의되는 공화주의는 사회의 당면과제를 대부분 해결할 수 있는 만능처럼 추상화되는 경향이 있다. 공화란 '자유롭고 평등한 사람들이 법치와 참여를 통해 조화와 화합 속에서 공동의 이익을 추구하는 것'이라는 주장 속에서 우리는 이러한 사회를 어떻게 실현할 수 있는지에 대해서는 애국심 이외에 아무것도 들을 수 없다는 사실에 망연자실하게 된다. 동시에 '공동체주의' 또는 '시민적 공화주의'와 '고전적 공화주의' 또는 '현대 공화주의'가 구별되지 않고 무분별하게 사용된다. 여기에서는 프랑스혁명 이후의 공화주의를 민족주의로 전락한 이데올로기라며 거부하고, 공동체 구성원이라면 직관적으로 인식할 수 있는 객관적 공공선이 있다는 공동체주의의 인식론적 근거를 부정해야 했던 최근 공화주의자들의 고뇌는 찾아볼 수 없다. 또한 시민의 힘을 민주적 변화의 동력으로 전환시킬 제도적 장치를 고민하면서도, 제도에 매몰되거나 제도 밖의 힘만을 강조하는 극단적 처방으로부터 시민의 자유를 지켜내려고 했던 공화주의의 축적된 지혜들은 오히려 추상적이고 무의미한 담론에 그치게 된다. 당면한 한국적 정치상황에 대처하기 위해 보다 중요한 것이 희생될 가능성이 커지고 있는 것이다.

둘째, 서구의 공화주의의 부활이 개인의 자율성과 공공의 시민성을 결합하려는 오랜 학문적 논의에서 비롯되었다면, 한국사회에서 공화주의는 이미 어떤 사회적 신념을 표현하고 전달하는 이념적 잣대로 채색되어 있다. 1990년대 영미의 공화주의 논쟁은 자유주의와 공동체주의의 오랜 논쟁을 종식시키고자 하는 노력의 일환이었고, 이러한 노력은 개인의 자율성을 희생시킨다는 공동체주의에 대한 자유주의적 비판을 극복하는 하나의 대안이자 인식론적 탈출구를 의미했다. 반면 한국사회에서 요구된 공화주의는 인식론적 탈출구가 아니라 현상을 타개하기 위한 이념적 응급처방이다. 조금만 깊이 들여다보면, 서구에서의 개인의 자율성과 시민적 공공성의 결합에 대한 인식론적 논의는 언급되지 않은 채, 한편에서는 신자유주의에 대응하는 시민적 덕성의 함양이, 다른 한편에서는 개인주의에 대응하는 공적 영역의 확보가 전면에 등장한다. 이런 가운데 한쪽에서는 민중주의적 요소를 억제하면서 시민적 애국심으로 무장한 시민적 미덕을 공화의 핵심으로 주장하고, 다른 쪽에서는 시민의 정치참여를 통해 형성되는 시민적 연대를 통해 사회적 재분배를 위한 조건을 형성할 것을 요구한다. 아마도 각각의 진영 내부에서 전개되는 자기비판이 공화주의를 통해 바꾸지 못한 그들의 인식론적 근거를 말하고 있는지도 모른다.

지금 우리의 공화주의에 대한 논쟁은 이러한 두 가지 우려를 불식시킬 필요가 있다. 그러기 위해서는 공화주의에 대한 관심 그자체가 인간과 제도에 대한 보다 깊은 정치적 사려를 요구하는 심의가 되어야 하고, 충분한 학문적 검토와 진지한 토론을 겪은 후에 공화주의의 한국적 변용이 구체화되어야 한다. 그렇지 않으면, 자유주의의 한계를 보완하고자 공화주의를 찾는 입장에서는 수사적 기교와 전략적 선택 이상을 기대할 수 없고, 자유주의의 한계를 극복하고자 공화주의에 호소하는 입장에서는 규범적 판단과 감정적 극단 이상을 기대할 수 없다. 만약 이렇게 된다면, 공화주의가 지적 반성과 창조를 위한 반성적 회고의 계기를 제공하기는커녕, 오랜 세월 동안 축적해온 삶의 지혜마저 우리의 현재적 필요에 의해 왜곡될 수 있을 것이다. 이런 맥락에서, 페팃과의 인터뷰는 우리가 공화주의를 통해 얻을 수 있는 정치적 상상력의 지평을 더욱 넓혀줄 수 있으리라 기대한다.

2 변화하는 세계, 민족주의는 아직도 필요한가

: 데이비드 밀러 교수와의 대화

밀러의 정치사상

다양한 문화와 인종을 포용하는 민족성

데이비드 밀러(David Miller)는 옥스퍼드 대학 너필드 칼리지 (Nuffield College)에서 정치이론을 가르치는 교수로, 영미학계를 대표하는 민족주의 이론가이자 이념적 경계를 초월한 사회정의 이론을 통해 다양한 논쟁을 불러일으키고 있는 정치철학자다. 캠브리지 대학에서 수학과 윤리학을 공부했고, 옥스퍼드 대학교에서 플라므나츠(John Plamenatz) 교수의 지도로 정치학 박사를 받았다. 박사과정으로 있던 1969년부터 여러 대학에서 강의를 시작했는데, 1980년 옥스퍼드 대학의 강의전담 교수가 되기 전까지 랭커스터(Lancaster) 대학과 이스트 앵글리아(East Anglia) 대학에서 학생들을 가르쳤다. 지금 그가 소속된 너필드 칼리지는 1937년 설립된 연구 중심 대학원으로, 75명 정도의 대학원생과 60명 정도의 연구원, 그리고 연구원들 중 20명 정도가 전임교원으로 강의와 연구에 종사하는 영국 사회과학의 요람이다. 여기에서 밀러는 연구에 필요한 모든 경비를 제공받는 전임연구원이자 대학원 정치학과 교수로 재직하고 있다. 현재 영국왕립학술원 회원이고, 미국 시카고 대학에서 출간하는 저명한 학술지 *Ethics*의 부편집장으로 활동 중이다.

밀러가 영미학계뿐만 아니라 세계 정치이론 및 정치사상 학계의 주목을 받기 시작한 시기는 사실상 1990년대 중반부터다. 그 이전에 밀러는 사회학적 접근방법을 통해 독특한 방식으로 사회정의를 설명하는 정치이론가로 알려져 있었다. 자신의 박사논문을 『사회정의』(*Social Justice*, 1976)라는 제목의 단행본으로 출간했을 때 밝혔듯이, 그의 학문적 여정에서 최초의 관심은 사회정의를 단일한 범주 또는 항목으로 설명한 '통합이론가'(unifying theorists)들의 정의론이 갖는 한계를 극복할 수 있는 방법을 찾는 것이었다(Miller, 1976: v-vi). 일차적 비판 대상은 롤스(John Rawls)의 이론이었지만, 법적·제도적 장치만으로 어떤 사회의 혜택과 부담을 공정하게 재분배하는 것과는 본질적으로 다른 사회학적 이해가 필요하다는 것을 확신시키는 데 필요한 모든 이론들이 극복의 대상이었고, 일상적 삶을 영위하는 사람들이 정의와 부정의를 판단하는 데 실제로 사용하는 원칙들이 분석의 대상이었다. 이러한 밀러의 태도는 한편으로 정의의 복잡성과 다양한 근거들을 보여주기 위한 세 가지 구별되는 정의의 범주——흄(David Hume)의 '권리'(rights), 스펜서(Herbert Spencer)의 '공적'(deserts), 그리고 크로포트킨(Peter Kropotkin)의 '필요'(needs)——의 제시로, 다른 한편으로 권리는 다른 두 가지 정의의 범주와는 달리 기존의 상태에 변화를 주기보다 부여된 것을 지키는 성격이 강하기에 법적·제도적 차원에서 해결될 수 있다는 주장으로 나타났다. 비록 밀러의 초기 연구는 영미학계로부터 세 가지 구분이 자의적이라는 비난과 매우 참신하고 흥미롭다는 찬사를 함께 받았지만, 세계 학계는 그의 초기 연구에 대해 지금과 같은 큰 관심을 기울이지는 않았다.

세계 학계로부터 밀러가 주목을 받게 된 계기는 그가 1995년에 출간한 『민족성에 대하여』(On Nationality, 1995)가 커다란 반향을 불러일으키고 난 이후이다. 밀러의 민족주의 이론은 민족주의를 파시즘과 나치즘의 대중선동과 독재, 그리고 전쟁으로 연결된 전체주의와 동일시하는 영미학계에 커다란 반향을 일으켰다. 왜냐하면 단순히 민족주의의 정치사회적 기능을 긍정적으로 표현했을 뿐만 아니라 규범적 가치로서 민족주의를 적극적으로 제시했기 때문이었다. 엄격하게 말하자면, 밀러의 민족주의 또는 민족은 영미의 전통에서 보면 '애국심'(patriotism)에 더 가깝다. 영미학계의 최근 논의에서 보듯, 민족주의가 신화와 상상을 통해 구성되는 집단 정체성에 바탕을 둔다면, 애국심은 어떤 정치체제 속에서 삶을 영위함으로써 갖는 일체감이나 동료애에 기초하는 것으로 이해된다(곽준혁, 2003a: 314~324). 이 구분을 적용해보면, "특정 영토에서 공유된 신념과 상호 책임을 바탕으로 역사적으로 오랜 시간 동안 자기들만의 대중문화를 유지해온 활동적인 공동체"라는 정의로부터 우리는 그가 민족주의가 아닌 애국심을 염두에

두고 있음을 알게 된다(Miller, 1995: 45~46).[1] 민족주의의 발생과 관련해서는 애국심과 유사한 형식으로 이해하려는 경향, 민족주의의 정치사회적 기능과 관련해서는 결과적으로 민족국가가 지금의 우리 일상에서 발견될 수 있는 시민적 결속의 대상이 될 수밖에 없다는 현실주의적 판단이 함께 내재된 것이다. 이것이 밀러가 그의 저작들에서 민족주의가 아니라 '민족성'(nationality)이라는 단어를 사용하고 강조하는 이유이며, 질문 4와 5에 대한 그의

---

1 오히려 밀러는 이러한 민족주의와 애국심의 구분 자체를 반대하고 있다고 말할 수 있다. 민족주의와 관련한 그의 주장은 크게 두 가지로 나누어진다. 첫째는 민족주의가 도덕적 규범으로 허용될 수 있다는 주장이다. 우선 밀러는 민족주의가 신화나 정치적으로 조작된 신념에 기초한다는 비판에 대해 민족주의가 기초하고 있는 신화에는 어떤 정치공동체가 집합적으로 경험한 사실들이 반영될 수밖에 없다고 말하고, 이러한 경험적 사실들 없이 심의민주주의나 복지국가와 같은 정치사회적으로 의미가 있는 헌신들을 사회 구성원들로부터 기대할 수 없다고 부언한다(Miller, 1995: 35~ 47). 둘째는 그가 '윤리적 보편주의'(ethical universalism)라고 이름붙인 도덕적 판단기준을 '특수주의'(particularism)로 대체해야한다는 것이다(Miller, 1995: 49~80). 이러한 주장은 오직 일반적 사실만이 도덕적 근거를 구성할 수 있다고 보는 윤리적 보편주의에서는 정치공동체마다 특수한 맥락에 기초한 결속이 정당화될 수 없다는 판단에 기초한다. 이러한 판단은, 한편으로는 개개인의 판단이 그들이 속한 사회로부터 완전히 분리될 수 없다는 인식론적 견해, 그리고 행위자들마다 다양한 판단기준이 존재할 수밖에 없다는 다원주의적 정치사회적 견해로부터 비롯되었다. 이에 대해서는 세계 시민으로서의 의무감보다 동료 시민들에 대한 의무감이 더 중요한 이유에 대해 밝히고 있는 밀러의 연구(Miller, 2000: 81~96)를 참조.

대답으로부터 어떻게 사회 구성원들이 민족적 일체감을 갖게 되는지에 대해 상세한 이야기를 들을 수 없는 이유다.

　실제로 그는 민족주의와 관련된 논의에서 많은 부분을 '민족성'이 정치사회적으로 어떤 기능을 하느냐에 초점을 맞추고 있다. 그의 초점은 크게 두 가지로 나뉜다. 첫 번째는 분배적 정의가 실현되는 데 필요한 시민적 일체감을 민족성이 제공해줄 수 있다는 것이다. 그는 시민성(citizenship)만으로도 충분히 스스로가 공동체에 공헌한 바에 따른 사회정의의 실현이 가능하다고 본다. 그러나 기여한 바에 따른 응분의 보상보다 더 많은 희생이 요구되는 복지국가 또는 경제적 재분배에서는 보다 강력한 시민적 신뢰와 연대가 필요하고, 이러한 신뢰와 연대를 구축함에 있어 민족성이 필요하다는 입장을 취하는 것이다(Miller, 1995: 72~73). 두 번째 초점은 자유주의적 민족주의(liberal nationalism)다. 밀러는 자유주의적 민족주의를 두 가지 극단적 형태를 피할 수 있는 대안으로 제시하는데, 여기에서 두 가지 극단이란 민족적 정체성의 유지를 위해 이주민과 문화적·인종적 소수 집단에게 배타적이고 폭력적인 경향을 갖고 있는 보수적 민족주의(conservative nationalism)와 모든 형태의 공유된 정체성을 거부하면서 부적절하고 비이성적인 공동체의 문화까지도 용인하라고 요구하는 극단적 다문화주의(radical multiculturalism)를 말한다. 또한 밀러는 자유주의적 민족주의가 배타적이지 않으면서도 시민적 연대를 기대할 수 있는 정치적 공동체를 형성할 수 있다고 주장하는데, 이때 그가 말하는 민족성이란 문화적·인종적 소수집단을 포용할

수 있는 형태로 수정된 것이다(Miller, 1995: 124~140). 질문 3
의 대답에서 보듯, 문화적 다원성을 인정하면서도, 서로 다른 사
람들이 함께 살아가야 하는 이유를 효과적으로 유도하고 유지할
수 있는 것으로 민족성을 이해하고 있는 것이다.

종합하면, 밀러의 민족주의론은 정치적으로 보다 세련된 시민
적 공화주의(civic republicanism)다.[2] 그는 자신의 생각을 "좌파
적 공동체주의"(left communitarianism)의 한 형태라고 표현하고
있다(Miller, 2000: 98). 그러나 그가 말하는 '좌파적'이라는 말은
사회주의적 색채나 이념적 경향성을 지칭하지는 않는다. 좌파적
이라는 말이 의미하는 바는 그가 지향하는 공동체주의가 자유주
의와 공동체주의 어디에도 속하지 않는 제3의 공동체주의라는 뜻
이다. 사실 그의 공동체주의는 킴릭카(Will Kymlicka)와 같이 집
단적 정체성(identity)과 정치적 권리(rights)를 구분함으로써 개
인의 선택과 정치적 평등을 강조하면서도 국가 내에서 소수 집단

---

2 여기에서 시민적 공화주의(civic republicanism)는 공동체주의(communi-
   tarianism)의 다른 표현이다. 공동체주의가 강조하는 바를 '시민적'이라
   는 수식어를 통해 공화주의 내부의 다른 입장들과 구별하는 것이 최근 정
   치이론 분야의 일반적인 관례다. 시민적 공화주의는 인식론적으로 인간
   을 상호의존적이고 사회에 착근된 존재(embedded self)로 보기에 인간
   의 군집성과 적극적인 정치참여를 통한 정치사회적 본성의 실현을 강조
   하고, 정치사회적으로 각각의 공동체는 그 공동체만이 갖고 있는 특수한
   규범적 내용을 갖고 있음과 동시에 이러한 규범은 공동체 구성원들이 직
   관적으로 인식할 수 있다는 입장을 피력하고 있다. 시민적 공화주의와 공
   화주의 전통 내부의 다양한 입장에 대해서는 곽준혁(2008b)을 참조.

들의 정체성을 유지하고 발전시킬 수 있는 도덕적인 원칙을 공동체주의에서 찾는 자유주의적 입장과는 사뭇 다르다. 스스로가 말하듯, 그는 정체성을 개인의 선택으로 치환하기보다 민주적 심의(deliberation)를 통해 형성되는 것으로 보고, 정치적 평등만으로는 다양한 문화적 정체성을 가진 집단들이 하나의 정치공동체에서 살아갈 수 있는 조건이 충족되지 않는다고 보는 것이다(Miller, 2000: 105~107). 동시에 그의 공동체주의는 전정치적(pre-political) 공동체 의식을 시민적 의무의 전제조건으로 강조하는 보수적 공동체주의와도 다르다. 그는 다른 공동체와 구별된 특수한 형태의 공동체적 연대감을 갖는 것은 인정하지만, 민주적 심의를 통한 정체성의 변화를 인정하지 않는 순수한 형태의 공동체주의와 스스로를 구별하고자 노력하기 때문이다(Miller, 2000: 101~105). 엄격하게 말하자면, 다원성과 개인의 자율성을 모두 인정한다는 점에서는 최근 등장한 공화주의와 유사한 점이 없지 않지만, 질문 2에 대한 대답에서 말한 바와 같이 밀러는 시민적 공화주의자에 가깝다. 시민성으로는 완전히 충족되지 않는 공동체적 결속을 위해 민족성에 호소한다는 점, 민주적 심의를 시민적 자율성을 확보하기 위한 수단으로 보기보다 정치사회의 목적으로 상정하고 있다는 점, 그리고 사회정의의 본질적인 전제조건으로 공동체를 제시하고 있다는 점이 이러한 평가를 가능하게 한다.

분배적 정의의 실현을 위한 원칙

1990년대 말, 밀러는 사회정의가 기초할 원칙으로 권리 대신 평등을 포함시켰다(Miller, 1999). 권리가 항목에서 제외된 이유는 평등의 원칙을 통해 권리와 관련된 부분이 실현될 수 있기 때문이기도 하지만, 권리 자체가 사회정의와 관련된다기보다 법적·제도적 장치를 통해 보호되어야 할 사적 영역과 더 연관성을 가지기 때문이기도 하다. 항목의 변화는 있지만, 여전히 다원주의와 사회학적 접근으로 자신의 정의론을 구성하고 있다는 점에서 큰 변화는 없다. 정의에 대한 단일하고 통합적인 원칙을 찾기보다 다양한 원칙들을 찾고자 했고, 이러한 원칙들이 각각의 사회가 처한 환경에 따라 다르게 구성될 수밖에 없다고 보는 것이다(Miller, 1999: ix-x). 그러나 필요, 공적, 그리고 평등이라는 다원적 원칙들과 이러한 원칙들이 통용되는 "인간 상호관계의 방식"(modes of human relationship)의 상관성을 경험적 분석을 통해 부각시킨 점은 큰 변화라고 볼 수 있다. 밀러는 다른 공동체주의자와 마찬가지로 사회정의의 맥락적 성격을 강조하지만, 특정 사회 내에서 사회적 공공선의 의미를 분석하기보다 인간이 상호작용하는 다양한 방식에 초점을 맞춘다. 보다 구체적으로, 인간이 상호작용을 통해 만들어낸 기본적인 결사방식을 연대적 공동체(solidaristic community), 도구적 결사체(instrumental association), 그리고 시민성(citizenship)으로 나누고, 필요와 공적 그리고 평등을 각각의 분배원칙으로 제시한다(Miller, 1999: 25~32).[3] 질문 1에 대한 답변에서 알 수 있듯이, 정의에 대한 견해는 다원적이며, 일상 속에서 공정한 분배에 대한 논의의 대부분은 자신이 제시한 세 가지 원칙들의 경쟁으로 나타나게 되고, 사회적 맥락으로 구체화될 결사의 방식에 따라 각각의 원칙들이 채택된다고 본다.

밀러는 사회정의론의 많은 부분을 도구적 결사체의 분배원칙으로 제시한 공적에 할애하고 있다.[4] 그러나 그가 기울인 노력에 비해 학계의 평가는 다소 냉담하다. 일반적으로 두 가지의 부정적인

---

3 밀러가 정의하는 '연대적 공동체'란 공통의 정서를 갖고 있는 상대적으로 안정된 집단의 구성원으로서 공통의 정체성을 공유하는 집단을 말한다. 그는 연대적 공동체의 분배원칙으로 '필요'를 제시했는데, 여기에서 필요란 각자 능력에 따라 다른 사람의 결핍을 충족시켜주는 것을 말하며, 그 정도는 각각이 연대감을 얼마나 갖고 있느냐에 달려 있는 경우라고 말한다(Miller, 1999: 203~229). 밀러는 사람들의 관계가 공리주의적 방식으로 형성된 '도구적 결사체'의 경우는 필요가 아니라 '공적'에 따라 분배를 수행한다고 주장하는데, 그 이유를 이러한 결사체에서 구성원들은 상호협력을 통해 달성할 목적이 각각 다르기에 결사체에 대한 각자의 공적과 공헌에 따라 분배하는 원칙을 사용하기 때문이라고 본다. 이때 공적에 기초한 분배란 어떤 사람의 노동이나 노력이 담긴 기여와 성과에 기초해서 사회적 보상과 처벌이 행해져야 하고, 보다 뛰어난 기여와 성과는 그렇지 못한 것들보다 더 큰 사회적 인정을 당연히 받아야 한다는 주장을 말한다(Miller, 1999: 27, 131~155). 밀러는 앞선 두 가지 경우의 결사체적 성격에 덧붙여 동료 시민과의 관계성을 포괄하는 것으로 '시민성'을 제시하고, 시민성이라는 관계에서 사람들이 분배를 수행하는 방식은 '모든 시민이 동등한 권리'를 갖는다는 '평등'의 원칙이라고 설명한다 (Miller, 1999: 30~31, 230~244).

평가가 대두된다. 첫째는 사회정의의 원칙을 대중의 의견으로부터 찾으려는 사회학적 방법론에 대한 비판이다. 사회정의에 대한 대중들의 의견은 원칙을 찾는 과정과 원칙들을 통해 분배를 실현하는 과정에서 일정 역할을 하겠지만, 사회정의가 요구하는 바에 대한 올바른 해답을 가져다주지는 않는다는 것이다. 추상성보다 일상으로부터 사회정의의 원칙을 도출하겠다는 의도는 좋지만, 이렇게 일상의 언어와 대중적 의견으로부터 도출된 원칙인 공적은 사회정의의 올바른 표현이나 바람직한 분배의 원칙이 될 수 없다는 비판이다(Swift, 1999). 둘째는 공적이 분배의 원칙으로 타당하다는 것을 입증하기 위해 밀러가 사용한 시장의 원리에 대한 반대이다. 밀러에게 시장은 구성원이 각각의 공헌도에 따라 가장 적정한 보상을 받도록 할 뿐만 아니라, 다른 구성원들이 기대하는 수준으로 구성원이 행동할 때 응분의 보답을 받을 수 있는 기회를 제공하는 메커니즘이다(Miller, 1989: 166~167; 1999: 156~176).[5]

4 밀러는 사람들이 정의를 사고할 때 원초적(primitive)이고 전제도적(pre-institutional) 견지에서 공적을 사용한다는 사실에 정치철학자들이 무관심했다고 비판하고, 의도적이고 자발적 행위의 결과에 따른 혜택의 분배가 심지어 제도의 적절성을 평가하는 잣대로도 이용된다는 것을 보여주는 데 총력을 기울인다. 따라서 그의 사회정의론에 대한 비판들도 공적에 집중된다. 밀러의 이론에 대한 학계의 평가들은 2000년 옥스퍼드 대학교 너필드 칼리지에서 있었던 컨퍼런스의 결과를 벨과 드샬릿이 편집한 책에 잘 드러나 있다(Bell & de-Shalit, 2003). 이 책에서는 밀러의 이론을 세 가지 측면들—사회정의, 민족성, 그리고 지구적 정의—로 나누고, 17명의 학자들이 그의 이론을 비판적으로 검토하고 있다.

그러나 시장을 도구적 결사체의 성격만 갖고 있는 영역으로 한정하는 데 대한 불만이 제기되고 있고(Attas, 2003: 86~91), 자연적으로 부여받은 재능이나 큰 노력 없이도 운이 좋아 성공한 경우에 공적이 분배적 정의의 실현을 위한 원칙이 될 수 있느냐는 비판이 일고 있다(Olsaretti, 2003: 73~77).[6]

---

5 밀러의 견해는 정치사회적 원칙으로서 공적은 시장에서 모든 사람들이 동일한 조건하에 경쟁하지 않는다는 점을 간과할 여지가 있다는 자유주의 진영의 일반적 지적과 대조된다. 자유주의적 평등주의자들은 공적이 정치사회적 분배의 원칙이 되려면, 그러한 기여가 가능했던 조건들과 능력들이 평등하게 분배되어 있어야 한다고 주장한다. 예를 들면, 롤스는 좋은 집안과 좋은 사회적 환경에서 자라난 사람들이 스스로의 능력을 개발할 수 있는 더 나은 조건을 가지고 있다는 점에서 공적이 분배적 정의를 실현하는 원칙이 되어서는 곤란하다고 주장한다(Ralws, 1976). 자유방임주의 진영에서는 공헌도에 따른 분배보다 개인의 권리가 더 중요하다는 입장에서 공적을 거부하고(Nozick, 1974), 신자유주의 진영에서는 어떤 기준이 특정 부류의 사람들을 응분의 보답을 받아야 할 사람으로 만드는지에 대한 공감대가 있어야만 경제적 정의를 구축하는 데 공적이 사용될 수 있다는 입장을 갖고 있다(Hayek, 1974). 자유주의 진영의 공적에 대한 견해는 쉐플러의 연구를 참조(Scheffler, 2000). 그리고 정치이론 분야의 공적에 대한 논의는 올사레티가 최근 편집한 책을 참조(Olsaretti, 2007).

6 밀러는 운(luck)과 관련된 후자의 비판에 대해서는 최선을 다했음에도 불운하게 실패한 경우를 시장에서 발생하는 우연적인 상황이 초래하는 불운과 구별함으로써 극복하려고 노력한다. 밀러는 운동경기 도중 결승라인에서 발이 걸려 넘어진 선수와 같이 최선을 다했지만 불운으로 실패한 경우를 '총체적 운'(integral luck), 그리고 실력은 있지만 제 시간에

이러한 비판에도 불구하고, 시장과 분배를 결합시켜보려는 밀러의 노력은 여전히 진행형이다. 그가 경제적 의미의 공적을 분배에 적용하려는 이유는 매우 확고하다. 노력 또는 좋은 의도가 아니라 실제로 생산적인 공헌이 있었느냐가 반드시 공적의 근거가 되어야 하고, 시장에서 형성되는 가격이 바로 공헌의 척도로 사용될 수 있다고 지속적으로 주장한다. 그리고 이것 자체가 신자유주의 또는 시장 중심의 분배를 옹호하는 것을 의미하지는 않는다고 거듭 강조한다. 실제로 그가 시장을 언급하는 것은 다음 두 가지를 의미한다. 하나는 시장 경제를 재구축함으로써 사회정의를 보다 잘 실현시킬 수 있다면 시장의 언급이 나쁠 게 없고, 다른 하나는 사회정의를 실현하는 데 있어 공적이 중요한 역할을 한다는 견

경기에 참가하지 못해 우승하지 못한 선수와 같은 경우를 '상황적 운'(circumstantial luck)으로 구분하고, 공적을 통한 분배에 치명적인 문제점을 야기하는 전자와는 달리 후자는 누구나 당면할 수 있는 불운으로 공적에 따른 분배를 완전히 무효화할 수 없다고 본다(Miller, 1999: 143~144). 밀러에게 후자는 곧 시장에서 발생하는 우연적 상황 때문에 공적을 분배의 원칙으로 인정하기 힘들다는 입장에 대한 반론의 근거이고, 시장에서는 누구나 언제든지 이러한 상황적 변수에 능동적으로 대처하도록 요구받는다는 점이 그 이유로 설명된다. 경제를 도구적 결사체로만 이해한다는 비판은 최후의 생산에 참여한 사람에 의해서 임금이 결정되는 한계생산성(marginal productivity)과 한계공헌(marginal contribution)에 기초하는 메커니즘을 개개인의 공적에 따른 정의로운 분배의 원칙으로 이해했다는 것이다. 이 경우에 밀러는 공적이 일상에서 사용되는 하나의 원칙일 뿐이라고 일축하고 있다(Miller, 2003: 357~362).

해가 존재하는 경우에, 시장에서 형성되는 값이 곧 어떤 사람의 사회적 공헌에 대한 척도가 될 수 있다는 의견도 존재할 수밖에 없다는 것이다. 사실 이러한 주장 모두 자유주의적 평등주의에 대한 밀러의 불만을 보여주고 있다. 개인들의 선택으로 치환된 분배 원칙에는 찬성할 수 없다는 것, 그리고 자원의 분배는 어떤 사회에서 사회관계의 질적 측면을 조건지울 때에만 고려될 수 있다는 것이다. 아울러 심각한 불평등은 위계적 사회관계와 정치사회적 힘의 불균등을 낳을 수 있기에 위험하다는 사회학적 분석도 전달된다(Miller, 1999: 70~71). 여러 맥락에서 볼 때, 밀러의 시장과 분배의 혼합은 자유주의자도 사회주의자도 만족시키지 못하는 태생적 한계를 갖고 있을지도 모른다. 그럼에도 불구하고, 이러한 태생적 한계가 새로운 이념적 지평을 찾는 학자들의 주목을 받고 있다는 사실은 부인할 수 없다. 다원적이며 복잡한 분배의 원칙을 제시함으로써 시민적 심의를 통한 사회정의의 실현을 가능하게 만들고자 하는 밀러의 열망이 메아리치고 있다.

민족성과 지구적 정의에 대한 논의

최근 밀러의 이론에 대한 비판은 그가 지구적 정의(global justice)에 대해 가지고 있는 소극적 태도에 집중되고 있다. 앞에서 밝힌 바, 밀러는 민족성이 시민들 사이의 신뢰를 강화시킴으로써 재분배의 문제를 포함한 사회정의 실현에 도움이 된다는 입장을 견지해왔고, 소속된 공동체에 개개인이 갖게 되는 감정적 애착

(attachment)을 기대할 수 없는 지구적 차원에서는 분배적 정의
를 포함한 사회정의를 기대할 수 없다는 태도를 보여왔다(Miller,
2000: 24~40, 81~96). 이러한 태도는 영미학계의 민족주의에
대한 거부감과 함께 지구적 차원의 정의를 주장하는 학자들의 반
발을 가져왔다. 이들의 비판은 일차적으로 민족국가의 경계를 초
월한 분배적 정의가 불가능하다는 밀러의 견해에 초점이 맞추어
졌다. 우선 다른 사람과의 비교가 불필요한 절대적 또는 非비교
(가능한) 원칙(noncomparative principle)과는 달리, 다른 사람
들과의 관계를 통해서만 그 사람의 몫이 정해지는 비교(가능한)
원칙(comparative principle)이 적용 가능한 최대 범위가 민족이
라는 주장에 대해 비판이 제기되었다.[7] 밀러는 인간이기에 받아야
할 당연한 권리의 경우에는 어떤 결사의 구성원으로서의 소속감
이 필요 없지만, 다른 사람들과의 관계에서 개개인이 그들의 정당
한 몫을 향유하고 적절한 책임을 부담하고 있는지에 대한 합의의
경우에는 구성원들의 소속감이 매우 중요하다고 보았다(Miller,

---

[7] 밀러는 파인버그(Joel Feinberg)의 분류를 따라 분배적 정의를 비교(가
능한) 원칙과 非비교(가능한) 원칙으로 나누고, 전자의 적용 가능한 최
대 범위로 민족국가를 설정한다. 그의 주장은 크게 세 가지로 나뉜다
(Miller, 1998; 1999: 152). 첫째, 민족이 비교(가능한) 원칙이 적용될 수
있는 최대의 결사다. 둘째, 분배적 정의의 비교(가능한) 원칙은 지구적
차원에서는 적용될 수 없다. 셋째, 비교(가능한) 원칙은 오직 결사체 내
부에서만 적용된다. 파인버그의 구분에 대해서는 그가 쓴 非비교(가능
한) 원칙에 대한 논문(1974)을 참조.

1998). 반면 지구적 차원에서도 분배적 정의의 문제를 다룰 수 있다고 보는 입장에서는 이러한 구분 자체가 부적절하다고 비판한다(Caney, 2003). 사실 이러한 구분을 받아들이는 입장에서도 밀러의 민족성에 대한 강조는 반발을 불러일으키고 있다. 모든 인간이 평등하게 대우받아야 한다는 전제조건이 사람들은 결국 어떤 공동체에 소속되어 있다는 현실을 부정하는 것은 아니며, 그렇다고 하더라도 지구적 차원의 도덕적 요구가 소속감을 이유로 회피될 수 없다는 비판이 제기되는 것이다(Fabre, 2003). 종합하면, 지구적 차원의 정의를 주장하는 학자들은 밀러의 구분이 지구적 차원의 불평등을 해소해야 한다는 규범적 요구를 무의미한 것으로 만들 수 없다고 비판하고 있다.

질문 6의 대답에서 보듯, 밀러는 '약한 사해동포주의'(weak cosmopolitanism)를 통해 이러한 비판을 정면으로 돌파할 작정이다(Miller, 2007). 그가 말하는 약한 사해동포주의는 민족성에 대한 강조가 지구적 정의를 구현하고자 하는 도덕적 요구와 결코 대립되지 않음을 보여주기 위해 제시된 것으로, 민족국가에 기초한 시민적 책임에 대한 강조가 인권과 관련된 지구적 차원의 도덕적 열망을 무시하지 않는다는 점을 강조한다.[8] 보다 구체적으로,

---

8 밀러의 약한 사해동포주의는 다음 두 가지를 내용으로 한다(Miller, 2007: 23~50). 첫째, 원칙적으로 동료 시민들에 대한 의무와 전체 인류에 대한 의무는 다르다는 것이다. 그는 동료 시민들에 대한 경우와는 달리 전체 인류에 대해서 우리는 복지와 고용기회 등과 같은 사회적 권리를

인간의 존엄성을 유지하는 데 필요한 최소 기준들은 반드시 옹호되어야 하고, 최소 기준의 결핍으로 고통받는 사람들이 있다면 직접적인 고통의 책임이 없다고 하더라도 그들을 구제해야 할 의무가 있다고 주장한다(Miller, 2007: 230~261). 그가 지금까지 주장해온 민족성에 기초한 사회정의가 지구적 차원의 인권의 시대에 맞춰 보다 정교해진 것이다.

그러나 그의 약한 사해동포주의는 근접성(proximity)에 기초한 감정적 애착이 지구적 차원으로까지 전이될 수는 없다는 이전의 주장과 크게 다르지 않다(곽준혁, 2009: 39~41). 실제로 동료 시민들에 대한 의무와는 달리, 전체 인류에 대해서는 사회적 권리까지 보장해주어야 할 책임은 없다는 태도가 견지된다(Miller, 2007: 34~43). 따라서 밀러의 민족성에 천착한 사회정의와 인권의 결합양식, 즉 지구적 의무와 시민적 의무가 뚜렷이 구별된다는

보장해주어야 할 의무가 없으며, 국가들 사이의 불평등을 해소하기 위해 지구적 차원의 질서를 더 평등한 관계로 재편해야 할 의무도 없다고 본다. 둘째, 인간의 존엄성을 유지하는 데 필요한 최소 기준들을 지구적 차원에서 옹호해야 한다는 것이다. 이 경우 시민적 의무와 지구적 의무의 구별은 무의미하며, 다른 국가 또는 외국인이 인간으로서 향유해야 할 최소한의 조건들을 파괴했다면 책임을 지고 보상하는 것이 당연한 의무로 간주된다. 여기에서 밀러는 직접 초래하지 않았더라도 어떤 나라의 사람들이 인권과 같은 최소 기준의 결핍으로 고통 받고 있다면, 국제 사회의 요청에 따라 그 나라 사람들을 구제해야 할 의무는 있다고 주장한다. 비록 동료 시민들에 대한 의무와 동일하지는 않지만, 인간적 삶을 위한 최소한의 조건을 보장하기 위해 노력해야 할 의무가 우리에게 있다는 것이다.

전제에서 전개되는 지구적 정의에 대한 논의는 그에게 취해졌던 이전의 비판들을 환기시킨다. 왜 지구적 차원에서는 불가능한 감정적 애착이 단 한 번 만난 적도 없는 민족국가 내부의 시민들 사이에서는 자연적으로 발생한다는 것인지, 그리고 왜 지구적 의무에 대해서는 자발적 헌신을 기대할 수 없는지에 대한 설명이 불충분하다.[9]

반면 다문화 공존에 대한 밀러의 견해는 지구적 정의에 비해 보다 유연하다. 일종의 공화주의적 애국심(republican patriotism)과 자유주의적 다문화주의(liberal multiculturalism)의 배합을 보는 듯하다. 첫째, 질문 7과 8의 답변에서 보듯, 밀러는 종족적 동질성이 그가 말하는 민족성의 근거가 될 수 없음을 분명히하고, 인종적·종족적 소수자들에게도 정치적으로 동일한 권리가 부여되어야 한다고 주장한다. 이때 그가 언급하는 민족성은 다른 문화적 배경을 지닌 사람들에게 같이 살아가야 할 이유를 제공하는 것으로 제시되고, '통합'은 시민적 책임성을 공유하기 위한 사회화 과정과 동일시된다. 공동체 내부의 정신적·문화적 동질성보다 시민적 자유와 정치적 권리의 보장을 강조한다는 점, 그리고 민주적 절차와 제도에 대한 애정이 실질적인 삶의 공유를 통해 형성되

---

9 2008년에 *Critical Review of International Social and Political Philosophy*는 밀러에 대한 특집을 출판하고, 밀러의 정치이론을 다양한 각도에서 재검토했는데, 특히 그의 시장 사회주의, 민족성, 그리고 지구적 차원의 정의가 초점이 되었다.

는 공동체와 동료들에 대한 애정을 대체할 수 없다는 점을 인정한다는 점에서 볼 때, 밀러의 민족주의는 공화주의적 애국심의 특징들을 공유한다. 그러나 시민성보다 민족성을 더 중시한다는 점에서 밀러는 공화주의자들과 큰 차이가 있다.[10] 둘째, 질문 9와 10의 답변에서 나타나듯 밀러는 다문화 공존을 이주해온 집단과 그들을 받아들이는 집단 사이의 계약이라는 관점에서 이해하고 있다. 이러한 이해는 다분히 다문화 공존에 대한 자유주의적 접근을 연상시킨다. 예를 들면, 킴리카가 문화적 소수집단을 '소수민족집단'과 '이민민족집단'으로 나누고, 전자에게는 독자적 정치조직을 결성할 자유와 문화의 독특성을 유지할 권리를 인정하면서도, 후자에게는 자신들이 이주해온 국가의 문화를 습득해야 할 의무를 부과한 것과 유사하다(Kymlicka, 1996: 6, 75~106). 특히 밀러와 킴리카 모두 이주는 이주할 국가의 지배적인 문화와 정치적 권력에 대해 자발적 동의를 한 것으로 이해하고 있다는 점에서 더욱 그러하다. 따라서 밀러식 다문화 공존을 한마디로 정의한다면, 개방적 민족 정체성과 그들을 받아들인 사회의 공정한 계약의 결합, 즉 공화주의적 애국심과 자유주의적 다문화주의의 결합이라고 말할 수 있다.

마지막으로 짚어볼 주제는 '상속된 책임성'(inherited respon-

---

10 공화주의적 애국심, 그리고 이와 구별되는 '시민적 애국심'과 '헌정주의적 애국심'에 대해서는 곽준혁(2003: 320~324)을 참조. 공화주의 전통에서 시민적 통합에 대한 이해는 곽준혁(2007a)을 참조.

sibility)이다. 상속된 책임성이란 제2차 세계대전 중 나치의 대학살이나 '일본군 위안부'와 같이 인권유린의 책임을 가해 당사자가 아니라 가해 당사자의 후속 세대가 질 수밖에 없는 이유를 설명하기 위해 제시된 정치철학적·윤리학적 개념이다. 밀러의 '민족적 책임성'(national responsibility)은 상속된 책임성과 관련된 가장 정교한 이론으로 평가를 받고 있는데, 그는 상속된 책임의 주체가 국가 또는 정부의 변경 여부와 무관한 '민족'이 되어야 한다고 주장한다(Miller, 2007: 135~161). 민족을 주체로 상정할 때 책임의 상속성을 잘 설득할 수 있다는 점을 반박하기는 힘들다. 국가 또는 정부로 주체를 한정한다면, 책임의 상속을 설득하기가 어려울 뿐만 아니라 책임의 성격도 법적·외교적 타협으로 한정될 가능성이 크기 때문이다. 문제는 민족이 법적·정치적 실체가 불분명한 단위라는 점, 그리고 민족적 책임성에 기초한 요구는 민족 사이의 갈등을 증폭시킬 수 있다는 점이다. 공통의 정체성이나 문화나 역사를 통한 유대감을 지나치게 강조하게 되면, 책임성의 논의가 자민족 중심주의로 기울면서 타집단 혹은 타민족과의 화해나 협력을 저해할 수 있다. 이런 맥락에서 국가도 민족도 아닌 '시민'이 책임의 주체가 되는 새로운 이론적 틀이 모색되고 있다(Kwak & Park, 2009). 이러한 비판에 대한 밀러의 생각은 질문 11과 12에 대한 그의 대답으로 대신하는 것이 더 바람직하다고 생각된다.

사회정의에 대한 다원주의적 접근

01 **곽준혁**—『사회정의의 원칙들』(*Principles of Social Justice*, 1999)이라는 책에서 선생께서는 롤스의 이론이 사회정의를 평가하는 단일의 척도를 만들어내는 데 초점을 맞추었다고 비판하면서, 다원주의적인 사회정의에 대한 견해를 제시했습니다. 여기에서 선생은 자유주의적 평등주의자들의 실패에 대해서는 매우 설득력 있게 지적하셨지만, 선생의 사회정의 이론은 자유주의적 평등주의자들이 풀지 못한 몇몇 중요한 긴장들을 여전히 해소하지 못했던 것 같습니다. 예를 들어, 선생께서는 자유민주주의와 자유주의적 평등주의자들이 특히 실질적 재분배에 있어서 적극적 시민성(active citizenship)의 역할을 간과했다고 비판하면서도, 경제적 영역에서 '공적'이라는 전제도적 개념에 주안점을 두는 사회정의 이론을 제시하고 계십니다.

선생께서 말씀하시는 도구적 결사체들을 위한 전제도적 '공적'이 무엇인지, 그리고 이것이 자유민주주의에 대한 선생의 비판과 어떤 연관성이 있는지 설명해주시겠습니까? 전제도적인 '공적'이라는 개념이 좋은 제도를 평가하는 데 사용될 수 있다면, 운이 나빠서 또는 행위자가 책임을 질 수 있는 것을 넘어선 것들로부터 기인한 것에 대해서는 어떻게 보아야 합니까? 시민적 평등을 관계의 한 형태로 말씀하실 때, 여기에서 공적에 관해 말할 여지가 있다고 생각하십니까? 그리고 선생께서는 『사회정의』(1976)라는 저서에서 흄의 도덕과 감성에 대한 설명으로 본인의 입장을 개념화하셨는데, 이때와 비교했을 때 선생의 입장에 중요한 변화가 있습니까?

밀러—사회정의에 대한 생각은 제 연구 인생 전반에 걸쳐 주요한 관심사였습니다. 아마 저의 접근방식이 이 주제에 대해 글을 써온 대부분의 다른 정치철학자들과 구별되는 점은 정의의 원칙들을 다양한 형태의 인간 결사체에 착근된(embedded) 것으로 본다는 점입니다. 즉 특수한 맥락에서 사람들이 서로 관계하는 방식에 따라, 사람들은 정의가 요구하는 바를 서로 다르게 이해한다는 것입니다. 이것은 왜 정의에 대한 생각들이 역사적으로 변화되어 왔는지를 말해줍니다. 비록 어떻게 다른 사회의 사람들이 정의에 대해 사고하는지를 인식하고 이해할 수 있도록 해주는 '공통의 문법'(a common grammar)이 있겠지만 말입니다.

이러한 접근을 현대 사회에 적용하면, 사회는 다양한 형태의 인간 결사체들을 포괄하고 있기에 사회정의는 다원적으로, 다시 말해 다양한 원칙들의 결합으로 이해해야 한다는 사실을 알게 됩니다. 이것이 평등의 원칙(a principle of equality)과 같이 정의에 대한 단일하고 핵심적인 원칙을 찾으려는 철학자들의 관점과 저의 시각이 대비되는 지점입니다. 평등이 정의에 대한 오늘날의 사고에서 중요한 역할을 하고 있지만, 제 시각에서 보면 이것은 현대 국가에서 우리가 동등한 시민으로서 만큼이나 다른 방식들로도 서로 관계하고 있다는 사실을 반영합니다. 이것이 저의 초기 저서인『사회정의』와 최근 저서인『사회정의의 원칙들』의 차이점 중 하나입니다.

'공적'이라는 개념도 중요한데, 이것은 우리가 기업체와 다른 목적성 집단(purposive groups)에 참여하고 있을 때 서로 도구적으로 관계하고 있다는 사실을 반영합니다. 대부분의 사람들이 사회정의에 대해 사고하는 방식의 핵심적인 요소가 공적이라는 사실을 경시하거나 놓치고 있다는 점이 저에게는 현대 정치철학자들의 실수로 보입니다. 예를 들어, 공적은 우리가 기회의 평등을 중시하는 이유를 설명해줍니다. 우리가 공적을 분석하고, 그것을 가령 유전자 구조나 집안 배경과 같이 개개인이 선택하지 않은 요인들이 우리가 관습적으로 공적을 평가하는 기준으로 사용하는 행위——경제적으로 생산적인 행위와 같은 것——에 미치는 광범위한 영향과 조화시키려고 할 때 어려움이 나타나는 것은 사실입니다. 그러나 일단 우리가 어떤 조건을 충족시키는 방식으로 행동해야만 그 행위를 통해 공적을 받을 자격이 있다는 생각을 버린다면, 이러한 문제는 해결되리라 생각합니다.

사회정의의 전제조건으로서의 민족성

02 **곽준혁**―선생의 생각은 시민적 공화주의부터 수정사회주의(revised socialism)에 이르기까지 다양한 이론적·이데올로기적 입장의 하나로 분류되고 있습니다. 사적 권리보다는 시민적 정체성, 시민적 신뢰, 적극적인 정치참여와 같은 시민적 요소에 보다 강조점을 둔다는 점에서 선생은 시민적 공화주의자로 알려져 왔습니다. 한편 자유민주주의자들은 선생을 사회민주주의 성향을 지닌 심의민주주의자로 묘사하기도 합니다. 선생은 스스로를 민주적 사회주의자(democratic socialist)로 정의하지만, 일부 사회주의자들은 선생이 시장을 지지하는 것을 비판하고 있습니다. 이모든 것을 고려해볼 때, 선생은 이러한 분류 어디에도 속하지 않는 것처럼 보입니다.

만약 공적인 것을 사적인 것보다 우선시하는 전형적 의미의 시민적 공화주의자가 아니라면, 시민적 공화주의자들과 구분되는 선생만의 독특한 위치는 무엇입니까? 자유주의와 공동체주의라는 구분에 입각해 선생의 이론적 위치에 대해 설명해주십시오. 선생의 정의 이론이 개인성을 훼손하지 않으면서 공통성을 신장시킬 수 있는 하나의 대안이 될 수 있다고 생각하십니까?

만약 평등이 시장의 관여와 무관하다는 생각을 지닌 사회주의자가 아니시라면, 선생이 사회주의자로 불리는 것은 어떤 이점이 있으며, 선생이 말씀하시는 민주적 사회주의자가 의미하는 바는 무엇입니까?

밀러─사람들에게 이념적 꼬리표를 붙이고, 그들을 자유주의, 공화주의, 사회주의 등으로 분류하는 것이 특정 제안을 하는 데에는 유용하다고 생각합니다. 그러나 정치철학의 목적은 우리가 정치적으로 함께 살아야만 하는 이유에 대한 일관성 있는 사고의 체계를 발전시키는 것이고, 이를 성취하기 위해서는 관례적으로 다른 이념적 진영에 속한 사고들을 이용하는 것이 중요할 수도 있습니다. 예를 들어, 제가 민족성에 관심을 갖게 된 것은 어느 날 갑자기 민족주의자가 되어서가 아닙니다. 저는 1980년대에 시장 사회주의 이론을 발전시키고 있었고, 그 과정에서 생겨난 이슈들과 씨름하다가 이에 주목하게 되었습니다. 시장 본위적인 상호관계에 있는 사람들이 어떻게 공통의 사회적 프로젝트의 참여자로서 의식을 지닐 수 있는지에 대한 질문에 답하는 과정에서 심의민주주의 이론에 관심을 갖게 되었고, 현대 세계에서 사람들을 결속시킬 수 있는 공동체의 하나로 민족에 주목했던 것입니다. 저는 이러한 종류의 결속이 제가 발전시키고 있었던 사회정의 이론을 지지하기 위해 필요하다고 보았고, 그때부터 이에 반대하는 좌파진영의 강력한 비판에도 불구하고 민족성을 옹호해왔습니다. 그래서 "당신은 공동체주의자인가?"라는 질문에 답한다면, 저는 내가 공동체주의자이면 매우 특수한 형태의 공동체주의자라고 말할 것입니다. 여기서 특수한 형태의 공동체주의란 공통의 민족성과 시민성으로 반영되는 공동체를 사회정의의 본질적인 전제 조건으로 보는 사람을 뜻합니다. 저는 좋은 사회를 성취하기 위해 사적 영역에서도 단일하고 강력한 사회적 규범으로의 수렴과 강제를 말하는 그러한 종류의 도덕적 공동체주의(moral communitarianism)를 지지하지는 않습니다.

03 **곽준혁**— 수년 전에 몇몇 학자들에 의해 선생의 이론이 한국사회에 소개된 이래, 선생의 이론은 콘(Hans Kohn)의 민족주의 이론에서 시작된 개인주의적–시민적(individualistic–civic) 민족주의와 집단주의적–인종적(collectivistic–ethnic) 민족주의라는 구분을 고스란히 물려받은 자유주의적 민족주의의 수정된 입장으로 알려져 있습니다. 보다 구체적으로 말하자면, 선생이 말씀하시는 온건한 형태의 민족주의는 다원성을 위한 다양성과 통합을 위한 연대라는 관점에서 개인적 자유와 민족적 감정을 동등하게 옹호하는 자유주의적 민족주의의 하나의 변형으로 이해되어 왔습니다. 그러나 제가 보기에, 선생의 이론은 자유주의적 민족주의의 전통과는 거리가 있습니다. 특히 선생의 민족주의 이론은 민족자결과 사회적 통합보다는 민주주의와 분배에 더 초점이 맞춰져 있습니다.

선생께서는 왜 현재 존재하는 대부분의 민주주의에서 민족주의가 주요한 역할을 할 수 있다고 보십니까? 또한 어떤 이유에서 민족주의가 정치사회적인 분배적 정의의 수행에 결정적인 시민적 연대와 신뢰를 가져다준다고 보십니까? 선생은 민족주의가 오랜 세대를 거친 투쟁을 통해 구축된 사회 제도들을 위협하고 있는 세계화의 신자유주의적 흐름을 저지할 수 있는 바탕이 될 수 있다고 보십니까? 만약 선생의 민족주의 이론을 타미르(Yael Tamir)와 같은 자유주의적 민족주의 이론과 비교한다면, 어떤 점에서 차이가 있을까요?

밀러 ─ 만약 선택해야 한다면, 비자유주의적 민족주의자보다는 자유주의적 민족주의자라고 불리는 게 낫겠지요. 이런 꼬리표가 도움이 되지는 않겠지만 말입니다. 자유주의는 우리 모두가 헤엄치고 있는 바다와 같습니다. 그래서 관심을 끄는 것은 어떤 사람이 어떤 형태의 자유주의를 취하는가입니다. 제가 지지하는 민족주의가 특별히 자유주의적 목적을 염두에 둔 게 아니라는 말씀에는 동의합니다. 비록 제가 존 스튜어트 밀이 『대의정부론』(*Considerations on Representative Government*)에서 설명했던 근거[11]에서, 모든 자유주의적 사회들이─비록 사회민주주의적 방향성을 가지고 있지 않다고 하더라도─그 사회의 결속을 위해 공통의 민족성이 필요하다고 믿고 있지만 말입니다. 말씀하신 것처럼 저의 주요 관심은 강력한 형태의 민주주의를 번성하게 만들 수 있는 정치사회적 조건, 그리고 시장경제가 지배적인 위치를 차지하고 있는 사회

---

11 이 말은 밀이 『대의정부론』의 16장 「대의정부와 연관된 민족성에 관하여」에서 대의정부의 원활한 작동을 위해 공통의 감정, 즉 같은 정부 하에서 지내려는 공통의 욕구가 필요하다고 주장한 것을 가리킨다.

의 정치사회적 배경에 맞설 수 있는 분배적 정의입니다. 민족성과 사회정의 간의 관련성에 대한 저의 생각은 부분적으로는 현실에서 이러한 이상들을 가장 가깝게 실현해온 사회들——예를 들면, 스칸디나비아의 사회민주주의 국가들——이 강력한 민족적 정체성을 공유해온 사회였다는 관찰에 바탕하고 있습니다. 그리고 구성원들 사이에 자원을 분배해야 할 경우 집단이 어떻게 행동해야 하는가를 결정함에 있어, 집단 정체성이 중요하다는 경험적 관찰에도 일부 근거하고 있습니다.

민족주의에 대한 저의 이해가 타미르의 민족주의 이론과 많은 부분을 공유하고 있기는 하지만, 그녀는 문화적 자결주의(self-determination) 그 자체를 하나의 목적으로 더 큰 비중을 둔다는 점에서 저와 차이가 있습니다. 이것이 그녀가 국가를 연관시키지 않는 자결주의의 형태에 관심을 두는 이유이기도 합니다. 자결주의가 중요하다는 점은 동의합니다. 그러나 제 연구에서는 민족성과 사회정의의 관련성이 더 강하게 나타납니다.

민족적 정체성과 사해동포주의

04 **곽준혁**—선생의 민족주의 이론은 '근접성'에 기초하고 있는 듯 보입니다. 구체적으로 선생은 민족의 경계를 넘어서는 감정적 애착은 불가능하지만, 민족이라는 경계 내에서는 근접성에 기초한 감정적 애정이 동료 시민들 사이에서 자연적으로 발생하는 것처럼 이야기합니다. 이 점에 대해 질문을 던지고 싶은데요, 여

러 이익들이 상충하는 사회 내에서 우리가 어떻게 동료시민들을 향한 시민적 의무나 감정적 애정을 자동적으로 인식하게 되는지요? 같은 민족 공동체에 속해 살고 있다는 것이 사람들이 서로를 돕도록 고취시킨다는 보장이 있는지요?

밀러—곽 교수님이 지적하신 문제는 매우 실제적인 것입니다. 어떻게 우리가 대다수의 낯선 사람들과 강한 공동체 의식을 가질 수 있을까요? 사람들은 경제적 이익을 따라 이미 나뉘어져 있습니다. 여기에 적절하게 다루어지지 않으면 경쟁과 갈등을 일으킬 수 있는 문화적 차이가 갖는 효과도 추가해야 할 겁니다. 그럼에도 불구하고 민족적 연대의 감정은 어떻게든 유지될 것이라고 생각합니다. 그 힘은 갈수록 약화되고 있지만 말입니다. 이러한 공통의 소속감을 만들어내는 데 있어 미디어의 역할——처음에는 인쇄 매체였고, 오늘날에는 전자 매체——의 중요성은 잘 알려져 있습니다. 그래서 만약 사람들이 대부분의 정보를 지구적 정보원에서 얻게 되어 그들의 동료 시민들보다 지구적 차원에서 특수한 이익과 신념을 공유하는 사람들에게 더 일체감을 느낄 정도가 된다면, 이러한 미디어는 큰 걱정거리이기도 합니다. 이것이 민족적 정체성의 원천이 되는 공통의 공공문화(a common public culture)를 위협하고 있습니다. 다른 한편에서 사람들은 여전히 민족적 기반 위에서만 보호될 수 있는 특정한 기본적인 이익들을 갖고 있습니다. 가장 강력한 형태의 민족적 연대와 상호 협력이 전쟁 시기에 생긴다는 것은 사실 과장이 아닙니다. 이러한 전쟁의 위협은 대부분의 자유민주주의 국가에서는 희미해졌지만, 테러리즘이나 경제적 혼란, 환경 위기와 같은 중요한 외적 위협들이 여전히 존재하는 만큼, 이는 민족국가가 품위 있는 삶의 조건을 보장하는 데 중요한 역할을 할 수 있다는 점을 사람들에게 느끼게 할 수 있습니다.

05 **곽준혁**—선생께서는 한편으로는 적극적인 시민성이 정치적 삶의 중심이 되는 공화주의적 모델을 주장하시고, 다른 한편으로는 민족주의를 통해 형성된 문화적 공감대가 시민적 책임성을 형성하는 데 필수적인 시민들 사이의 연대를 창출할 수 있다고 인정하고 있습니다.

분명 민족국가의 경계를 뛰어넘는 새로운 형태의 정체성에 대한 관심이 늘어나긴 했지만, 저 역시도 정치적 공동체의 최소 단위로서 민족이 여전히 중요하다는 데 동의합니다. 그러나 선생이 스스로를 적극적 시민성을 강조하는 공화주의자라고 부를 때, 공화주의자들이(특히 프랑스혁명 이전의 고전적 전통에서의 공화적 전형을 찾는 공화주의자들) '민족'을 궁극적으로는 공화주의적 시민성을 상상된 집단성(a imagined collectivity)으로 바꾸어버린 하나의 퇴보로 여긴다는 사실을 기억하시리라 생각합니다. 왜 선생께서는 민족성이나 민족적 감정이 선생의 공화주의적 모델을 개념화하는 데 중요하다고 보십니까? 그리고 어떤 방식으로 공화주의 전통의 적극적 시민성이 민족주의와 같이할 수 있다고 보십니까?

밀러 — 공화주의자들이 민족적 정체성에 대해 다소 모호한 입장을 취하고 있다는 점에 대해서는 동의합니다. 많은 사람들이 대안으로 '인민'(the people)이라는 문화적 개념이 아니라 국가의 법이나 제도에 대한 애착에 초점을 두는 '애국심'에 주목해왔습니다. 애국심을 수용하게 되면, 함께 살아가길 원하는 누구에게나 공화국이 열려 있을 수 있다는 장점이 있습니다. 극복해야 할 문화적 장벽이 없는 것이죠. 다른 한편으로, 많은 고전적 공화주의자들이 민족국가가 아닌 도시국가처럼 공화국의 규모가 작아야 한다는 입장을 취했다는 점을 인정해야 합니다. 여기에서 애국심의 대상은 바로 참여자들의 목전에 있는 것입니다. 이러한 생각이 18세기에 이르러 커다란 영토를 가진 공화국도 가능하다고 주장하는 사람들의 도전을 받게 되었을 때, 제기된 질문이 바로 [커다란 규모의 공화국에서] 적극적인 정치참여와 시민적 덕성에 강조점을 두는 공화정치를 가능하도록 사람들을 결속시킬 수 있는 것이 무엇인가라는 것이었습니다. 저는 이러한 전환이 루소(Jean-Jacques Rousseau)의 저작에서 일어나고 있다고 보는데요. 『사회계약론』(*Social Contract*)에서 루소는 공화주의는 대의기구 없이 작은 규모에서 작동하므로, 도시보다 큰 규모의 경우에는 어떻게 작동할 수 있는가라는 문제를 해결해야 한다는 가정을 여전히 지니고 있었습니다. 후에 폴란드와 같은 큰 규모의 정치체제에 자신의 생각을 적용하면서, 그는 바로 민족적 정체성의 문제로 관심을 옮겼고, 민족적 정체성이 어떻게 강화될 수 있는지 고민했습니다. 공화주의적 시민성과 민족적 정체성이 함께갈 수 있는지는 분명 모든 사람이 동등한 시민으로 간주되고 대우받을 수 있도록 민족적 정체성이 충분히 포용적인가에 달려 있습니다. 충분히 포용적이라면, 제가 주장해온 것처럼 민족성은 공화주의의 바탕이 되는 동기를 형성하는 데 도움을 줄 수 있습니다. 공화주의적 사고가 시민적 덕성을 요구하는 방식이 사람들이 자신의 동료 시민들과 정치적으로 상호작용하는 것을 장려한다는 관점에서 그러합니다.

06 **곽준혁** ─ 민족주의나 제한된 시민성(bounded citizenship)에 대한 선생의 주장은 민족국가를 넘어서는 유대감이나 시민사회를 필요로 하는 '먼 나라의 빈곤'(the distant needy)에 대한 인도주의적 책임을 강조하는 이론가들로부터 많은 비판을 받아왔습니다. 그러나 선생의 '온건한 형태의 시민적 민족주의'(moderate form of civic nationalism)가 갖는 장점에 공감하지 않는 사람들이 지구 시민권이나 국경을 초월한 세계정부를 주장하는 소위 '강한 사해동포주의자'(strong cosmopolitans)에 국한된 것은 아닙니다. 이런 사람들 중에는 선생의 민족주의나 제한된 시민권에 대한 옹호가 민족국가 사이에 불평등하게 분포되어 있는 천연자원을 자국 시민의 필요를 우선 충족시켜야 한다는 관점을 정당화하는 자유주의의 한 변형에 불과하다고 비판하는 사람들도 있습니다.

선생이 말하는 '약한 사해동포주의'란 무엇입니까? 또한 사회 내에서 주변화된 사람들을 도와주는 시민들이 있는 것과 마찬가지로 인권이라는 이름으로 빈곤 국가들이 일정한 수준의 가능성(capabilities)에 도달할 수 있도록 원조하는 사람들을 우리 주변에서 쉽게 찾아볼 수 있음에도 불구하고, 왜 선생은 민족국가를 넘어서는 자발적인 헌신이 불가능하거나 부적절하다고 보십니까?

밀러—사해동포주의에 대해 제가 갖는 어려움은, 아마도 이것을 거의 모두가 받아들일 것입니다만, 우리가 세상 모든 곳 사람들의 운명에 관심을 가져야 한다는—다른 세계 사람들의 필요와 이익에 완전히 무관심할 수 없다—생각이 다른 나라 사람들의 필요와 이익에 대해 동료 시민들의 그것과 동등한 비중을 두어야 한다는 생각으로 저도 모르게 이어지도록 유도한다는 점입니다. 우리가 모든 곳 사람들의 운명에 관심을 가져야 한다는 첫 번째 사고를 저는 '약한 사해동포주의'라고 부르고 있습니다. 이것이 인권에 대한 관심으로 가장 잘 표현된다고 생각합니다. 가령 정부의 억압에 의해서든, 품위 있는 삶을 영위하는 데 필요한 자원의 부족에 의해서든, 인권 침해가 일어나고 있는 곳에 그 사회 외부의 사람들이 간섭할 수 있는 근거—경우에 따라 의무—는 존재합니다. 이것은 다음의 두 가지 생각과 의견을 같이합니다. 첫째, 우리는 자신이 속한 사회의 인권 침해에 대해 관심을 가져야 할 '보다 강한' 이유를 지닌다는 것입니다. 둘째, 예를 들면 보다 높은 수준에서 동료 시민들의 필요를 충족시키는 것같이, 동료 시민들에게 인류 보편에 대한 관심보다 더 많은 것을 베풀어야 할 의무를 가진다는 사실입니다. 물론 인도주의적 이유에서 빈곤한 사회의 사람들을 돕는 데 자신의 정열을 바치길 원하는 사람들이 있고, 누구도 이것이 잘못됐다고 얘기하지 않습니다. 그러나 이것은 정의의 문제가 아닙니다. 전 인권이 위태로운 상황이 아니라면 모든 사람들이 반드시 기여하도록 강요받아야 한다고 생각하지 않습니다.

다문화 공존의 모색: 동화를 넘어 통합으로

07 **곽준혁**— 한국사회의 민족주의의 힘은 보이는 것과는 비교할 수 없이 강합니다. 시민적 신뢰와 사회적 통합을 이끌어내는 기능을 넘어서는 부가적인 함의가 있습니다. 민족주의의 허구성을 지적해온 지식인들도 물론 있습니다. 그러나 민족주의는 한국인의 정신에 깊이 뿌리박혀 있어서, 애국심과 민족주의를 혼동하는 한국인들을 보게 되는 것은 그리 어려운 일이 아닙니다. 우리가 선생의 민족주의 이론에서 어떤 점을 배울 수 있을까요?

밀러— 불행하게도 제가 한국의 민족주의에 대해 연구하지는 않았기 때문에, 그것이 취하고 있는 특수한 형태가 균형감과 바람직한 모습을 띠고 있는지에 대해 논평하기란 어렵습니다. 일반적으로 동아시아 국가의 민족주의에 대한 제 인상은, 민족을 인종적으로 그리고 문화적으로 동질적이라고 전제하려는 경향을 가진다는 것입니다. 이러한 경향이 인종적·문화적 소수집단들을 지배적인 민족적 정체성 내로 통합하는 것을 보다 어렵게 만듭니다. 이것은 재일 한국인/조선인의 경우에도 적용되는 것으로 알고 있습니다. 저나 때론 자유주의적 민족주의자로 언급되는 학자들이 옹호해 온 민족주의의 구별되는 특징은 민족을 공통의 공공문화에 의해 결속된 집단으로 본다는 데 있습니다. 물론 여기에서 공적 문화는 소수자의 문화를 인정할 수 있을 만큼 유연성을 가지고 있습니다. 우리는 대부분의 유럽 국가들에서 이러한 모습을 지켜봐왔습니다. 한편으로, 이들 국가들 내에서 오랫동안 살아온 소수 집단들의 요구는 가령 연방 헌법을 통해 민족 내의 하위 민족들에게 권력을 이양함으로써 인정되어 왔습니다. 다른 한편으로, 이민온 소수자들의 경우는 언어나 종교 등에서 그들의 이익을 보호해주기 위한 다문화 정책들이 발전되어왔습니다. 물론 이러한 해결책들을 실행하기까지는 시간이 걸리고, 그러한 과정이 아직 끝나지 않았을 수도 있습니다. 제가 한국이나 다른 곳의 사람들에게 줄 수 있는 일반적인 메시지는 민족적 정체성이 단일하고 동질적인 집단으로서 인민이라는 개념을 요구한다는 생각을 단념해야 하지만, 그럼에도 불구하고 다른 문화적 배경을 지닌 사람들을 뭉치게 하면서 동시에 민주주의와 사회정의를 지탱해줄 수 있는 통합의 자원이 필요하다는 점을 인지해야 한다는 것입니다.

08 곽준혁—최근 국가 경계를 넘어선 이주가 급증함에 따라 전 세계적으로 다문화 공존이 중요한 정치적 화두의 하나로 등장하게 되었습니다. 한국사회도 예외가 아닙니다. 홉스봄(Eric Hobsbawm)이 '역사적 국가'(historic state)로 불렸던 것처럼,

한국사회는 오랫동안 일정한 종족적 동질성을 유지해왔지만, 최근 몇년간 결혼이주 여성의 유입과 같은 이주가 급격히 증가하면서 보다 이질적인 다문화 사회로 이행하고 있고, 이로 인한 다양한 갈등과 논쟁을 경험하고 있습니다. 정도의 차이는 있지만 자유주의적 사해동포주의자들과 인권운동가들은 개방적인 이민정책을 취해야 한다고 주장하는 반면, 보수주의적 애국주의자들과 민족주의자들은 제한 없는 이주가, 시민들 사이의 연대를 만드는 역할을 해온 사회통합에 방해될 수 있다고 주장합니다. 마찬가지로 한국에서의 다문화 공존도 그에 대한 정의만큼이나 복잡합니다. 한편에서 이것은 종족적으로 동질적인 사회라는 한국에 대한 대중적 이미지를 지탱하는 민족적 정체성에 대한 도전으로 간주되는 반면, 다른 한편으로는 책임 있는 시민성을 창출하기 위해 필요한 시민적 연대를 뒤흔드는 퇴행적 힘으로 인식되고 있습니다.

한국사회가 다문화 공존을 모색할 수 있는 모범적 사례나 이론, 정책적 접근에 대해 소개해주시겠습니까? 소수자 문화의 다양성—혹은 고유성—의 보호에만 몰두한다면 본질적으로 한국적이고 민족적이며 사회적인 정체성을 유지할 필요를 충족시키지 못할 가능성이 있지 않겠습니까? 여전히 많은 사람들은 소수자가 사회의 주류에 동화되어야 한다고 주장하고 있습니다. 이러한 문제에 대해서 선생께서는 어떻게 생각하시는지요?

밀러—다문화 공존과 관련된 문제들을 너무 잘 지적해주셨습니다. 민족적 정체성을 재형성하는 데 있어서 우선적으로 행해야 하는 일은 우리가 당연히 유지해야 하는 전통적 정체성의 요소들은 무엇이고, 그것들 중에 버리거나 재구성될 요소가 무엇인지를 정하는 것입니다. 이러한 사례는 하나에서부터 열까지 매우 다양합니다. 예컨대 영국과 같은 국가에서 인종과 종교라는 특징은 민족적 정체성의 중요한 구성 요소 중 하나였지만 더 이상 그렇지 않습니다——예전에는 영국인이 되려면 백인이고, 기독교인이어야 했습니다. 대신 지금의 우리 영국인들은 언어나 역사 그리고 개인적 자유나 관용 등에 큰 무게를 두고 있는 자유주의 정치 전통을 통해서 영국인으로서의 정체성을 느끼고 있습니다. 그러므로 소수자의 문화는 그들이 이러한 민족적 정체성의 핵심적인 요소들을 수용한다는 전제에서 인정받을 수 있습니다. 다문화 정책들은 중요한데, 서로 다른 배경을 지닌 사람들이 한 사회에 통합될 수 있는 기회를 평등하게 제공하기 때문입니다. 그렇지만 동시에 그 나라 태생의 사람들과 이주자들을 하나로 묶는 공통의 요소들을 이해하고 가치 있게 여기도록 유도하는 지속적인 민족형성 과정 (a continuing process of nation-building)이 있어야 합니다. 이러한 맥락에서 동화(assimilation)와 통합(integration)을 구별하는 것은 중요합니다. 동화란 소수자 집단들이 자신들의 고유한 특성들을 상실하고 단순히 주류 문화의 한 부분이 되는 과정입니다. 반면, 통합은 사회적 측면과 문화적 측면을 모두 가지고 있습니다. 먼저 사회적 측면에서는 소수자 집단이 그 사회의 경제, 정치 등의 삶 속에서 충분히 일부분으로서 역할을 하고, 그 구성원들이 다른 집단의 성원들과 많은 사회적 접촉을 갖는 것을 의미합니다.

문화적 측면에서는 소수자 집단이 특정한 측면——예를 들어 개인적 생활양식——에서는 고유성을 유지하지만, 동시에 그 구성원들이 전체로서의 민족을 정치적 충성의 주된 대상으로 동일시하게 되는 것을 뜻합니다.

09 곽준혁＿선생의 공화주의적 시민성 개념을 고려하면, 다른 문화권에서 이주해온 사람들이 교육을 통해 새로운 문화에 적응하고 궁극적으로는 이를 완전히 흡수하는 것이 실현가능해 보입니다. 이때의 교육이 의미하는 바를 설명해주시겠습니까? 그들이 이러한 교육을 기꺼이 받아들이고, 일상생활에서 어떠한 자명한 이익이 없더라도 새로운 나라의 시민이 되는 것에 동의할 것이라고 생각하십니까?

실제로 결혼을 위해 한국으로 온 여성이주자들은 대개 생존을 위해 한국어를 배우고 있습니다. 이런 점에서 그들이 진정으로 스스로를 시민으로 여기면서 다른 사람들과의 관계를 갖고 있는지 의문스럽습니다. 만약 그들이 한국 문화와 언어를 배우지 않으면 불이익을 당하게 될까봐 걱정하고 있다면, 이는 또 다른 형태의 차별을 만들어낼 수 있을 것입니다. 이주자들이 진정한 의미에서 스스로를 시민으로 받아들이고, 그들이 새로운 국가의 시민이 되려는 자발적인 동기를 갖게 하려면 어떠한 방법으로 교육이 이루어져야 하겠습니까?

밀러＿이주해온 집단과 그들을 받아들이는 사회 사이의 공정한

계약이라는 관점에서 이민자 집단에 대해 생각하는 것이 도움이 되리라 봅니다. 이러한 계약에는 다음과 같은 것들이 있을 수 있습니다. 이주자들을 받아들이는 사회는 적절한 기간이 지난 후에 그들에게 그 사회의 완전한 시민이 될 수 있는 기회를 제공해야만 합니다. 또 법 앞의 평등, 기회의 평등도 보장할 필요가 있습니다. 여기에는 괴롭힘과 차별로부터 이주자들을 보호하기 위한 특별한 정책을 확립하는 것도 포함될 수 있습니다. 제가 지금까지 기술한 의미에서, 이주자 집단들은 통합을 기꺼이 받아들여야 하고, 경제나 여타 다른 분야에서 자신들의 정당한 몫을 기여해야 합니다. 이러한 이유에서 저는 최근 많은 유럽 국가들이 캐나다와 같은 국가들의 예를 따라 실행하고 있는 시민권 시험과 시민권 취득의식의 도입에 찬성합니다. 물론 이와 같은 관례들은 이주자 집단들이 새로운 사회에 일체감을 갖거나 그 사회의 정치적 원칙들을 내면화하는 것을 보장해주지 못하기 때문에 상징적 측면이 강합니다. 그러나 그 사회가 이주자들에게 기대하는 바가 무엇인지, 즉 그들이 어떤 권리를 지니고 있고 그러한 권리에 수반하는 책임감은 무엇인지를 명확하게 한다는 점에서 이러한 관례들은 중요합니다. 이것은 이주자들이 이민 온 나라에 헌신하고 있음을 그들을 받아들인 나라의 사람들에게 확인시키는 데에도 도움이 될 수 있습니다. 토착민과 이민자들 사이의 관계를 심각하게 손상시킬 수 있는 것은 이민자들이 적절한 기여는 하지 않고 주택, 의료, 사회보장 등의 측면에서 이주를 받아들인 나라가 제공하는 혜택을 이용하고만 있다는 인식입니다. 이것은 일반적으로 잘못된 인식입니다.

공공 정책의 역할 가운데 하나는 이주자들이 제가 생각하는 공정한 계약에 따르도록 장려할 뿐만 아니라, 이주자들이 이를 따르고 있음을 다른 사람들이 알 수 있게 하는 것입니다.

10 곽준혁 — 상대적으로 오랜 이민의 역사를 가지고 있는 영국, 프랑스, 독일과 같은 유럽 국가들도 토착 주류들과 이주자들 간의 갈등을 해결하는 데 어려움을 겪고 있습니다. 선생께서는 이것의 주된 이유가 무엇이라고 생각하십니까? 그리고 이 문제의 해결책은 무엇이 될 수 있겠습니까?

밀러 — 곽 교수님이 언급한 나라들의 경우에는 역사적으로 볼 때 이민이 실제로 문제가 되지 않았습니다. 이것은 이민자의 수가 매우 적었기 때문이기도 하고, 보다 중요하게는 복지국가가 확립되기 이전에는 이민자들에게 제공된 것이 훨씬 적었기 때문입니다. 이민 오는 것은 자유인데, 관용 말고는 이민을 받아들인 나라에서 해줄 게 없으니 자중하고 스스로 알아서 살아가라는 식이었습니다. 이건 20세기 전반기 유대인 이민자들에 대한 영국의 입장이기도 했습니다. 최근의 이주자 집단들의 경우, 문제는 이주자 집단과 받아들인 나라 모두 기대가 훨씬 높아졌다는 데 있습니다. 이주자들은 시민이라는 말이 함의하고 있는 바를 온전한 권리를 가진, 그리고 형성 중인 시민(citizens in the making)으로 받아들이고 있습니다. 마찬가지로 그들은 자신들의 고유한 문화가 인정되어야 하고, 일정 정도까지는 보호받길 기대합니다. 앞에서 이미 말한 것처럼 민족적 정체성을 개방하고, 이주자 집단과 그들을 받아들인 사회가 공정한 계약을 맺음으로써 다문화 문제의 해결이 가능하다고 저는 믿고 있습니다. 하지만 그 과정에서 갈등은 분명 있을 겁니다. 알고 계시겠지만, 최근의 가장 큰 문제는 자신들의 문화가 이주해온 사회의 자유주의 원칙들과 상충하곤 하는 이슬람 집단입니다. 중동과 다른 곳의 국제적 갈등이 이러한 문제를 격화시켜오기도 했지요. 이 문제가 매우 심각할 수도 있지만, 이민이 항상 갈등을 초래한다고 일반화하거나 가정하지 않는 것이 중요합니다. EU 내에서의 대규모 이동이 사회적 반발을 가져올 것이라고 많은 사람들이 예상했지만, 실제로 이주를 받아들인 사회에서 그러한 반발은 일어나지 않았습니다.

상속적 책임성에 대하여

11 **곽준혁**— 선생께서는 최근에 상속된 책임성과 지구적 차원의 정의와 관련하여 『민족적 책임성과 지구적 차원의 정의』(*National Responsibility and Global Justice*, 2007)라는 책을 발간하셨습니다. 이 책에서 선생은 민족적 책임성을 두 단계를 거쳐 개념화하셨습니다. 즉, 집단적 책임성의 두 가지 모델로 동일한 의견을 가진 집단 모델(like-minded group model)과 협력적 실천 모델(co-operative practice model)을 제시한 다음, 민족적 책임성이 이 두 가지 형태의 집단적 책임성에 적용될 수 있는 것으로 설명하셨습니다. 그러나 선생의 민족적 책임성 이론에 이

미 비판이 제기되고 있습니다. 예를 들어, 집단적 책임성보다는 개인적 책임성에 초점을 맞추는 일부 학자들은 비록 선생이 간접적으로 말씀하고 계시기는 하지만 행위자로서 개인이 자행하지 않은 행위에 대한 책임을 요구한다고 주장합니다. 선생은 우선 집단 속의 개인이 왜 책임을 져야 하는가라는 좀더 근본적인 물음에 대한 대답 없이 책임의 대상으로서 집단만을 언급하고 있다는 것입니다.

선생께서 말씀하시는 민족적 책임성이란 무엇이며, 그것이 지니는 장점은 무엇인지 설명해주시겠습니까? 또한 개인적 책임성에 초점을 맞추는 학자들의 비판에 대해서는 어떤 견해를 갖고 계십니까?

밀러—민족적 책임성 문제에 대한 제 관심은 지구적 차원의 정의가 기회의 평등이나 자원의 평등과 같은 일종의 지구적 차원의 평등을 요구한다고 주장하는 강한 사해동포주의자들의 시각과 맞부딪히게 되면서 시작되었습니다. 저에게는 이러한 시각이 민족은 자결권을 향유해야 한다는 생각과 직접적으로 충돌하는 것으로 보였습니다. 왜냐하면 문화적으로 다양한 세계 속에서, 다양한 사회는 다양한 목적을 가질 수 있고, 따라서 경제나 사회적 급부, 환경 면에서 정책적 차이가 존재한다고 가정할 수 있기 때문입니다. 그래서 우리가 어느 순간에 평등을 확립할 수 있었다 하더라도, 이것은 시간이 흐름에 따라 곧바로 깨어지게 됩니다.

그러나 문제는 가령 자결권의 범위 내에서 높은 경제적 성장이나 낮은 경제적 성장에 대해 민족이 책임을 져야 한다는 생각은 적절한 것처럼 여겨짐에도 불구하고, 왜 같은 방식으로 개인들이 책임을 져야 하는지에 대해서는 이해하기가 쉽지 않다는 데 있습니다. 즉, 그들은 자신들이 속한 사회가 추구하는 정책에 동의하지 않을 수도 있고, 그러한 정책들이 발효된 후에 태어날 수도 있다는 것입니다. 그래서 제가 이 책에서 풀려고 했던 문제는 어떤 조건에서 개인들이 결과에 대한 집합적 책임성을 공유할 수 있는가하는 것이었습니다. 그들이 그러한 결과를 가져오는 데 직접적인 역할을 하지 않았던 경우에도 말입니다. 말씀하신 대로 이러한 주장은 논쟁적이고, 여기서 상세히 설명하지는 않겠습니다. 그러나 한 가지 중요한 차이점은 엄격한 의미에서의 도덕적 책임성과 제가 이 책에서 '결과적 책임성'(outcome responsibility)이라고 말한 것 사이의 차이에 있습니다. 도덕적 책임성은 칭찬이나 비난과 연관된 책임성의 개념이고, 전 개인들이 자신들이 수행해왔던 일에 대해서만 칭찬이나 비난을 받을 수 있다는 점을 인정합니다. 반면 결과적 책임성은 비용, 혜택, 책무의 분배와 관련되고, 개인들은 여러 종류의 집단에 소속됨으로써 이러한 의미에서의 책임이 있다고 생각합니다. 예를 들어, 당신이 어떠한 기업체에 입사하게 되면, 그 기업체가 하는 일에 대해 다른 사람들과 함께 책임을 지니게 됩니다. 이것은 그 집단이 잘해서 생기는 혜택이나, 그렇지 못해서 생기는 손실, 그리고 그 기업이 외부 사람들에게 해를 끼친 데 대한 책임까지 공유해야 함을 의미합니다. 전 이러한 관점에서 집합적 책임성 없이 우리의 사회적 삶을 조직할 수 있다고 믿지 않습니다. 물론 같은 생각을 민족적 책임성이나 국가의 행위에 관한 것으로 확대할 수 있음을 보여주는 것은 한 단계 더 나아간 문제입니다.

12 **곽준혁** ─ 한국에서의 가장 급박하고 중요한 상속된 책임성의 사례 중 하나는 아마도 '일본군 위안부' 문제일 것입니다. 이전 세대에 의해 자행된 부정의에 대해 지금 세대가 어떻게 책임을 져야 하는가에 대한 선생의 의견을 따른다면, '민족'이 이러한 상속된 책임을 지는 적절한 주체입니다. 다시 말해 민족적 차원에서 위안부 문제가 해결되어야 한다는 것입니다. 그러나 한국사회는 강한 민족주의 때문에 수많은 어려움을 겪어왔습니다. 일례로 지금 생존하고 있는 위안부 할머니들은 자신들을 민족적 수치로 폄훼하는 같은 민족 때문에 큰 고통을 받아왔습니다. 더욱이 대부분의 한국인들과 대중 매체들은 일본의 보상을 통해 민족적 수치심을 극복하거나 잃어버린 자존심을 회복하려는 생각에 지나치게 집착하고 있는 실정입니다. 이러한 이유들로 인해 일본군 위안부 문제의 적절한 해결책은 빠른 시일 내에 마련할 수 없을 듯합니다. 물론 일본의 재보상이나 보다 진지한 사과가 일본의 민족주의자들의 강한 반발을 초래할 것이라는 점도 무시할 수 없는 장애입니다. 일본군 위안부 문제의 바람직한 해결을 위해서라도 이러한 강한 민족주의를 극복할 수 있는 방법이 없을까요?

밀러—저는 『민족적 책임성과 지구적 차원의 정의』라는 책에서 민족적 책임성은 과거사에 대한 상속된 책임성을 포함하는 것으로 반드시 확장되어야 한다고 주장했습니다. 이러한 생각의 기본적인 토대는 이전 세대들이 만들어낸 혜택——이러한 혜택에는 경제 발전과 같은 유형의 형태도 있을 수 있고, 민족이 오늘날 자부심을 갖는 민족사와 같은 무형의 형태도 있을 수 있습니다——에 대한 권리를 주장하는 민족들은 과거에 외부 사람들에게 부과한 비용에 대해서도 책임을 져야 한다는 것이었습니다. 그래서 과거의 과오에 대해 집단적으로 교정해나간다는 생각은 타당하다고 생각합니다. 다만 많은 경우 교정의 방식이 어떠해야 하는지에 대해 말하기는 쉽지 않을 것입니다. 왜냐하면 어떤 사례의 경우에는 적절하게 반사실적 가정(counterfactuals)을 세우기가 무척 어렵기 때문입니다.

가령 한 민족이 다른 민족을 착취했다고 합시다. 이 경우 어떤 수준의 보상이 이루어져야 그러한 착취가 없었다면 착취당했던 민족이 성취했을 위치로 그들을 복원시켜줄 수 있겠습니까? 전시 '위안부' 여성 착취를 포함한 곽 교수님이 말씀하신 사례는 역사적 과오를 교정하는 도덕적으로 적절한 방식을 찾는 문제를 넘어서는 것으로 보입니다. 한편으로는 단순히 과거에 자행된 일에 대해 공식적인 사과를 하는 것으로 충분하지 않을 것이고, 다른 한편으로는 문제가 경제적 손실이 아니라 개인적 모욕이기 때문에 경제적 보상도 적절하지 않아 보입니다. 전 이러한 사건들이 한국인의 민족적 정체성에 어떤 역할을 하고 있는지 잘 알지 못하니다. 일반적인 수준에서 민족을 너무 쉽게 희생자로 위치시켜서는 안 된다는 점을 얘기할 수는 있겠습니다. 억압과 착취의 역사적 행위들이 모두 공개되어야 하고, 양쪽 모두로부터 인정되어야 한다는 점은 중요합니다. 이러한 공개와 인정이 적절하게 이루어진 이후 시점에서, 민족적 정체성이 새롭게 확립되어야 하고, 그 결과 사람들이 그러한 민족적 정체성에 긍정적인 가치를 부여할 수 있을 것이라는 점을 강조하고 싶습니다.

13 곽준혁─현재 선생께서 관심 갖고 계신 분야와 앞으로 연구하실 주제는 무엇인지 듣고 싶습니다.

밀러─미래에 제 연구가 어떤 방향으로 진행될지 정확히 확신하긴 어렵지만, 곽 교수님이 제게 질문하신 이슈들을 해결하려고 노력해나갈 것은 분명합니다. 최근에 제가 붙들고 있는 문제는 경계(boundaries)와 그것의 중요성에 관한 것입니다. 예를 들어, 우리가 사회정의나 민주주의에 대해 사고할 때 어떠한 한정된 집단의 사람, 일반적으로 민족국가를 형성하는 사람들을 염두에 둡니다. 그런데 이들과 다른 사람들을 구분하는 기준이 과연 무엇일까요? 이것은 분명 요즘 초국가적 형태의 정의와 민주주의로 얘기되는 여러 제안들과 관련이 있습니다. 이러한 제안을 지지하는 사람들은 전통적인 국경은 더 이상 예전에 가졌던 의미를 갖지 않는다고 주장합니다. 제 질문은 이것이 사실이라고 한다면, 그것을 대체하는 새로운 경계는 무엇인가 하는 것입니다. 그리고 이러한 새로운 경계를 가지고 사회정의나 민주주의와 같이 우리와 친숙한 개념들을 여전히 사용할 수 있는지, 아니면 그것들을 대체할 수 있는 새로운 원칙들을 만들어내야 하는지가 요즘 관심사입니다.

민족주의와 한국사회

민족주의에 대한 새로운 인식의 전환

한국사회에서 민족주의는 합의와 동원을 위한 수단적 이념 이상의 의미를 가지고 있다. 한편으로는 좌우의 이념적 스펙트럼을 초월하는 궁극적인 가치로, 다른 한편으로는 개개인에게 이입된 정체성의 핵심적인 내용으로, 민족주의는 한국인의 내면 깊숙이 자리 잡고 있다. 이렇게 한국사회에서 민족주의가 과거의 경험과 미래에 대한 기대를 현재화하는 정치적 기재(器材)이자 문화적 총체로 개개인에게 각인될 수 있었던 배경에는 영국의 역사학자 홉스봄의 '역사적 국가'라는 말이 지칭하는, 오랜 시간 동안 동일한 장소에서 유지해온 종족적 동질성 이외에 다른 무엇이 있다. 근대국가의 성립과 동시에 전개된 식민지 경험, 해방과 함께 시작된 분단의 고통, 한국전쟁의 집단적 충격, 개발독재의 성장이데올로기, 아래로부터 시작된 민주화 과정, 그리고 분단의 평화적 해결에 이르기까지 민족주의가 담당한 역할이 실로 광범위하다. 오랜 시간 동안 동일한 영토에서 형성된 종족적 동질성에 대한 신념이 한국 민족주의의 문화적 특징을 규정하는 하나의 단면이라면, 민족주의가 담당해온 공적 역할은 한국 민족주의의 도덕적 또는 시민적 특성을 구성하는 또 하나의 단면이다.

물론 한국 학계에서 민족주의의 이데올로기적 허구성을 지적하거나 민족 중심의 담론을 해체해야 한다는 주장이 없는 것은 아니다. 동아시아 공동체의 가능성을 모색하는 입장에서 민족국가의 경계와 정체성을 극복해야 한다는 주장, 민족주의의 시대적 역할이 끝났다고 보거나 아니면 민족주의의 획일적 동화를 통해 파괴된 개인성과 다양성의 회복을 우선적인 과제로 제시하는 입장, 그리고 세계화를 통해 민족주의를 극복 또는 제어해야 한다고 보는 주장에 이르기까지 민족 중심의 담론에 대한 비판은 매우 다양하게 전개되고 있다. 사실 민족주의의 배타적 속성에 대한 학계의 비판은 어제 오늘 일이 아니다. 자국 우월적 징고이즘이나 배타적 쇼비니즘을 경계하고, 보편적 규범의 수용을 통해 민족주의를 보다 개방적이고 열린 정치이념으로 수정해야 한다고 보는 주장도 맹목적이고 획일적인 민족주의에 대한 비판을 담고 있다. 다만 민족 담론의 해체 또는 대체를 요구하는 입장은 역사적 실체로 존재했고 또 기능하고 있는 민족주의 그 자체를 부정한다는 면에서 좀더 급진적이라고 할 수 있을 뿐이다.

문제는 민족주의의 수정을 요구하는 입장이든 아니면 민족 담론의 해체를 요구하는 입장이든, 지구화 시대를 살아가는 한국인의 일상 속에서 해체되기보다 오히려 강화되고 있는 민족주의의 힘을 적절하게 파악하지 못하고 있다는 점이다. 실제로 동아시아 각국의 민족주의는 지구화 시대에 더욱 기승을 부리고 있다. 영토 분쟁과 시장경쟁, 그리고 과거사 문제와 불균등한 힘의 분포가 다시 민족주의와 결합되고, 이러한 결합과 재결합의 과정에서 민족주의는 새로운 얼굴로 동아시아를 재구성하고 있다. 비록 '애국주의' '보통국가' 또는 '신애국주의'와 같은 이름으로 민족주의의 부정적 요소를 탈색하려고 노력하지만, 동아시아 각국의 민족주의가 제공하는 기억과 망각의 도식은 냉전적 사고에 짓눌렸던 과거보다 더욱 냉전적인 대립을 가져올 수 있는 환경을 만들어내고 있다. 이러한 환경 속에서 민족주의가 정치적 이데올로기로써 가지는 위험성을 지적하는 정도에 그치거나, 개선의 방향을 단순히 개개인의 정치적 선택이나 도덕적 판단으로 치환시키는 연구는 충분하지 않다. 아울러 민족주의를 날조된 정치적 선전으로 치부하거나, 보편이라는 이름으로 특수한 조건 속의 삶의 내용에 무관심하거나, 보편 이성에 기초한 도덕률만을 고집하는 것은 역사의식과 정치적 사려가 결여된 처사다.

결국 지금 우리에게 필요한 것은 변화하는 세계와 민족주의를 조화시킬 수 있는 일관된 인식론적 · 철학적 · 정치적 판단기준이다. 여기에서 판단기준이란 기회주의적 선택과 조작적 정의를 위한 전략적 선택을 말하지 않는다. 그것은 다수의 의견으로부터 출발해서 다수의 의견을 넘어 공론의 지평을 여는 정치적 기술 (techné)과 지고의 선을 이루기 위해 그에 적절한 방법을 현실로부터 찾아내는 정치적 사려(phronesis)의 결합을 의미한다. 보다 구체적으로, 민족주의가 만들어놓은 정치적 환경에 대한 정확한 이해를 바탕으로 현재의 문제에서 불거진 대중적 판단을 분석하고, 이러한 대중적 판단을 극복하는 방법을 다름 아닌 민주적 심의를 통해 찾아내는 과정에서 필요한 판단기준이다. 즉 분단의 평화적 해결을 위해 민족주의에 호소하는 것이 옳은지 틀린지를 토론할 때, 민족주의의 파시즘적 동원력을 억제하면서 사회적으로 소외된 집단의 정치적 힘을 제고(提高)하고자 할 때, 중국 동포의 국적 회복과 외국인 노동자 문제의 해결을 위한 이성적 근거를 찾을 때, 우리만의 특수한 문제를 인류의 보편적 이상에 호소할 수 있는 근거를 찾을 때, 개인적 차원, 국가적 차원, 그리고 국제적 차원에 이르기까지 일관되게 적용될 수 있는 판단기준이 필요하다는 것이다.

민족주의 없는 애국심

민족주의의 국내외적 동학에 비추어볼 때, 고전적 공화주의가 제시하는 '민족주의 없는 애국심'이 하나의 대안이 될 수 있다. 실제로 한국사회에서 애국심은 민족주의의 다른 표현으로 간주된다. 그러나 고전적 공화주의에서는 이 둘이 결코 같지 않다. 첫째, 민족주의와 애국심은 그 대상으로서의 조국이 무엇인가에 대한 인식에서부터 차이가 있다. 공화주의에서 진정한 조국(una vera patria)은 독립된 자치공화국만을 의미하기에, 정치 체제의 성격과 내용이 중요하다. 즉 공화주의적 애국심은 시민적 자유와 정치적 권리의 보장을 강조하는 반면, 민족주의는 정치 체제의 성격보다 공동체 내부의 정신적·문화적 동질성에 우선순위를 둔다. 둘째, '조국에 대한 사랑'이 의미하는 바도 다르다. 민족이나 공화국은 인위적인 구성물이라는 점에서는 동일하다. 그러나 공화주의적 애국자들은 조국에 대한 사랑을 정치적 수단에 의해 시민들에게 스며들고 지속적으로 강화되는 일종의 만들어진 열정으로 간주하는 반면, 민족주의자들은 마치 문화적 혼합과 동화로부터 보호되어야 할 자연적인 감정으로 여긴다는 점에서 다르다(Viroli, 2002: 15, 86). 즉 고전적 공화주의의 민족주의 없는 애국심은 공동체 구성원 사이의 다양성을 포용한다면, 민족주의자들은 무조건적이거나 배타적인 애착을 가질 위험성으로부터 완전히 자유로울 수 없다.

우리가 주목해야 할 점은 고전적 공화주의에서는 민족주의 없는 애국심이 개별 국가 차원을 넘어 인류 보편적 차원으로까지 확대하여 적용할 수 있는 정치적·도덕적 조정원칙을 가지고 있다는 것이다. 기존의 애국심이나 민족주의 이론들은 자유주의자들과 사해동포주의자들에게 인류 보편의 문제에 무관심하다는 비난을 받아왔다. 특히 카텝(Geroge Kateb)과 같은 자유주의자는 애국심이란 어떤 추상적인 것을 위해 죽고 죽일 수 있는, 이른바 자기애가 자기 숭배와 집단 도취(group narcissism)로 전환된 것일 뿐, 개인의 자율성이나 인권 보장과 같은 보편의 도덕적 명제에 대한 헌신을 요구할 수 있는 일관된 원칙을 결여하고 있다고 비판한다(Kateb, 2000: 908~910). 이러한 비판을 적극적으로 수용하고, 동시에 이러한 비판을 극복하기 위해 고전적 공화주의가 제시하는 것이 바로 '타인의 자의적 의지로부터의 자유'로 정의되는 비지배 자유원칙이다.[12] 그 내용은 다음 네 가지로 구성된다. 첫째, 비지배 자유는 개인을 희생하며 전체에 헌신하는 자기 부정적인 시민적 덕성을 상정하거나 적극적인 정치참여를 통한 자율성을 이상으로 제시하기보다, 개개인이 가지는 다양한 욕구를 충족시킬 수 있는 조건으로서 자유의 보장을 목표로 한다. 둘째, 비지배 자유는 자의적 지배에 대한 시민적 저항과, 합법적 절차를 통한 시민의 국가권력에 대한 견제와 통제를 정당화할 수 있는 근거를 제공함으로써, 시민들에게 실질적인 정치적 힘을 제공하는 방법을 구체화한다. 셋째, 이러한 조건을 충족시켜주는 정치체제에

---

12 비지배 자유원칙은 스키너와 페팃이 개인의 자율성과 법의 지배를 핵심적 가치로 삼았던 로마공화국에서 자유의 진정한 의미를 찾은 이래, 신로마 공화주의자로 분류되는 이론가들에 의해 제시되고 있는 원칙이다. 이른바 '타인의 자의적인 지배로부터의 자유'로 정의되는 고전적 자유의 개념에 기초하고 있지만, 이들이 제시하는 비지배 자유원칙은 아리스토텔레스로부터 마키아벨리에게 이르기까지 고전적 공화주의의 전통에서 제시했던 정치철학적 가치들을 포괄하기에는 충분하지 않다. 비지배 자유원칙에 대해서는 페팃의 연구(Pettit, 1997: 51~79)를 참조, 그리고 스키너와 페팃의 신로마 공화주의에 대한 '고전적' 공화주의의 비판에 대해서는 곽준혁(2007c)을 참조. 여기에 제시되는 네 가지 원칙은 '고전적' 공화주의의 입장에서 필자가 비지배 자유원칙을 수정한 것이다.

서 삶을 향유하는 사람들은 자의적 지배에 대한 경험이 체화되어, 공동체 내의 다른 구성원들의 자유뿐만 아니라 다른 공동체에 속한 사람들의 자유 또한 소중히 여기는 전이를 유도한다는 것이다. 넷째, 공감의 범위가 개인으로부터 동료 시민들로 그리고 다른 사회의 사람들에게까지 감정적 전이가 불가능할 때, 외국인에 대한 반인륜적 태도가 초래할 시민적 신뢰의 붕괴가능성을 민주적 심의를 통해 설득함으로써 정치적 전이를 의도한다(곽준혁 2009: 44~47). 만약 이러한 비지배 자유의 네 가지 내용이 판단기준으로 작용한다면, 민족주의 없는 애국심이 지금까지 애국심에 대한 부정적인 시각과 다문화 공존에 대한 국수적 비판을 모두 극복할 수 있는 하나의 대안이 될 수 있으리라 생각된다.

민족주의와 한국사회의 특수한 관계를 고려할 때, 그리고 다문화 공존의 필요성은 인지하지만 아직도 다문화 공존에 대한 일관된 판단기준이 없는 한국사회의 현실을 고려할 때, 민족주의 없는 애국심에서 기대할 수 있는 사회적 통합은 다음과 같은 비지배 평화원칙에 기초해야 한다. 첫째, 타인의 자의적인 지배로부터 자유로울 수 있는 '비지배'라는 조건을 다양한 정체성을 가진 집단간 협상 원칙이자 한 사회 구성원들이 가져야 할 행위의 규범으로 제시해야 한다. 이때 비지배는 자유로운 '행위'에 초점을 두기보다 자유로운 행위가 가능한 '조건'에 초점을 두어야 한다. 즉 비지배가 타인의 자의적인 의지에 종속되는 조건으로부터 해방을 보장하고, 법과 제도를 통한 개입을 정당화하는 동시에 개입의 한계를 설정하는 일관된 판단근거가 되는 것이다. 둘째, 사회적 통합은 국가로부터 동일한 대우를 보장받는 소극적 시민성에서 사회적 권리의 보장을 통해 실질적인 정치적 견제력을 보장받는 민주적 시민성으로의 전환을 목적으로 해야 한다. 여기에서 비지배적 상호관계는 개인과 개인, 집단과 집단, 개인(또는 집단)과 국가의 관계에 이르기까지 분쟁과 갈등을 해결하기 위한 협상과정에서 동일하게 적용될 수 있는 정치적·도덕적 판단근거가 된다. 셋째, 법과 제도를 통해 형성된 정치적 정체성 이외의 개개인이 갖고 있는 정체성은 개인의 선택의 문제로 이해해야 한다. 특수한 문화적 정체성을 축적된 삶의 방식으로 인정하고, 이러한 삶을 공유하는 사람들에 대한 애정을 존중한다. 다만 이러한 존중은 사회를 구성하는 구성원들 사이에 상호적으로 인정되어야 하고, 이러한 인정은 법적 제도적 차원에서 비지배적 상호관계를 통해 구현되어야 한다. 이러한 비지배적 상호관계를 바탕으로 한, 다문화 공존을 위한 사회적 통합은 개별 집단의 문제를 공동의 문제로 승화시킬 수 있을 뿐만 아니라, 다양한 입장들이 조율될 수 있는 민주적 심의의 토대를 형성할 수 있으리라 기대된다.

3 다양한 갈등이 표출되는 쟁투적 민주주의를 지지한다

: 샹탈 무페 교수와의 대화

급진적 민주주의 이론의 등장 배경

영국 웨스트민스터 대학에서 정치철학과 정치이론을 가르치는 샹탈 무페(Chantal Mouffe) 교수는 한국사회에 비교적 널리 소개된 진보적 학자다. 그녀가 라클라우(Ernesto Laclau)와 함께 저술한 『헤게모니와 사회주의 전략』(*Hegemony and Socialist Strategy*, 1985)이 『사회변혁과 헤게모니』라는 제목으로 1990년 한국어로 번역된 이래, 『정치적인 것의 귀환』(*The Return of the Political*, 1993)과 『민주주의의 역설』(*The Democratic Paradox*, 2000)에 이르기까지 그녀의 많은 책들이 번역, 소개되었다. 그녀가 한국 학계로부터는 큰 관심을 끌지 못하고 있는 점에서 볼 때, 한국의 대중 독자들이 그녀의 저술들을 쉽게 접할 수 있을 정도로 번역서가 많다는 것은 매우 예외적이라고 할 수 있다. 그녀의 저술들이 상대적으로 많이 번역된 이유는 여러 가지가 있겠지만, 주된 까닭은 그녀의 급진적인 민주주의 이론이 한국사회의 진보적 지식인들과 민주주의 사회운동가들로부터 뜨거운 관심과 주목을 받고 있기 때문이다. 한편으로 그녀의 이론은 사회주의의 비판적 역할은 계승하면서도 사회주의의 전체주의적 경향성을 극복할 수 있는 이념적 대안을 찾는 진보적 지식인들의 큰 관심을 끌고 있고, 다른 한편으로 지구화 시대에 벌어지고 있는 다층적이고 다양한 변화를 충분히 수용할 수 있는 새로운 형태의 정치질서와 이에 적합한 새로운 내용의 인민주권을 제시하는 그녀의 민주주의 이론이 실천가들의 주목을 받고 있다. 그녀가 내세우는 자유주의의 다원성과 사회주의의 비판성의 결합, 그리고 지구화 시대에 적합한 새로운 형태의 정치적 공동체에서 실현되어야 할 민주주의의 실천적 원칙들이 한국사회의 변혁을 꿈꾸는 사람들에게 하나의 대안으로 인식되고 있는 것이다.

무페가 제시하는 '급진적 민주주의'(Radical Democracy)는 그녀의 무모하리만큼 자유롭고 열정적인 학문적 여정의 결과물이다. 1943년 벨기에에서 태어난 그녀는 가톨릭 루뱅 대학(Université Catholique de Louvain)에서 철학을 공부했고, 파리 대학(Université de Paris)에서 구조주의 마르크스주의자 알튀세(Louis Althusser)에게 인식론과 과학철학을 배웠다. 이후 1970년대 초 콜롬비아 국립대학(Universidad Nacional de Colombia)에서 철학을 가르칠 때까지, 그녀는 관념론적 철학에 심취한 철저한 알튀세주의자였다. 이런 그녀가 정치학으로 방향을 선회한 것은 바로 콜롬비아에서의 생활때문이었다.[1] 콜롬비아에서의 사회운동은 그녀에게 관념의 세계로부터 벗어난 좀더 실천적인 사유의 양식이 필요하다는 것을 가르쳐주었다. 그녀의 고백에 따르면, 역사학이나 사회학 그리고 정치이론을 하는 친구들과는 달리 암울한 콜롬비아의 현실에 결코 근접할 수 없는 자기 스스로에 대한 환멸이 오랜 시간 동안 매달렸던 철학을 포기하도록 만들었다는 것이다 (Mouffe, 2001). 이런 이유에서 1970년대 중반 콜롬비아의 사회변혁을 위해 좀더 실천적인 학문을 배워야겠다는 생각에 영국 에섹스 대학(the University of Essex) 정치학 석사과정에 입학했고, 급진적 자유주의자인 로페스 미첼센(Alfonso López Michelsen) 대통령의 통치하에서 진행된 콜롬비아 산업화에 대한 연구로 석사학위를 받았다. 이 과정에서 그녀는 정치학도 철학과 마찬가지로 자신이 갖고 있던 문제의 해답을 줄 수 없다는 생각을 갖게 되었고, 결국 자신의 지적 자산인 철학과 실천적 해결을 위해 선택했

1 무페가 콜롬비아로 가게 된 계기는 당시 비판적 프랑스 지식인들의 일반적 동향과 다르지 않다. 1960년대 그녀가 루뱅 대학과 파리 대학에서 수학할 시점은 반제국주의 운동이 무르익었을 때였다. 프랑스는 알제리와 전쟁을 하고 있었고, 1959년 쿠바혁명 이후 라틴아메리카에서 반제국주의 투쟁의 열기가 고조되고 있었던 것이다. 이런 배경에서, 유럽의 지식인들은 제3세계의 해방운동을 위해 아프리카와 라틴아메리카의 사회변혁운동에 몸담게 된다. 알튀세의 제자였던 그녀도 이와 같은 비판적 지식인들과 함께 콜롬비아의 사회변혁운동에 헌신했다. 실천가로서 무페의 이력과 학문적 동기는 캐나다에 있는 사이몬 프레이저 대학(Simon Fraser University)에서 사회학을 가르치는 앙구스(Ian Angus) 교수와의 인터뷰를 참조(Angus, 1998).

던 정치학이 결합된 정치철학에서 그 해답을 찾게 되었다. 그녀가 찾은 해답은 모든 정치사회적 갈등을 생산양식과 생산관계의 모순으로 설명하려는 마르크스주의의 유물론적 경제 결정론과 노동자 계급만을 변혁의 주체로 상정하는 배타적 근원주의(essentialism)로부터 그녀를 해방시켜주었고, 지구화 시대를 맞아 새롭게 등장한 사회운동의 요구들을 수용할 수 있는 좀더 유연하면서도 다원주의적인 민주주의 모델의 수립으로 그녀를 이끌었다.

무페의 정치철학적 해답은 라클라우와 함께 쓴 『헤게모니와 사회주의 전략』을 통해 '포스트 마르크스주의'(post-Marxism)라는 이름으로 세상에 알려지게 되었다.[2] 그들이 이 책에서 밝힌 '포스

---

2 라클라우는 아르헨티나 태생의 진보적 정치이론가로, 영국 에섹스 대학에서 이데올로기와 담론 분석을 가르치고 있는 정치이론 교수다. 그는 무페와 함께 소위 '포스트 마르크스주의자'로 잘 알려져 있지만, 정치이론 분야에서는 파시즘과 포퓰리즘 연구의 권위자로도 알려져 있다. 그의 파시즘 연구는 '금융자본의 가장 반동적인 독재'라는 1933년 코민테른 총회의 경제주의적 정의를 벗어나지 못했던 전통적인 마르크스주의의 파시즘 해석에 경종을 울렸고, 독점자본과 나머지 사회부문의 대립이 아니라 계급 또는 계급의식으로 환원할 수 없는 '인민-민주주의적 호명'(popular-democratic interpellations)이 정치담론으로 접합(articulation)되어 빚어낼 수 있는 복잡한 사회현상의 하나가 바로 파시즘이라는 점을 부각시켰다(Laclau, 1977: 81~142). 이러한 분석에 영감과 기초를 제공한 것은 그의 포퓰리즘 연구다. 그의 포퓰리즘 연구는 그가 부에노스아이레스 대학(Universidad de Buenos Aires)을 다녔을 때부터 경험한 아르헨티

트 마르크스주의'는 크게 네 가지 주장으로 구성된다. 첫째, 사회 변혁의 주체로서의 계급의 단일성(unitary)을 부정한다(Laclau & Mouffee, 1985: 7~46). 이 주장은 한편으로는 고전적 마르크스주의의 문제점을 보완하기 위해 등장했던 여러 이론들이 여전히 물질적 토대를 계급의식의 결정요소라고 믿고 있다는 비판, 그리고 개개인이 갖는 다층적이고 다양한 정체성의 가능성을 완전히 무시한 단일한 계급적 정체성만을 강조하고 있다는 지적으로 구체화되었다. 둘째, 담론을 통해 구성되는 상부구조의 역할보다 유

나의 독특한 정치 환경, 그리고 학생운동에서부터 정당 활동에 이르기까지 사회변혁의 실천을 통해 다져진 정치적 감각의 결합물이다. 일반적으로 집단 심리나 이념적 내용에 초점을 맞추는 것과는 달리, 그의 포퓰리즘 연구는 어떤 사회의 한 집단이 그 사회의 지배적 이념의 균열과 지배 집단에 적대적인 담론을 접합해 전체 인민에게 호소함으로써 정치권력을 획득하려는 독특한 형태에 주목했다(Laclau, 1977: 143~198). 파니차(Francisco Panizza)가 편집한 책에서 보듯이, 이념적 내용보다 정치적 형태에 초점을 맞춘 그의 포퓰리즘 연구는 좌파적 포퓰리즘뿐만 아니라 파시즘적 변형으로서 지구화 시대에 다시 등장한 우파적 포퓰리즘을 분석하는 데도 용이한 분석틀을 제공하고 있다(Panizza, 2005). 최근 라클라우는 최초의 접근 방법은 유지하면서도, 포퓰리즘에 대해 좀더 우호적인 태도를 보이고 있다. 불확실성과 예측 불가능성으로 상징되는 지금의 시기가 오히려 무정형의 변화 속에서 새로운 형태의 제도를 창출하는 '진정한 정치적 시대의 도래'라고 주장하고, 포퓰리즘을 '정치적인 것'의 진정한 본질이며 민주주의에서 담론을 통해 정치적 주체로서의 '인민'(the people)을 구성하는 과정의 하나라고 재규정하고 있는 것이다(Laclau, 2005: 222).

물론적 결정론 또는 경제 환원론을 통해 상상된 물질적 토대의 역할에만 집착하는 사회주의적 전략은 실패할 수밖에 없다는 주장이다(Laclau & Mouffee, 1985: 47~92). 1960년대 중반부터 전개된 '신사회운동'을 전통적인 마르크스주의를 통해서는 결코 이해할 수 없다는 자각, 계획주의(planism)와 전위론(vanguardism)에 기초한 소비에트 모델은 궁극적으로 전체주의일 뿐이라는 자성, 그리고 모든 형태의 근원주의를 부정하게 만든 담론적 구성주의(discursive constructivism)에 대한 신념이 그들의 사회변혁을 바라보는 시각을 바꾼 것이다.[3] 셋째, 비근원주의적 헤게모니 개념

---

3 무페와 라클라우의 고전적 마르크스주의와 소비에트 모델에 대한 비판들은 이 책이 출판되기 이전부터 표명되었다. 특히 무페가 편집한『그람시와 마르크스주의 이론』(Gramsci and Marxist Theory, 1979)은 그람시(Antonio Gramsci)에 대한 그녀의 관심이 '포스트 마르크스주의'의 비경제주의적 입장과 밀접한 연관성이 있다는 점을 잘 보여주고 있다. 이후 그녀는 그람시가 너무 단일한 정치 공간 속에서 벌어지는 투쟁만을 고려했다며 다소 비판적 입장을 취했지만(Laclau & Mouffe, 1985: 137), 그람시로부터 이론적 측면에서는 경제 환원론적 고전적 마르크스주의를 극복할 단서를 찾을 수 있었을 뿐만 아니라 실천적인 측면에서도 진보 진영의 사회변혁 전략을 수정할 수 있는 근거를 확보할 수 있었다는 점을 부인할 수는 없다. 사실 이 당시 고전적 마르크스주의가 봉착한 여러 비판들은 1960년대 중반부터 활발하게 전개된 신사회운동으로부터 비롯되었다. 신사회운동은 기존의 노동운동 중심의 마르크스주의 패러다임으로부터 벗어나 다양한 형태의 사회운동들──반인종주의, 반관료주의, 여성, 환경, 인권, 그리고 반핵 평화──과 이러한 운동들과 밀접한 관련을 갖는 비경제적 부문──문화, 이데올로기, 그리고 정치──에 더 많은 관심을

과 다층적 반감(agonism)의 결합이 필요하다는 것이다. 이 주장은 무엇보다 사회적 정체성을 바라보는 좀더 개방된 시각이 필요하다는 인식에서 출발한다. 즉 유기체적 통일성이 아니라 여러 요소들의 봉합(suture)으로 사회적 정체성이 이해되어야 하며, 계급적 대립만이 아니라 자기 정체성이 부정될 때 다층적으로 형성되는 반감들이 헤게모니 개념에 포함되어야 한다는 것이다.[4] 넷째, 다층적 반감과 다양한 정체성을 갖고 있는 새로운 사회요구에 대

기울여야 한다는 지식경향을 대변했다. 정치권력보다 시민사회, 경제적 권리의 획득보다 가치와 삶의 변화, 위계적 질서보다 사회관계망, 그리고 정치적 동원만큼이나 문화적 변혁을 의도한 정치사회적 운동인 것이다. 무페와 라클라우는 신사회운동의 문제의식을 공감하고, 좀더 다원적이고 다층적인 변혁주체의 정체성을 반영할 수 있는 새로운 형태의 사회주의 전략을 제시하고자 했다. 신사회운동에 대해서는 스콧의 연구(Scott, 1990)와 피카르도의 정리(Pichardo, 1997)를 참조.

4 좀더 구체적으로, 무페와 라클라우는 '사회적인 것'(the social)의 개방성과 다원성이 헤게모니를 이해하는 전제 조건이며, 경제적 토대나 노동자 계급과 같은 어떤 근원이나 특정 변혁 주체를 전제하지 않는 미봉합성(not-sutured)이 담론을 통해 구성되고 해체되기를 반복하는 헤게모니의 정치적 특징이라고 보고 있다(Laclau & Mouffe, 1985: 143~145). 이때 헤게모니는 독립되어 존재하는 다양한 것들을 접합시키는 역할을 하고, '반감'은 담론을 통해 구성된 주체와 확립된 헤게모니와의 불완전한 관계를 강화시키는 역할을 한다. 여기에서 그들이 사용하는 '봉합'이라는 외과적 메타포는 라캉(Jacques Lacan)의 심리분석으로부터 취한 것으로, 상징과 상상이 상실과 결핍을 완전히 충족시키지 못하듯이 헤게모니적 실천도 궁극적으로는 결코 고정되거나 확정적이지 못한 '사회적

처할 새로운 사회주의 전략이 필요하다는 주장이다(Laclau & Mouffe, 1985: 149~194). 어떤 사회의 행위자는 다층적이고 다양한 사회적 관계를 갖게 되고, 그 결과 다층적 반감과 다양한 정체성을 가진 주체가 형성된다. 따라서 새로운 사회변혁의 전략은 계급뿐만 아니라 성(gender), 인종, 종교를 통해 나타나는 다양한 갈등을 수용할 수 있어야 하고, 동일한 맥락에서 바람직한 사회변혁은 자유민주주의의 폐기가 아니라 오히려 자유민주주의를 좀더 급진적이고 다원적인 민주주의로 심화시키는 방향으로 기획되어야 한다는 것이다(Laclau & Mouffe, 1985: 176).

표면적으로 볼 때, 무페와 라클라우의 '포스트 마르크스주의'는 노동자 계급 중심의 사회변혁 프로그램의 탈피와 자유민주주의의 심화를 목표로 하는 급진적 민주주의 수립이라는 두 가지 목표를 갖고 있다.[5] 물론 생산양식과 생산관계의 모순이 가져온 계급투쟁

인 것'에 의해 규정된 봉합에 불과하다는 점을 부각시키기 위해 사용되었다. 궁극적으로 '다원성과 차이의 경험'과 '통일성과 일관성에 대한 열망' 사이의 모순을 극복하려는 시도들은 실패할 수밖에 없는 실험이었다는 해체주의적 발상을 그들도 공유하고 있다. 이들과 구조주의를 포함한 다양한 지식 전통과의 연관성에 대해서는 토핑의 연구(Torfing, 1999)를 참조.

5 두 가지 목표 모두, 현실 사회주의 국가의 전체주의적 경향이 초래한 지식인의 실망과 신사회운동과 같은 변화에 대응하지 못하는 전통적 마르크스주의에 대한 자성과 무관하지 않다. 이러한 실망과 자성을 바탕으로 경제 결정론과 계급 환원론을 극복할 수 있는 새로운 사회주의 전략을 수립하려는 시도는 많았다. 그러나 라클라우와 무페와 같이 노동운동 중심

의 결과로 역사발전을 이해하는 고전적 마르크스주의의 경제주의
적이고 계급중심적인 단선적 역사관의 부정, 그리고 담론을 통해
다층적으로 구성되는 정치의 우연성(contingency)과 개연성
(probability)을 강조하는 포스트모더니즘적 해체주의가 그들의
'포스트 마르크스주의'에서 중심적인 위치를 차지한다는 점을 부
정하는 것은 아니다. 다만 사회주의 전략의 수정이라는 측면에서
만 바라보면, 그들의 이론과 마르크스주의의 근본적인 차이를 간

의 사회주의 전략을 '계급 근원주의'(class essentialism)라고 비난하면
서, 계급 통일성과 유물론적 시각을 동시에 해체하려고 시도한 경우는 당
시로서는 드물었다. 그람시의 헤게모니 개념의 이해에서도 다소 앞서 나
갔다. 일반적으로 그람시의 헤게모니 이론은 지배집단이 다른 사회 집단
들을 사회적 관계의 총합인 '역사적 블록'(historic bloc)에 편입시킬 때
경제적·물질적 토대만이 아니라 지배 이데올로기를 포함한 상부구조에
대한 사회적 동의가 수반된다는 점을 강조하기 위해 사용되었다. 라클라
우와 무페도 이러한 그람시의 헤게모니 이론의 이해로부터 전통적 마르
크스주의의 경제주의를 극복할 단초를 찾았다. 그러나 그들은 그람시의
헤게모니 이론이 단순히 노동자 중심의 사회변혁을 위한 기획에 사용되
는 것을 또 다른 형태의 경제주의와 계급 근원주의라는 이유에서 거부하
고, 다양한 이해관계들과 다층적 반감들이 등가적으로 연합되어 새로운
사회응집과 정체성의 접합을 가능하게 하는 것으로 헤게모니의 정치적
공간과 의미를 확대해야 한다고 주장했다. 라클라우와 무페의 헤게모니
이론이 마르크스주의에서 차지하는 위치는 헌터의 비판적 검토(Hunter,
1988)와 보콕의 통사적 논의(Bocock, 1986)를 참고. 최근 포스트 마르
크스주의자들의 헤게모니 이론이 어떻게 확대 적용되는지에 대해서는 라
클라우가 버틀러(Judith Butler)와 지젝(Slavoj Zizek)과 함께 쓴 책
(2000)을 참조.

과할 수 있다. 특히 우리가 주목해야 할 부분은 그들이 자유주의
에서 강조하는 개인의 '자율성'과 사회의 '다원성'이 갖는 정치사
회적 의미를 수용한 점이다.[6] 일반적으로 자유주의가 강조하는 자
율성과 다원성은 민주주의와 대립되는 정치적 원칙으로 이해된

---

6 라클라우와 무폐의 자유주의, 좀더 구체적으로 개인의 자율성과 사회의
다원성에 대한 이해는 많은 부분 르포르(Claude Lefort)의 영향을 받았
다. 이들의 이론에 영향을 미친 르포르의 사상은 특히 두 가지 부분에서
확인된다(Laclau & Mouffe, 1985: 186~188; 1997[1993]: 11~13). 첫
째, 정치를 상징체계의 영역으로 이해하고 있는 것이다. 라클라우와 무페
는 상징적 체계로서 정치권력을 제시함으로써 사회의 통합성을 실현하는
방식을 '정치적인 것'의 내용으로 규정하고 있는데, 이는 정치를 권력투
쟁이나 권력의 사용을 지칭하는 '정치'(la politique)뿐만 아니라 어떤 사
회가 집합적 전체로 표현되는 방식을 의미하는 '정치적인 것'(le
politique)까지 포함해야 한다고 주장하는 르포르의 견해를 따른 것이다
(Lefort, 2000: 138). 둘째, 근대 민주주의와 전체주의가 상징적 체계로
서 권력을 그려내는 방식에서 차이가 있다고 보았다. 르포르는 근대 민주
주의와 전체주의가 모두 보이지 않는 사회적 통일성을 보일 수 있도록 만
들어왔던 상징적 체계로서의 왕의 역할을 대체할 새로운 방식을 찾았고,
후자는 항상 다원적이고 분할되어 있을 수밖에 없는 사회를 '인민'(the
people)이라는 통일된 총체적 정체성을 가진 정치권력으로 규정함으로
써 사회적 통합을 실현하려 했기에 폭력과 억압에 의지할 수밖에 없었으
며, 그 결과 '정치적인 것'의 폐기를 가져왔다고 보았다(Lefort, 1986:
305). 동일한 맥락에서 라클라우와 무페는 민주주의 사회변혁은 상징적
체계로서 정치권력을 전체주의와 같이 '인민'으로 환원시키기보다 불확
정한 상태 그대로 열어둠으로써 사회의 표현된 통합성과 사회의 실질적
분절성의 차이를 유지하는 방향으로 나아가야 한다고 보고 있다. 근대 민

다. 민주주의는 '인민에 의한 통치'(the rule by the people)라는 통치의 형태(form)를 지칭하지만, 자유주의는 개인의 자유를 위해 이러한 형태의 통치를 제한하는 이론(theory)이자 실천(practice)이기 때문이다. 반면 라클라우와 무페는 민주주의를 전체주의와 대립 축으로 놓고, 사회의 다양한 요구들을 계급과 경제라는 단일한 총체성(totality)으로 환원시켰다는 이유에서 전통적 마르크스주의와 현실 사회주의를 전체주의의 범주에 넣은 후, 전체주의에 대항하는 자유주의적 헌정주의의 요소를 민주주의의 심화라는 차원에서 수용한다.[7] 그들은 자유주의적 헌정주의의 요소

주주의에서의 상징적 체계로서의 권력의 부재가 갈등을 통한 정치공간의 생산과 재생산이라는 급진적 민주주의의 정치사회적 원칙으로 전환될 기초가 르포르의 사상을 통해 마련된 것이다.

[7] 라클라우와 무페가 주목한 자유주의적 헌정주의의 요소들은 전제적 권력의 사용을 제한하고 개인의 자율성을 보장하기 위해 구축한 절차와 권리의 법적 총체다. 일반적으로 자유주의적 헌정주의는 다음 두 가지 특성을 공유한다. 첫째, 전통적으로 법의 지배(rule of law)로 정의되는 자위적이고 전제적 권력의 사용을 방지한다는 헌정적 질서의 일반적 목적을 정부권한의 제한과 연관시키는 경향이 있다. 이러한 경향은 인간의 권리는 천부적이고 전정치적(pre-political)이며 보편적이라는 자유주의적 신념에서 비롯된 것이다. 둘째, 정치에 대한 법의 우위를 확보하는 제도를 선호함으로써 민주주의와 일정 정도 긴장관계를 유지하려고 한다. 즉 중립적 절차와 권리의 법적 총체로 구성된 헌정적 질서를 시원적 계약에 의해 구성된 것으로 간주함으로써 민주적 절차를 통해서도 변경이 불가능한 영역으로 보호하려고 한다. 이러한 자유주의적 헌정주의의 일반적 특징에 대해서는 곽준혁(2005a)을 참조.

들이 평등에 대한 요구가 개인의 자율성과 사회의 다원성을 파괴하는 전체주의적 망상으로 변질되는 것을 막는 역할을 하고, 다양한 담론과 다층적 사회관계를 통해 형성되는 정치적 공간의 개방성과 복수성(multiplication)을 확보하는 데 기여함으로써, 궁극적으로 민주주의를 심화시킬 것이라고 믿었다(Laclau & Mouffe, 1985: 190~192). 다시 말하자면, 그들은 정치에 대한 법의 우위를 주장하는 자유주의가 아니라 급진적 민주주의의 조건으로서 자유주의를 수용했고, 일반적으로 받아들여졌던 자유주의와 민주주의의 긴장을 자신들이 제시하는 급진적 민주주의로 해소하고자 했다.

무페와 라클라우의 포스트 마르크스주의에 대한 초기 비판은 그들이 의도했던 자유주의와 급진적 민주주의의 결합에 초점이 맞추어지지 않았다. 대신 정치적 목표설정에서의 우연성 강조, 그리고 담론을 통해 구성되는 반감들의 접합에 초점이 맞추어졌다.[8]

---

8 무페와 라클라우의 포스트 마르크스주의에 대한 초기 비판은 크게 두 가지 측면에 집중되었다. 첫째는 바로 정치적 목표의 우연성을 지나치게 강조했다는 것이다. 비록 그들이 취한 입장은 이상국가의 전체주의적 기획과 실증주의자들의 무원칙적 실용을 모두 거부하기 위한 것이었지만, 우연성에 대한 지나친 강조가 무정형적 변화와 자의적인 도덕적·심미적 헌신을 초래함으로써 그 어떤 형태의 사회변혁의 실질적 동기도 확신할 수 없도록 만들었다. 둘째는 다양한 대립 지형에서 형성되는 반감들의 접합이 갖는 일관성을 지나치게 과신한 점이다. 이러한 측면에서는 다양한 대립 지형에서 발생하는 담론들이 어떤 기준에서 어떤 과정을 통해 접합

그 이유는 여러 가지 측면에서 설명될 수 있다. 당시 자유주의적 요소와 급진적 민주주의의 결합의 중요성을 주장하는 경우가 사회주의 진영에서 비일비재했기 때문이기도 했고, 시대적 요구에 의해 만들어진 두 진영의 결합이 실제로는 동상이몽에 불과하기 때문이기도 했다. 한 가지 덧붙이자면, 자유주의의 원칙을 수용하는 것 자체를 사회주의의 전략적 측면의 하나로 이해하기도 했다. 이러한 맥락에서 무페와 라클라우가 시도한 자유주의와 급진적 민주주의의 결합 자체가 큰 관심을 끌지는 못했다. 개인의 자율성과 사회의 다원성의 보장이라는 목표는 동일하더라도, 이러한 목표의 의미와 목표를 달성하기 위한 이론적·실천적인 수단을 자유주의와는 상이하게 이해했을 수 있다고 본 것이다. 그리고 질문 1과 2에 대한 답변에서 무페가 언급하듯이, 급진적 민주주의의 심화를 위해 개인의 자율성과 사회의 다원성을 수단으로 삼았을 수도 있다. 그녀가 말하는 자율성과 다원성은 정치적 기획이나 목표가 아니라 자유민주주의를 이해하기 위한 하나의 방식일 수도 있고, 자유민주주의 사회에서 급진적 민주주의 또는 '좌파'가 기획할 수 있는 사회변혁의 전략적 목표일 수도 있다. 그러나 그녀가

되는지를 알 수 없다는 불만, 정치 투쟁은 새로운 의미의 구성만이 아니라 일체감을 느끼는 집단의 경계를 설정·재설정하는 과정에서 획득된 새로운 사회적 실체를 구성하는 것까지 포괄해야 한다는 지적이 주를 이룬다. 무페와 라클라우의 포스트 마르크스주의에 대한 비판들은 심의 연구(Sim, 2000: 34~47)를 참조.

정치사회적 갈등이 파국으로 가는 것을 막기 위해 사회 구성원 사이의 '적대'(enmity)를 '경쟁'(rivalry)으로 바꾸는 원칙을 자유주의의 윤리적·정치적 측면에서 찾고, 그녀가 급진적 민주주의의 진지전적 목표라고 표현한 '모두를 위한 자유와 평등'이 다른 어떤 이념과도 통약불가능한 자유주의의 절대적인 기준을 내포하고 있는 정치적 원칙이라면, 사회를 이해하는 하나의 방식으로서만 자유주의의 자율성과 다원성을 이해해야만 하는지는 여전히 의문으로 남는다. 특히 무페가 자기 스스로를 '급진적 자유민주주의자'(radical liberal democrat)라고 부를 때, 담론 전략적 수단으로 치부된 자유주의와 좌파의 새로운 전략으로 제시된 급진적 민주주의의 관계에 대한 의구심은 더 커진다(Mouffe, 2001: 12).

쟁투적 민주주의로의 전환

1990년대 초부터 무페는 '쟁투적 민주주의'(Agonistic Democracy)라는 개념으로 자신의 급진적 민주주의를 재구성하기 시작했다. 그녀의 쟁투적 민주주의는 두 가지 자유민주주의 모델을 비판의 대상으로 삼고 있다. 첫째는 투표를 통해 시민들의 의사가 집합되는 선호 집합적(aggregative) 자유민주주의 모델에 대한 비판이다. 선호 집합적 모델이란 일반적으로 슘페터(Joshep Schumpeter)의 민주주의에 대한 최소정의를 따르는 것으로, '정기적인 선거를 통해 시민들의 표를 획득함으로써 정치권력을 장악하기 위한 경쟁'이라는 의미에서 정치를 이해하고, 민주주의를 유권자들이 공공선(the common good) 또는 일반의지(general will)를 형성하는 과정이 아니라 개별적 선호를 집약하는 절차와 제도로 이해하는 입장을 말한다.[9] 그녀는 선호 집합적 모델은 엘리트 중심의 경

---

9 슘페터의 선호 집합적 모델은 유럽적 경험과 미국의 뉴딜(New Deal) 정책에 대한 비판을 담고 있는 『자본주의, 사회주의, 그리고 민주주의』(*Capitalism, Socialism, and Democracy*, 1942)를 통해 구체화되었다. 이 책에서 슘페터는 크게 세 가지 주장을 하고 있다. 첫째, 당시 자본주의가 실패할 운명에 처한 것은 자본주의 그 자체의 결함에 의한 것이 아니라 자본주의의 성공이 자본주의가 존속할 수 있는 정치사회적 조건을 훼손했기 때문이라는 것이다. 특히 그는 심리학적 요인들을 주목하고, 자본주의의 실패는 자본주의로부터 혜택을 입은 기업가들이 그들의 기업환경이 해체되고 있다는 사실에 무관심했기 때문이라고 보고 있다. 둘째, 사회주의는 자본주의의 실패를 가져온 환경에 더 적합하다는 것이다. 그 이유로 그는 자본주의적 경쟁이 폐기된 상황에서 개인의 이기심을 억제할 수 있는 유일한 방법은 중앙집권적 권위로 생산과 생산수단을 통제하는 사회주의적 방식밖에 없다는 점을 든다. 셋째, 공공선을 중심 개념으로 상정하고 있는 민주주의의 고전적 정의는 현대사회에 적합하지 않다는 것이다. 대신 그는 정치적 쟁점에 대한 공통의 의견을 형성하는 것이 아니라 의사를 결정할 정부를 경쟁을 통해 구성하는 것으로 민주주의를 이해해야 한다고 주장한다. 슘페터의 민주주의론은 다운스(Anthony Downs)의 공공 선택이론과 함께 민주주의에 대한 경제학적 접근으로 분류되고, 이후 자유방임주의자인 뷰캐넌(James Buchanan)과 게임이론(game theory)을 정치학에 접목시킨 자유주의자 라이커(William Riker)의 연구에 큰 영향을 끼쳤다. 최근 슘페터의 선호 집합적 모델에 대한 재해석이 활발하다. 예를 들면, 메디어리스(Medearis, 2001)는 슘페터의 '민주적 방법'(democratic method)은 '민주적 사회주의'라는 새로운 전망을 제시하기 위한 수단이었지 민주주의에 대한 포괄적 정의가 아니었

쟁에만 초점을 맞추었다고 보고, 이러한 모델에 기초한 자유민주
주의는 일반 시민들을 정상적인 정치과정으로부터 소외시켜 오히
려 공격적이고 파괴적인 정치적 의사 표현을 유발함으로써 궁극
적으로는 시민의 정치 참여를 의도적으로 단념하게 만든다고 주
장한다(Mouffe, 2000: 80~83). 둘째는 선호 집합적 모델에 대한
대안으로 등장한 심의민주주의(deliberative democracy) 모델에
대한 비판이다. 그녀가 비판하는 심의민주주의 모델은 기본적으
로 자유주의적 권리와 최소한의 이성을 전제한 이론들로, 심의를
가능하게 하는 조건으로서의 절차는 결코 중립적일 수 없을 뿐만
아니라 심의는 항상 본질적이고 도덕적인 논의를 포함하기에 헌
정질서 또는 절차로 제한될 수 없다는 것이다. 특히 그녀는 사회
관계의 구성 요소로서 권력을 둘러싼 갈등이 고려되지 않았다는
점을 강조하고, 적대감과 권력을 향한 열정 또한 심의의 필수적인
구성 요소일 수밖에 없다는 점을 부각시킨다(Mouffe, 2000:
83~90, 201).[10] 두 가지 모델에 대한 비판들을 종합하면, 그녀의

다고 보고, 슘페터의 민주주의 이론을 엘리트 중심의 절차주의가 아니라 참
여의 요구와 사회적 변화까지 수용할 수 있는 변형 가능한(transformable)
민주주의로 이해해야 한다고 주장한다. 반면 슘페터의 민주주의를 반민
중주의(anti-populism)로 규정하고, 그의 이론에서 자유주의의 규범적
요구와 시민의 참여를 조화시킬 수 있는 가능성이 의도적으로 배제되었
다는 주장도 여전히 존재한다(Pereira, 2000).

10 심의민주주의는 심의의 과정에 규범적 의미를 부여하는 정도에 따라 크
게 세 가지 입장으로 구분될 수 있다. 첫 번째는 자유주의적 성격을 갖

쟁투적 민주주의는 정치사회적 갈등을 중립적인 절차를 통해 해결하려는 자유주의 모델에 대한 비판에서 출발하고, 다원성이 인정된 정치사회에서 갈등은 불가피할 뿐만 아니라 잘 제도화된다면 민주주의의 실질적인 목표인 인민주권 실현에 기여할 수 있다는 정치관을 담고 있다.

질문 3에 대한 답변에서 무페가 언급했듯이, 그녀의 정치관이

는 것들로, 심의가 이루어질 수 있는 조건으로 자유주의에서 강조하는 최소한의 개인의 권리와 자율성을 방어할 수 있는 수준의 이성을 전제한 이론들이다. 이 부류에는 심의적 절차 그 자체를 인민주권으로 규정하는 하버마스(Jürgen Habermas)와 보먼(James Bohman), 자유롭고 평등한 심의 조건을 형성하기 위해 절차의 규범성을 강조하는 롤스와 코헨(Joshua Cohen)이 포함된다. 두 번째는 다양성을 강조하고 선험적인 공동체 윤리를 반대한다는 점에서는 첫 번째 입장과 동일하지만, 보편적 이성에 기초한 절차보다 시민적 신뢰를 강조하는 공화주의적 이론들이다. 사회민주주의적 전통에 서 있는 밀러가 대표적인데, 비판이론의 전통에 서 있는 워렌(Mark Warren)과 드라이젝(John Dryzek)도 이 범주에 속한다고 볼 수 있다. 마지막으로 것만(Amy Gutmann)과 같이 상호성에 기초를 둔 이론가들이다. 이들은 본질적이고 도덕적인 주장들도 심의의 내용으로 포함될 수밖에 없기 때문에 상호성이라는 조정원칙이 필요하다고 본다. 무페의 비판은 첫 번째 입장에 집중되어 있다. 그녀는 첫 번째 입장의 이론가들이 선호 집합적 모델을 당위보다 이익에 기초했다고 지적한 부분을 도덕적 판단 그 자체가 이익 또는 권력의 표현이라는 점에서 비판하고, 정치사회적 갈등을 해결하기 위해서는 현실정치에서 발생하는 지배의 문제에 민감해야 한다고 주장한다(Mouffe, 1997〔1993〕: 41~59; 2005: 1~7). 심의민주주의의 유형과 문제점에 대해서는 곽준혁(2005b)을 참조.

정치사회적 갈등을 긍정적으로 바라보는 마키아벨리로부터 일차
적 영감을 받은 것은 부인할 수 없다(Mouffe, 1997〔1993〕:
19~20, 35~38).[11] 그러나 엄격하게 말하자면, 그녀의 정치관은
슈미트(Carl Schmitt)의 '정치적인 것'에 대한 해석을 통해 구체화

---

11 마키아벨리는 갈등의 원인들을 심리적 용어로 설명하는데, 특별히 그가
   갈등과 관련시켜 사용하는 용어는 경향(umore)이다. 그는 사회에서 일
   반적으로 발생하는 당파적 갈등을 두 가지 심리적 경향── 인민(il
   populo)의 지배받지 않으려는 욕구와 귀족(i grandi)의 지배하고자 하는
   욕구──의 충돌로 설명하고, 잘 제도화된 당파적 갈등은 귀족의 야망과
   민중의 무분별한 욕구의 억제를 통해 시민적 자유를 증진시킬 뿐만 아니
   라 실질적인 정치 참여로 배양된 주인의식을 통해 시민들의 자발적 헌신
   을 유도할 수 있다고 주장했다. 질문 3에 대한 무폐의 대답을 토대로 살
   펴보면, 그녀의 마키아벨리에 대한 이해는 한편으로는 주 6)에서 언급된
   르포르의 마키아벨리 연구로부터 영향을 받았고, 다른 한편으로는 스키
   너를 비롯한 신로마 공화주의자들의 해석과 유사하다는 점을 알 수 있
   다. 특히 후자의 경우를 말할 때, 그녀가 페팃을 스키너와 구별한 점에
   주목할 필요가 있다. 이러한 구분은 페팃의 공화주의가 마키아벨리의
   정치관에 기초한 견제력(contestability)을 핵심 개념으로 상정하고 있
   다는 점에서 결코 타당하다고 볼 수 없다. 물론 그녀가 페팃에 대해 부
   정적인 입장을 보인 이유는 발견할 수 있다. 페팃이 마키아벨리의 갈등
   에 대한 견해로부터 '타인의 자의적인 지배로부터의 자유'라는 개념을
   도출한 것까지는 좋지만, 갈등을 지나치게 헌정적 장치들을 통해 제어
   하려는 입장을 갖고 있다는 것이다. 이러한 입장은 다분히 신로마 공화
   주의를 귀족적 또는 자유주의적이라고 비판하는 '민중주의적 공화주
   의'(populist republicanism)의 견해와 유사하다. 마키아벨리의 갈등관
   에 대해서는 곽준혁(2003b)의 연구, 신로마 공화주의의 마키아벨리

되었다고 볼 수 있다. 특히 두 가지 측면에서 그녀는 슈미트의 정치관을 전적으로 수용하고 있다. 첫 번째 측면은 정치를 '친구와 적'의 관계로 이해하는 슈미트의 정의를 수용한 것이다. 주지하다시피 슈미트는 「정치적인 것의 개념」(Der Begriff des Politischen, 1927)이라는 논문에서 '정치적인 것'을 친구와 적의 구분이라고 정의하고, 이를 토대로 자유주의자들이 정치의 본질인 정치사회적 적대감을 비정치화(entpolitisieren)시켰다고 비판한 바 있다(Schmitt, 1976: 27~37). 질문 5에 대한 대답에서 알 수 있듯이, 무페는 이러한 슈미트의 정치관을 자유주의의 이성주의적이고 개인주의적인 정치관에 대한 자신의 비판에 적용하고, 동시에 집단적 살육으로까지 확대될 수 있는 집단적 적대감을 갈등적이지만 공존 가능한 반감(agonism)으로 전환시켜야 할 인식론적 근거로 삼는다(Mouffe, 2005: 8~34). 이 과정에서 그녀는 집단적 적대감을 유발하기 쉬운 동질적인 집단 정체성으로부터 공존이 가능한 다층적이고 다원적인 정체성에 기초한 '쟁투적 다원주의'로의 전환, 그리고 '우리와 그들'(the Us-Them)이라는 집단적 적대감이 아닌 타자를 정당한 상대(legitimate adversary)로 인정하는 반감에 기초한 '쟁투적 민주주의'의 필요성을 강조한다(Mouffe, 2000: 36~59).

해석이 갖는 문제점에 대해서는 곽준혁(Kwak, 2004)의 연구, 그리고 민중주의적 공화주의의 신로마 공화주의에 대한 비판에 대해서는 곽준혁(Kwak, 2007c)의 연구를 참조.

두 번째 측면은 주권자를 '예외적 상황에서 결단을 내리는 행위자'로 규정한 슈미트의 결단주의(decisionism)를 수용한 것이다. 무페가 주목한 것은 슈미트가 『정치 신학』(*Politische Theologie*, 1922)에서 재해석한 홉스적 결단주의(Hobbesian decisionism)다. 이 책에서 슈미트는 자유주의자들이 의사결정의 주체를 설정하지 않은 채 의사결정의 과정만을 설명하는 로크적 헌정주의에 빠져 있다고 보고, 갈등조정의 수단으로 정치를 단순화함으로써 법질서를 초월하는 정치적 결단에 무관심한 로크적 합리주의보다 일상적 법이 작용하는 범위 밖에서 의사를 결정하는 주권자를 갈등조정 메커니즘의 하나로 이해하는 홉스적 결단주의가 다원주의 사회에 더 적합하다고 주장한다(Schmitt, 2005: 5~15, 33~35). 무페는 이러한 슈미트의 결단주의를 통해 이성적 토의를 통한 갈등조정에 초점을 맞춘 자유주의적 심의민주주의자들의 이론을 비판한 다음, 다원주의 사회에서 사람들은 다른 의견을 가지고 있기에 갈등의 완전한 해소는 불가능하다는 입장을 피력한다(Mouffe, 2000: 36~59). 비록 슈미트가 내린 정치적 동질성이나 예외적 리더십(führerprinzip)과 같은 결론에는 결코 동의하지 않더라도, 무페는 그의 결단주의를 통해 자유주의의 절차적 합리성에 대한 비판과 민주주의의 비결정성을 부각시키고자 했던 것이다.

결국 무페의 쟁투적 민주주의는 절차의 중립성과 합리적 이성에 기초한 자유민주주의의 대안이라고 볼 수 있다. 그러나 그녀가 자유민주주의를 완전히 거부한 것은 아니다. 한편으로는 자유민주주의에 대해 매우 비판적이면서도, 다른 한편으로는 자유민주주의가 추구하는 가치를 더욱 심화시켜야 한다고 주장하고 있다. 그녀의 자유주의에 대한 모호한 태도는 슈미트에 대한 그녀의 태도와 무척 닮았다. 자유주의와 민주주의는 결코 화해할 수 없는 차이를 갖고 있다는 슈미트의 주장을 받아들이면서도, 민주적 쟁론(democratic contestation)의 지속적 보장을 위해서는 두 전통이 접합되어야 한다는 견해를 갖고 있다(Mouffe, 2000: 44~45). 좀더 구체적으로, 그녀가 슈미트로부터 절차적 중립성과 합리적 이성에 기초한 자유주의와 심의민주주의 이론들을 비판하는 존재론적 근거를 찾은 것처럼, 그녀의 쟁투적 민주주의는 지금의 자유주의가 인민주권을 핵심적 가치로 상정한 민주주의의 전통을 절차적 중립성과 비판적 회고(critical reflection)라는 추상적인 원칙을 통해 희생 또는 비정치화하고 있다는 슈미트의 문제의식을 받아들인다.[12] 반면 그녀는 슈미트가 지적한 자유주의와 민주주의

---

12 동일한 맥락에서 무페는 합리주의와 보편주의로 무장한 절차 중심적 자유민주주의 이론을 비트겐슈타인(Ludwig Wittgenstein)의 관점을 통해 비판한다(Mouffe, 2000: 60~79). 첫째, 비트겐슈타인의 '언어놀이'(sprachspiele)라는 개념을 통해 자유주의자들이 주장하는 민주적 절차의 중립성과 합리적 토론을 통한 의견수렴을 비판한다. 자유주의자들이 중립적이며 합리적이라고 믿고 있는 원칙들은 여러 가지 중 하나의 지배적 가치 또는 룰(rule)일 뿐, 절차 그 자체가 중립성과 보편적 합리성을 갖는 것은 아니다. 즉 이상적인 환경에서 합리적인 행위자들이 반드시 자유민주주의적 원칙들을 선택할 것이라는 자유주의자들의 주장은 전혀 근거가 없다. 둘째, 민주적 절차는 복잡한 일상의 집합(ensemble)

의 적대적 관계를 거부하고, 자유주의와 민주주의의 긴장이 완전히 해소될 수는 없더라도 민주주의의 심화와 실현을 위해 '인권'이나 '개인의 자유'와 같은 자유민주주의의 핵심적 가치는 유지되어야 한다고 주장한다. 이렇게 그녀가 자유주의를 민주주의와 접합시키려는 이유는 바로 전체주의에 대한 두려움 때문이다. 주권자로서 인민(demos)의 참여를 실현하는 과정으로서 민주주의는 궁극적으로 '우리-그들'이라는 집단적 정체성 또는 '포용과 배제'(inclusion-exclusion)의 경계를 확정하게 되고, 이러한 과정 속에서 인민주권의 실현을 목표로 하는 민주주의는 한 사회의 구성원들을 마치 동일한 의지를 가진 동질적이고 통합된 실체로 간주함으로써 전체주의로 경도될 가능성을 내포하고 있다는 두려움을 갖고 있다(Mouffe, 1996: 21). 이러한 맥락에서, 그녀는 개인의 자유와 권리의 보호를 목표로 하는 자유주의가 이미 구축된 통

이기에 결코 어떤 사회의 실질적인 윤리적 항목들로부터 독립될 수 없다. 여기에서 그녀가 적용하는 비트겐슈타인의 언어철학의 핵심은 어떤 규칙(rule)은 복잡한 일상이 축약된 것이기에 특수한 삶의 형태(Lebensfom)로부터 결코 분리될 수 없다는 점이다. 이러한 맥락에서 그녀는 절차로부터 규범적 이견과 감정적 대립을 배제한 자유주의적 심의민주주의자들을 비판하고, 일상을 통해 구성된 합리성에 기초한 쟁투적 민주주의를 대안으로 제시한다. 비트겐슈타인이 무페의 정치사상에 미친 영향은 질문 4에 대한 대답을 통해 좀더 구체화될 것이라 기대한다. 비트겐슈타인의 언어철학에 대한 일반적 논의는 피트킨(Pitkin, 1993[1972])을 참조.

합된 의사와 집단적 정체성에 지속적으로 반론을 제기할 수 있는 가능성을 보장함으로써 민주주의가 전체주의로 전환되는 것을 막을 수 있다고 믿고 있다. 조화롭고 단일한 집단의사를 강조하는 민주주의 이론에서 민주적 쟁론을 통한 지속적인 재구성이 보장되는 쟁투적 민주주의로의 전환을 위해 자유주의의 핵심적 가치를 수용한 것이다.

최근 자유주의와 민주주의를 접합한 무페의 쟁투적 민주주의는 지구 시민권에 대한 논의를 통해 또 다른 각도에서 주목을 받고 있다. 일찍이 그녀는 스스로가 규정한 급진적이면서 다원적인 민주주의에서 시민성 또는 시민권은 어떻게 이해되어야 하는지에 대해 밝힌 바 있다(Mouffe, 1992: 225~239). 그녀가 밝힌 시민성 또는 시민권은 크게 세 가지 내용으로 구성된다. 첫째는 시민권은 국가로부터 개인의 영역을 보호하기 위한 권리를 지칭하는 시민의 법적 지위를 말하는 것이 아니라는 것이다. 이러한 주장은 시민권을 개개인이 자율적으로 선(the good)의 내용을 형성하고, 수정하고, 합리적으로 추구할 수 있는 능력으로 이해하는 칸트적 자유주의에 대한 비판을 담고 있다. 즉 상호 존중이라는 틀 속에서 각자의 이익을 추구할 수 있는 합리적 행위자로 시민을 상정하고, 시민들 각자가 정의한 선을 추구할 수 있는 자유롭고 평등한 조건들을 강조하는 롤스로 대표되는 자유주의자들의 입장을 거부한다. 둘째는 사적 이익으로부터 독립된 공공선을 중심으로 시민성을 정의하는 공동체주의 또는 시민적 공화주의에 대한 반박이다. 일단 그녀는 소속된 사회에 착근된(embedded) 정체성과 정치공동체에 대한 헌신을 자유주의적 시민성의 대안으로 제시하는 공동체주의의 문제의식이 갖는 정치철학적 의의는 인정한다. 그러나 시민적 덕성만큼이나 자유민주주의가 추구한 정치적 원칙들——다원주의, 개인적 자유, 정교 분리, 그리고 국가에 대한 시민사회의 견제력——도 포기할 수 없는 민주주의의 중요한 원칙들이기에, 적극적인 정치 참여를 통한 시민적 덕성의 회복을 이유로 전정치적이고 단일한 내용의 공공선을 개개인에게 강요할 수는 없다고 비판한다.

셋째는 오크쇼트(Michael Oakeshott)의 '시민결사'(civil association)라는 개념을 통해 자유주의와 공동체주의가 갖는 문제들을 극복하고자 한다.[13] 여기에서 중요한 것은 그녀가 시민권 또는 시민성을 전정치적으로 결정된 소속감이나 의무감이 아니라

---

13 오크쇼크는 『인간 행위에 대하여』(*On Human Conduct*, 1975)에서 '인간결사'(human association)의 방식(mode)을 '우니베르시타스' (Universitas)와 '소키에타스'(Societas)로 나누고, 공동의 목적 또는 공동 이익의 증진을 위한 집단행동에 참여할 의무를 주된 내용으로 하는 전자의 방식보다 공동의 관심사를 처리할 일련의 규칙 또는 처방에 정치사회적 권위를 부여하는 후자의 방식이 시민결사의 특징이라고 설명했다(Oakeshott, 1975: 196~201). 무페는 오크쇼크가 시민결사의 특징으로 묘사한 '소키에타스'가 개인의 자유를 인정함으로써 동일한 공동의 목표를 개개인에게 주입하는 정치사회적 공학을 허용하지 않는 결사의 방식이고, 다양한 결사체에 소속된 사람들이 그들이 소속된 공동체에 대한 충성심과 시민적 결사에의 소속감 사이에 갈등을 느끼지 않을 수 있도록 해주는 결사의 형태라고 보고 있다. 이때 그녀가 차용한 오크쇼크의 '소키에타스'는 자유주의와 공동체주의 모두의 대안으로 등

시민적 삶의 형식에 대한 동의를 바탕으로 공공의 관심사에 대한 쟁론을 전개함으로써 지속적으로 재구성되는 것으로 이해했다는 점이다. 특히 선험적으로 규정된 실체가 아니라 지속적으로 재구성되는 정치사회적 실천의 종합으로 정의된 시민권이 최근 지구적 시민권과 관련해서 큰 관심을 끌고 있다. 사건에 따라 즉흥적으로 형성되는 무정형의 집단적 귀속성이 인민이나 민족을 대체할 수 있는 새로운 형태의 연대감을 조성할 수 있다고 보는 학자들로부터 그녀의 이론이 환영 받고 있는 것이다(Hardt & Negri, 2004; Zolo, 1992). 그러나 그녀가 설명한 시민결사의 형태와 방식은 권리를 요구하고 의무를 부과할 수 있는 정치적 환경으로서 국가의 현재적 의미를 부정한 것은 아니며, 그녀가 제시한 규정되지 않는 시민권 또는 시민성도 쟁투적 다원성이 인정되는 조건을 확보하기 위한 방안의 하나일 뿐이다. 지구적 시민권과 쟁투적 민주주의의 연관성에 대한 좀더 상세한 설명은 질문 7과 8에 대한 무페의 대답으로 대신하는 것이 적절할 것 같다.

장한다. 한편으로는 개개인의 이익을 증진시키기 위한 수단으로 정치공동체를 간주함으로써 공공선이 갖는 규범적 성격으로부터 정치공동체를 분리시킨 자유주의의 대안과 윤리적 삶(sittlichkeit)의 종합으로서 시민결사를 이해하고, 동질적인 정체성과 단일한 공공선의 개념에 기초한 적극적인 정치 참여를 목표로 제시하는 공동체주의의 대안으로 공동의 관심사에 대한 시민적 논의를 삶의 형식에 대한 개개인의 동의로부터 이끌어내는 시민결사를 구상한 것이다.

'민주적 리더십'의 고려가 없는 쟁투적 민주주의의 한계

무페의 쟁투적 민주주의에 대한 비판은 크게 세 가지 측면에서 전개된다. 첫 번째 측면은 그녀가 지칭하는 '좌파' 또는 '급진'이라는 표현이 갖는 의미다. 예전에는 이런 측면에서의 비판이 계급투쟁을 강조하는 전통적 마르크스주의자들 진영에서 나왔지만, 지금은 좌우의 이념적 스펙트럼을 넘어 그녀의 민주주의 이론이 얼마나 좌파적 또는 급진적 인가에 대한 질문들이 쏟아지고 있다. 무엇보다 그녀의 자유주의에 대한 모호한 태도가 주된 비판의 대상이다. 사실 그녀는 자신의 급진적 민주주의가 자유와 평등을 민주적 이상으로 상정함으로써 마르크스주의와 결별했다는 사실은 인정하지만, 자유민주주의 안에 존재하는 관념과 원칙들이 실제로 작동하도록 심화시키는 것이 곧 "모든 종속적 관계에 저항하는 투쟁"을 포괄하는 '좌파 기획'(the left-wing project)의 하나라고 거듭 밝히고 있다(Laclau & Mouffe, 1998).

그러나 동시에 그녀는 스스로를 "급진적 자유민주주의자"라고 묘사하고, 신자유주의(neo-liberalism)를 제외하고는 정치적 의미에서 자유주의가 강조하는 거의 대부분의 가치를 받아들인다는 태도를 보이고 있다. 실제로 미국의 주도하에 대 테러 전쟁이 한창일 때, 그녀는 민주주의를 심화시키거나 급진적으로 진전시키기보다 오히려 우리가 확실하게 구축했다고 믿었던 자유민주주의 제도들을 지키는 것이 더 중요하다고 말했을 정도다(Mouffe, 2001: 12). 자유주의에 대한 그녀의 모호한 태도는 그람시적 전략일 수도 있다. 그러나 문제는 그녀가 전략적으로 수용한 자유주의의 정치적 원칙들이 곧 스스로가 규정한 쟁투적 민주주의의 근간이라는 점이다. 사실 그녀의 자유주의에 대한 전략적 수용은 쟁투적 다원성의 구축, 그리고 적대감이 상대의 존재를 인정하는 반감으로 전환되는 쟁투적 민주주의의 조건들과 밀접하게 연관되어 있다. 소외된 목소리의 반영과 지속적 정체 변화의 유도라는 점에서 자유주의의 정치적 원칙을 전략적으로 수용했다는 점을 인정한다고 하더라도, 반감의 정치사회적 기능은 유지하면서도 반감이 적대감으로 비화되지 않도록 제어하는 메커니즘이 자유주의적 헌정주의의 이상이 될 수 없다는 전망까지 자유주의의 전략적 수용이라고 받아들이기는 어렵기 때문이다.

사실 반감이 적대감으로 전환되지 않는 방법으로 갈등 상황에 있는 다른 집단 또는 개인들을 정당한 상대로 인정하는 원칙에 대한 동의를 요구하고, 이러한 원칙에 대한 동의에 기초한 쟁론은 자유주의적 헌정주의가 제시하는 절차에서의 상호존중과 권리에서의 상호인정과 같은 원칙 아래 수행되는 심의와 큰 차이가 없다(Knops, 2007). 만약 타자의 존재를 인정하지 않고 반론에 귀를 기울이지 않는 집단은 쟁투적 민주주의의 주체가 될 수 없다는 전제까지 염두에 둔다면(Laclau & Mouffe, 1998), 그녀가 말하는 지배적 헤게모니에 대한 도전과 헤게모니의 장악을 위한 경쟁 모두가 자유주의적 헌정주의가 제공하는 정치적 환경을 요구하고 있다는 반론이 결코 허무맹랑하다고 볼 수는 없는 것이다. 이러한 맥락에서 볼 때, 이번 인터뷰에서 그녀가 자신을 '좌파'로 부각시킨 점이 특이하다. 그람시적 상황판단에서 2009년의 전략적 지평이 달라졌다는 판단에 따른 것일 수도 있고, 한국사회에서 자신의 이론을 좋아하는 독자들에 대한 편견을 가졌을 수도 있다. 만약 후자일 경우, 한국 민주주의와 관련된 두 개의 질문을 한국사회에 대해 모른다는 이유로 그녀가 회피한 것이 더욱 아쉬워진다.

두 번째 측면은 심의민주주의에 대한 대안으로서 쟁투적 민주주의가 갖는 실효성에 대한 것이다. 이 측면에서의 비판은 민주적 심의의 쟁투적 성격을 부각시킨 이론에 대한 논쟁과 관련이 있는 세 가지 주장들과 일맥상통한다. 첫째는 심의민주주의를 옹호하는 입장에서 나오는 비판으로, 심의민주주의와 쟁투적 민주주의는 결국 동일한 갈등해결 메커니즘을 갖고 있다는 것이다. 무페는 민주적 절차를 통해 의견이 교환되고 심의되면서 새롭게 집단의 사를 형성한다는 심의민주주의 이론의 핵심적 주장을 거부하지는 않았다. 다만 민주적 절차의 중립성과 심의의 합리성만을 강조함으로써 자유주의적 심의민주주의가 감정적 요소들을 제거한 점에 대한 불만을 제기한 것이다. 그러나 감정을 통해 유발되고 수정 또는 재구성된 쟁론도 결국 '민주주의 원칙'에 기초하지 않으면 안 된다는 쟁투적 민주주의의 전제를 따른다면, 제도의 변경을 목적으로 하는 정치적 갈등도 일차적으로는 정치사회적으로 동의한 일련의 원칙들을 지켜야 한다는 자유주의적 심의민주주의와 큰 차이가 없다(Sunstein, 2003 ; Hampshire, 2000). 둘째는 첫 번째와 매우 유사한 접근으로, 기존의 민주적 심의에 대한 이론들을 통해서도 쟁투적 민주주의의 불만들이 해소될 수 있다는 것이다.

이 입장을 가진 학자들은 자유주의적 심의민주주의가 강조하는 토론을 통한 회고적 반성은 공적 영역에서의 쟁투적 행동을 요구하고 또 수용할 수 있으며, 전정치적인 진리 또는 타당성을 인정하지 않기 때문에 지속적 쟁투의 과정으로서 민주적 심의가 심의민주주의를 통해서도 충분히 실현될 수 있다고 주장하고 있다(Markell, 1997: 387~391). 쟁투적 민주주의가 요구하는 지속적인 민주적 쟁투를 공적 영역에서 가치의 불확정성과 회고적 반성에 기초한 민주적 심의와 유사한 것으로 이해한 것이다.

셋째는 쟁투적 민주주의의 실현을 위해서는 시민들이 이것이 제시하는 갈등조정 메커니즘에 길들여져야(domesticated) 한다는 입장이다. 쟁투 과정을 통해 시민들이 쟁투적 민주주의에 적합한 행위자들로 구성된다면 좋겠지만, 정치사회적 갈등이 언제나 상대를 인정하는 정당한 상대들 사이의 쟁투로 귀결된다는 보장은 없다. 오히려 민주적 쟁투가 상호인정보다 적대감을 유발할 수 있고, 그 결과 쟁투적 민주주의에서 정치가 반목과 끝없는 투쟁으로 귀착될 수도 있다(Villa, 1999: 125~127). 따라서 감정을 쟁투를 통해 표현하는 방법, 절차의 중립성에 대한 확신이 없는 상태에서 적대감을 가지지 않는 방법, 쟁투적 민주주의의 틀을 벗어났을 때 감당해야 하는 정치적 비용까지 시민들이 사전에 인지하고 있어야 한다는 비판이 전혀 근거가 없다고 볼 수만은 없다. 비록 세 가지 비판이 무페의 쟁투적 민주주의만을 대상으로 전개된 것은 아니지만, 그녀의 급진적 민주주의의 실효성에 의문을 제기하는 대부분의 학자들이 이와 유사한 입장을 견지하고 있다.

세 번째 측면은 무페의 갈등론과 헤게모니 이론의 접합이 가져올 정치사회적 결과에 대한 우려다. 두 번째와 유사한 점이 있지만, 세 번째는 심의민주주의와 쟁투적 민주주의가 완전히 다른 이론이라는 전제에서 그녀의 헤게모니 이론에 초점을 맞추고 있다는 점에서 차이가 있다.[14] 물론 이러한 우려가 그녀의 헤게모니 이론이 쟁투적 민주주의를 통해 소외된 목소리가 대변될 수 있는 정치의 복원을 목표로 한다는 점을 무시하는 입장에서 나온 것은 아니다. 그녀의 쟁투적 민주주의 이론이 심의와 권력의 관계를 잘 지적했지만, 심의를 통한 집단의사의 창출을 헤게모니 또는 지배 담론의 형성으로 이해함으로써 민주적 심의가 지배와 피지배 관계로 또다시 전환되는 것을 용인해버리는 결함을 가지고 있다는

---

14 이번 인터뷰에서 그녀는 세 번째 측면의 비판과 관련된 세 개의 질문을 유사한 질문이라며 대답하지 않았다. 그러나 대답을 받지 못한 세 가지 질문들은 그녀의 갈등관과 헤게모니 이론의 접합과 관련이 있는 다른 질문들이었다. 신자유주의를 극복할 급진적 민주주의의 구체적인 전략은 무엇인지라는 질문, 복지국가 모델의 쇠퇴에서 생긴 정치적 불안감을 완화시킬 수 있는 방편의 하나로 논의되는 시민적 책임성(civic responsibility)에 대한 본인의 생각, 그리고 쟁투적 민주주의에서의 갈등이 포퓰리즘적 선동으로 변질되는 것을 막을 수 있는 기제는 무엇인지에 대한 질문들은 모두 좀더 성실하고 구체적인 대답이 필요한 것들이었다. 그럼에도 불구하고, 질문 3에 대한 답변으로 모든 것이 대답될 수 있을 것이라는 부언 설명은 이해하기가 힘들었다. 특히 대답의 하나로 언급한 자신의 마키아벨리의 이해에서조차 그녀의 입장은 모호하기만 하다.

비판이다(곽준혁, 2005b: 153). 사실 그녀의 쟁투적 민주주의가 적대자를 정당한 상대로 인정해야 한다는 원칙 아래 반민주적 운동까지도 용인하는 결과를 낳을 수도 있다는 비판, 그리고 방향성을 제시하지 않는 급진성은 궁극적으로 정치사회적 개혁의 전망마저 소멸시켜버리는 결과를 가져올 수도 있다는 주장이 꾸준히 제기되고 있다(Bertram, 1995). 특히 두 번째 측면의 비판에 대해 인위적 제한이 없는 갈등조정의 가능성을 강조하면 할수록 세 번째 측면의 비판에 대한 그녀의 대답은 더욱 궁색해진다. 왜냐하면 갈등의 순기능을 역설한 최초의 정치사상가로 알려진 마키아벨리도 자유를 둘러싼 정치사회적 갈등과 헤게모니를 둘러싼 정치사회적 쟁투를 구분하고, 전자로부터 후자로의 전환이 가져온 폐해를 바로 로마 공화국 몰락의 시작이자 자신의 조국인 피렌체의 비극으로 묘사했기 때문이다(Kwak, 2007; Leibovici, 2002). 비록 그녀가 질문 4에 대한 대답의 말미에서 마키아벨리의 파당(fazione)에 대한 부정적 기술을 언급한 바 있지만, 이는 마키아벨리의 파당에 대한 긍정적 견해와 종교적 종파(setta)에 대한 부정적 기술을 혼돈한 것에 불구하다. 또한 그녀도 이러한 맥락에서 '타인의 존재' 또는 '다른 의견의 인정'을 민주적 쟁투의 전제로 제시하지만, 그녀의 쟁투적 민주주의에서 쟁투적 갈등의 조정을 위한 전제 조건들도 헤게모니 쟁탈전의 결과를 통해 구성되기에 쟁투가 가져올 파괴적 결말을 막을 기제는 원칙적으로는 없다. 설사 무분별한 쟁투의 비극적 결말을 반복적으로 경험한 갈등상태의 구성원들이 쟁투의 전제 조건에 접근할 수 있다는 점에 동의하더라도, 마키아벨리가 고민했던 '민주적 리더십'의 필요성에 대한 고민이 없는 쟁투적 민주주의는 여전히 무기력하기만 하다. 마키아벨리도 자유 또는 종속으로부터의 해방을 목표로 한 민주적 쟁투를 옹호했고, 자유를 지키기 위한 민주적 쟁투가 권력의 장악을 위한 암투로 전환되는 것을 그 누구보다 자연스러운 것으로 이해한 현실주의자였다. 그렇지만 시민적 자유의 보장을 위해서는 합의된 전제 조건조차 헤게모니 쟁탈과정에서 언제든지 거부 또는 부인될 수 있다는 식견을 가지고 구성원들을 설득할 수 있는 '민주적 리더십'이 필요하다고 확신했던 점에서, 마키아벨리는 그녀의 해석으로부터 벗어난 정치철학자였다. 만약 그녀가 자신의 쟁투적 민주주의가 지향하는 '무정형의 정치공간'(empty space)이 갖는 급진성이 비민주적 또는 자유를 훼손시키는 방향으로 전락되는 것을 막을 필요가 있다고 판단한다면, 마키아벨리처럼 민주적 쟁투의 필요성과 민주적 리더십의 필요성을 동시에 말함으로써 일관된 판단의 근거를 제시해야 한다고 생각된다.

기로에 서 있는 좌파: 진정한 진보적 대안은?

01 **곽준혁** ― 선생의 저서인 『헤게모니와 사회주의 전략』(1985)이 1980년대 한국의 민주화운동 과정에서 학자들과 활동가들에게 영문으로 소개된 이후, 선생은 마르크스주의의 경제 결정론을 주장하지 않고 새로운 방식의 급진 민주주의를 모색하는 '포스트 마르크스주의자'(post-Marxist)로 널리 알려져왔습니다. 실제로 그람시의 기치 아래 선생이 전개한 헤게모니 이론은 특히 80년대와 90년대 한국의 민주화를 촉발시키고 이끌었던 학생 운동가들에게 큰 영향을 주었습니다. 선생의 이론은 한편으로 학생 운동가들에게 당시의 '헤게모니 블록'(hegemonic bloc)을 이해할 수 있는 전략적이고 정치적인 통찰력을 제공하였고, 다른 한편으로 민주화를 위해서는 변혁운동세력 내부에 잠재된 마르크스주의의 하부구조-상부구조 또는 계급투쟁이라는 단순 논리를 극복할 필요가

있다는 점을 인식하고 있었던 민주주의 이론가들에게 커다란 반향을 불러일으켰습니다. 특히 후자의 맥락에서, 선생이 말씀하신 "오늘날 좌파 사상은 기로에 서 있다"라는 말은 당시 한국의 지식 사회에서 크게 회자되었습니다. 선생께서 『헤게모니와 사회주의 전략』을 저술하게 된 계기는 무엇인지 설명해주실 수 있겠습니까? 그리고 선생께서는 마르크스주의 혹은 좌파 사상이 여전히 기로에 서 있다고 생각하십니까? 만약 그렇게 생각하신다면 어떤 맥락에서 그렇게 생각하시는지 말씀해주십시오.

무페─먼저 『헤게모니와 사회주의 전략』이 담고 있는 전체적인 기획이 정확히 무엇이었는지부터 설명하고자 합니다. 왜냐하면 이 설명부터 시작하면 오늘날 우리가 처한 상황과 비교가 가능할 것이라고 생각하기 때문입니다. 그 책은 1985년 출간되었고, 물론 유럽 사회라는 맥락에서 쓰여졌습니다. 당시는 지금과 국면(conjuncture)이 매우 상이했는데, 공산주의 모델의 하나로 구(舊) 소련과 같은 소비에트 모델이 몇몇 사람들에게는 여전히 매력적으로 보였던 시점이었습니다. 사실 그 당시에 소비에트 모델은 위기의 순간을 맞고 있었습니다. 그럼에도 불구하고 소비에트 모델을 대안으로 여겼던 사람들이 있었지요. 그렇지만 마르크스주의의 위기 징후는 이미 엿보이고 있었고, 이러한 징후는 사회민주주의의 위기 또한 동반하고 있었습니다. 복지국가가 위기에 처하고, 신자유주의적 민주주의가 부상하던 시기였습니다. 그 책을 서술한 우리의 목적은 새로운 정치적 기획을 제시하려는 것이었습니다. 우리는 사회민주주의도 마르크스주의도 담아내지 못한 1960년대에 등장한 정치적 주체들의 새로운 요구와 이러한 요구의 정치사회적 특수성을 충분히 반영하기 위해 '사회주의 기획'을 새롭게 정의하기를 원했습니다. 새로운 요구들은 계급에 기반을 둔 것이 아니었기 때문에 '신사회운동'으로 불리기도 했습니다. 우리의 주장은 마르크스주의자들과 사회민주주의 모델의 위기가 부분적으로 이것들이 계급에 기초하지 않는 요구의 특수성을 이해할 수 없다는 사실에서 기인한다는 것이었습니다. 그래서 우리는 그러한 요구의 특수성을 이해할 수 있는 이론적 도구를 찾길 원했고, 이것이 헤게모니에 기초한 사회주의 전략기획의 이론적 부분입니다. 다시 말하자면, 우리는 새로운 요구를 담기 위해 사회주의 기획을 재정의하길 원했고, 이 작업을 '급진적 민주주의'라고 불렀습니다. 급진 민주주의로 사회주의 기획을 재정의 하는 작업은 노동자들의 요구를 수용함과 동시에 여성평등을 위한 투쟁, 반(反)인종주의 투쟁, 환경운동과 같이 그때까지 사회민주주의나 마르크스주의 기획에서 전혀 고려되지 않았던 모든 투쟁들을 고려하는 것이어야 했습니다.

물론 20년이 지난 지금은 많은 것이 달라졌고, 우리는 좀더 현대화되어 완전히 새로운 세계에 살고 있습니다. 그렇지만 전 급진민주주의 기획이 그때와 마찬가지로 여전히 유효하다고 주장합니다. 급진 민주주의야말로 지금의 좌파가 일체감을 느껴야 할 기획입니다. 불행하게도 오늘날의 조건은 우리가 『헤게모니와 사회주의 전략』을 썼던 때보다 이러한 기획을 실현하기가 훨씬 더 어려워진 것으로 보입니다. 그 사이 우리는 신자유주의 헤게모니가 성장하는 것을 지켜봐왔기 때문입니다. 영국에서는 대처(Margaret Thatcher)가, 미국에서는 레이건(Ronald Reagan)이 등장했고, 그 이후로 신자유주의 프로젝트는 거의 전 세계적으로 헤게모니를 갖게 되었습니다. 신자유주의 헤게모니가 가져온 결과 중 하나는 사회민주주의와 복지국가에 의해 형성되었던 일련의 제도들이 기초했던 핵심적인 원칙들이 해체된 것입니다. 사회적 권리와 관련된 논의들이 사라진 것이 그 예입니다.

사실 우리는 매우 역설적인 상황에 처해 있는데, 복지국가를 옹호해야 할 현재적 필요성을 느끼면서도 민주주의가 충분치 않다는 이유로 복지국가를 비판하고 있기 때문입니다. 민주적 불충분성을 이유로 사회민주주의를 비판하고 있는 것이죠. 그러나 우리는 이러한 과정을 통해 사회적 권리들이 박탈될 수 있다고는 생각하지 않았고, 오히려 그것들이 좀더 확대되기를 원했습니다. 그래서 이 시기 동안 시민들의 삶은 실질적인 퇴보를 경험하게 되었습니다. 최근에는 테러와의 전쟁이 가져온 결과로 인해 시민적 권리를 보장하기 위한 세금을 부과하는 것마저 큰 부담을 느낄 정도로 상황이 악화되었습니다. 그래서 1980년대 초반의 상황과 비교한다면, 지금의 상황이 더 나빠졌다고 볼 수 있습니다. 시민적 권리는 공격받고, 사회적 권리는 박탈된 것이지요. 퇴보된 지점에서 출발해야 하기 때문에 급진 민주주의와 다원적 민주주의 기획을 실현하기가 더 어려워진 것입니다. 그러나 여전히 이 기획에 좌파가 일체감을 가져야 한다고 생각합니다. 현재라는 매우 특수한 상황에서 좌파와 우리 사회는 정말 기로에 서 있습니다. 금융 위기와 연관된 최근의 현상 속에서 우리는 처음으로 신자유주의 헤게모니가 흔들리는 것을 목도할 수 있기 때문입니다. 모든 사람에게 진보를 가져다 줄 수 있는 대안이 전혀 없다는 생각을 가졌던 시점이 바로 제가 급진적 민주주의를 기획하게 되었던 시점이었다는 점에서, 지금이 기회라고 생각합니다. 모든 사람들이 현 상황을 타개할 무엇인가를 찾고 있는 시기, 바로 이 순간이 만약 좌파의 힘이 충분히 강하다면 모든 역량을 단숨에 투여할 가장 적절한 시점이라고 믿기 때문입니다.

문제는 좌파의 힘이 충분히 강하지 못하다는 점입니다. 지금 저는 유럽과 미국의 상황을 말하는 것이고, 한국에서 좌파가 자신들의 기획을 단숨에 진행시킬 수 있는 충분한 힘이 있는지는 잘 알지 못합니다. 유럽의 좌파는 그럴 준비가 되어 있지 않습니다. 유럽에서는 소위 그들이 '제3의 길'이라고 부르는 이념적 경향이 파급되면서, 사회민주적 성향의 정당들이 점점 오른쪽으로 이동해왔습니다. 그리고 자신들을 중도 좌파라고 정의하고, '이것 말고는 대안이 없다'는 대처와 블레어(Tony Blair)의 신자유주의 프로젝트를 무분별하게 수용해왔습니다. 실제 영국의 경우, 사회민주적 성향의 정당이 좋은 대안을 제시할 수 없게 된 책임은 부분적이나마 시장을 탈규제하고 주요한 공기업을 민영화해온 그들 자신에게 있습니다. 좀더 구체적으로, 지금 좌파가 기로에 서 있다고 말하는 이유는 일부 우파를 제외하고는 거의 대부분의 사람들이 국가가 다시 제 위치로 돌아왔다고 인식하고 있기 때문입니다.

금융위기 이후에 국가가 다시 자기 역할을 수행하고 있습니다. 그렇다면 국가의 역할은 무엇이 되어야 할까요? 여기에는 두 가지 가능성이 있습니다. 둘 중에 개연성이 좀더 큰 것은 시장의 문제를 해결하기 위해 국가의 개입이 늘어날 가능성이 있다는 것입니다. 더 많은 규제를 가하지 않고서 단순히 시스템만 조정하는 것으로는 큰 변화를 가져오지 못할 것입니다. 이것이 아마도 제가 생각하기에 대부분의 나라에서 채택되리라 생각하는 국가의 역할입니다. 그러나 또 다른 대안, 즉 급진적 민주주의를 위한 첫 걸음이 될 수 있는 진정한 진보적 대안은 국가가 이 기회를 불평등에 맞설 최적의 순간으로 이용하는 것입니다. 물론 제가 지금 사회민주주의를 확립해야 한다고 말하는 것은 아닙니다. 사실 저는 지금이 자본주의의 일반적 위기라고 보지 않습니다. 지금은 어떤 특정한 자본주의 조절양식의 위기이고, 이러한 위기가 시장의 규제를 위한 좀더 진보적 모델의 구축이 가능하도록 만들었으며, 이러한 급진적 모델이 가장 긍정적인 대안이라는 것입니다. 전 지금 좌파가 두 가지 방향의 기로에 서 있다고 생각합니다. 하나는 시스템을 고쳐 시장을 조금 더 규제하는 신자유주의 이전의 형태로 되돌아가는 것이고, 다른 하나는 좀더 평등주의적인 조절양식으로 실질적인 진전을 이루는 것입니다.

급진적 민주주의와 쟁투적 다원주의

02 곽준혁—『헤게모니와 사회주의 전략』의 중요한 주제 중 하

나는 정통 마르크스주의의 '근원주의적' 요소에 대한 비판으로 제기된 '쟁투적 다원주의'였습니다. 하지만 대부분의 한국 독자들은 선생이 그 책에서 언급한 것만큼 쟁투적 다원주의를 진지하게 받아들이지는 않았던 것 같습니다. 오히려 한국의 독자들은 '급진적 민주주의'라는 말 그 자체가 던져주는 인상에 일정 정도 경도되어, 선생의 다원주의에 대한 강조를 오해하거나 이를 집합적 쟁투나 급진적 투쟁을 맹렬하게 요구하는 것으로 이해하는 경향이 있습니다. 이런 점에서 저는 한국 독자들 중 몇몇은 어떤 의미에서 선생의 급진적 민주주의 이론이 좌파와 자유주의의 화해라고 불리는지 이해할 수 없다고 생각합니다. 선생이 말하는 급진적 민주주의가 무엇을 의미하는지, 그리고 선생의 급진적 민주주의가 자유주의적 다원주의와 접합할 수 있는 지점은 어디인지 설명해주시겠습니까? 그리고 선생께서 민주주의를 그렇게 이해하게 된 배경은 무엇인지, 선생의 급진적 민주주의 이론의 어느 지점에서 그람시의 유산을 발견할 수 있는지 말씀해주십시오.

무페─곽 교수님의 질문에서 제가 말하는 쟁투적 다원주의와 급진적 민주주의가 갖는 차이점이 분명하게 전달되지 않았다는 생각이 들기에 이것부터 명확하게 하고 싶습니다. 사실 이와 같은 질문이 처음은 아닙니다. 저의 이론에서 쟁투적 다원주의와 급진적 민주주의는 차이가 있습니다. 실제로 『헤게모니와 사회주의 전략』에서 우리는 쟁투적 다원주의에 대해서는 한 마디도 언급하지 않았습니다. 이 책 이후의 저작에서 이 개념을 발전시키기 시작했기 때문에, 책 전체를 살펴보시더라도 이 표현을 찾을 수 없을 겁니다.[15] 그럼 둘 사이의 차이가 무엇인지 정확하게 설명할까 합니다. 급진적 민주주의는 사회주의 기획을 재정의하려는 시도이므로, 정치적 기획에 해당합니다. 반면 쟁투적 다원주의는 정치적 기획이 아니라 다원주의적인 자유민주주의 제도를 이해하기 위한 방식입니다. 전 로티(Richard Rorty)의 표현을 빌려서 쟁투적 다원주의를 다원적인 자유민주주의 제도에 대한 '은유적 재기술' (metaphoric re-description)이라고 부르기도 합니다. 왜냐하면 이러한 제도들은 여러 다른 방식으로 이해될 수 있기 때문입니다.

지금까지 민주주의 이론에서 이러한 제도들을 이해하는 방식으로 크게 두 가지 모델이 지배적이었습니다. 하나는 경험적인 정치

---

15 책의 내용에서 '쟁투적 다원주의'라는 단어가 언급된 바 없더라도, 적대감(antagonism)과 다원성(pluralism)의 결합을 민주주의의 급진성을 회복하는 인식론적 근거로 제시했다는 점까지 부인하는 것은 지나친 자기방어인 것 같다(Mouffe, 1985: 93~148). 설사 급진적 민주주의가 정치적 기획이고, 쟁투적 다원주의는 지금의 자유민주주의를 이해하는 방식의 하나라고 하는 주장을 받아들이더라도 마찬가지다. 앞부분「'민주적 리더십'의 고려가 없는 쟁투적 민주주의의 한계」에서 밝힌 바, 무페는 이 둘의 차이보다 접합을 더 주요한 정치적 과제로 제시한 바 있고, 자기를 '급진적 자유민주주의자'라고 표현하면서까지 자유주의와 사회주의의 화해를 언급하고 있다. 이러한 내용들을 모두 그람시의 진지전이라는 개념으로 설명한다면, 민주주의의 목표 또는 민주주의의 제도적 표현을 무정형의 공간으로 규정하는 급진적 민주주의를 쟁투적 다원성으로부터 구축하고자 하는 그녀의 이론이 설득력을 잃을 수 있다.

학에서 중심적 자리를 차지하고 있는 '선호 집합적 모델'로, 다원주의 이익모델로 불리기도 합니다. 다른 하나는, 정치이론 분야에서 발전되어온 '심의민주주의 모델'입니다. 민주주의 정치학 분야에서 등장한 선호 집합적 모델은 개별 이익을 추구하는 개인을 상정하고, 기본적으로 이들이 정치 영역에서 자신의 이익을 증가시키기 위해 행위한다고 봅니다. 그들이 특정 정당에 투표하는 이유도 그 정당이 그들의 이익을 대변하기 때문이라고 이해합니다. 이때, 민주주의의 목표는 그러한 개별 이익들을 집약하고——선호 집합적 민주주의라고 부르는 이유입니다——, 그들 사이에 타협이 성립될 수 있는 방식을 찾는 것이죠. 이 모델은 경제학적 모델에 크게 영향을 받은 것입니다. 이러한 입장의 대표적인 이론가 중의 한 명인 다운스(Anthony Downs)는 민주주의의 경제학적 이론을 제시합니다. 그의 이론에서 정치는 시장이고, 각 정당들은 상품을 제공하는 회사와 다름없고, 사람들 또는 개개인들——이들을 저는 시민이라고 부르고 싶지 않습니다——은 소비자일 뿐입니다. 그래서 이 모델은 도구적이라는 비판을 받아왔습니다. 말이 나왔으니 말이지만, 이 모델은 일반적으로 오늘날 이 모델의 좀더 정교한 형태인 동시에 동일한 경제적 이론의 범주에 속한다고 평가받는 합리적 선택이론과는 다릅니다.

선호 집합적 모델에 대한 대응으로, 롤스의 『정의론』(*Theory of Justice*, 1971) 이후에, 정치이론가들은 새로운 모델을 발전시켜왔는데, 민주주의에는 이익추구 이상의 무엇인가가 있다고 주장하는 심의민주주의 이론이 그것입니다. 이 이론에는 공공선이라는 도덕적 차원이 존재합니다. 따라서 이 이론에 따르자면, 시민들은 반드시 공공선에 대해 심의해야 하고, 공공선에 대한 합의에 도달하기 위해 노력해야 하며, 이것이 바로 진정 민주정치의 본질입니다. 저는 도구적 선호 집합적 모델에 대한 심의민주주의자들의 비판에는 동의하지만, 심의민주주의 모델에서도 문제점을 발견했습니다. 올바른 절차가 있다면 합의를 도출할 가능성이 크다고 상상한다는 점이 그것입니다. 롤스의 경우에는 '무지의 베일'(veil of ignorance)이, 하버마스의 경우에는 의사소통(communication)이 이성적 합의에 도달하게 하는 역할을 합니다. 사실 두 모델의 공통적인 문제는 너무 합리주의적이라는 데 있습니다. 물론 선호 집합적 모델의 경우에는 도구적 합리성을, 심의민주주의의 경우에는 의사소통적 합리성을 전제한다는 점에서 다른 형태의 합리성을 지향합니다. 그러나 두 가지 이론 모두 제가 정치적 영역에서 중요하다고 생각하는 '열정'(passion)의 차원을 도외시하고 있습니다. 여기서 저는 개인적 열정을 말하는 것이 아니라 집합적 정체성을 형성하는 역할을 하는 정서적 차원에 대해 말하고 있습니다. 왜냐하면 저는 정치에는 다양한 차원이 있고, 이익이나 도덕적 차원뿐만 아니라 정서적 차원도 존재한다고 생각하기 때문입니다. 실제로 정서적 차원을 고려해야 할 필요가 있습니다.

그래서 제가 발전시키고 있는 쟁투적 모델에서는 우리의 제도를 선호 집합적 모델이나 심의민주주의 모델과는 다른 관점에서 바라봐야 한다고 주장합니다. 우리는 제도의 목적이 이성적 합의가 아니며, 공공선에 대한 완전히 공유된 관념을 만들어낸다는 것이 개별 이익들 간의 타협을 말하는 것이 아니라는 점을 반드시 인식해야 합니다. 왜냐하면 정치 영역에서는 제가 적대감(antagonism)의 차원이라고 부르는 불일치가 항상 존재한다는 점을 인정할 필요가 있기 때문입니다. 현대 민주주의 사회에 존재하는 다원주의는 조화로운 전체로 파악될 수 없는 다원주의입니다. 따라서 다원성이란 갈등을 필연적으로 함축해야 하고, 우리는 불일치의 여지를 남겨둔 형태의 합의를 도출할 필요가 있습니다. 이것이 제가 쟁투(agonism)의 차원이라고 부르는 것입니다. 자유민주주의의 제도는 사실 갈등이 생길 때 이러한 갈등이 적대가 아닌 쟁투의 형태를 취하도록 돕는 방식입니다. 즉 적과 친구라는 구분에 기초한 갈등이 아니라 '정당한 상대자들'(legitimate adversaries) 간의 갈등이 되도록 말입니다.

쟁투적 갈등 내에는 다양한 입장들이 존재할 것입니다. 급진적 민주주의도 이러한 쟁투적 갈등 내의 한 가지 입장입니다. 왜냐하면 당신이 쟁투적 갈등을 염두에 둔다면, 상이한 집단들 사이의 갈등은 곧 공유되는 윤리적·정치적 원칙에 대한 상이한 해석에 기초한다는 사실을 받아들여야 하기 때문입니다. 예를 들자면, 시민적 권리에 대한 해석과 관련해서 사회민주주의는 사회적 권리라는 맥락을 강조하고, 자유주의에서는 사적 권리에 초점을 둘 것입니다. 따라서 급진적 민주주의에서는 우리가 투쟁하는 바를 강조하고, 권리의 확대를 '모두를 위한 자유와 평등의 원칙'(the principle of liberty and equality for all)이 좀더 많은 사회적 관계로 확대 적용되는 것으로 해석할 것입니다. 즉 사적 또는 경제적 권리에 국한되는 것이 아니라 이성들 사이의 권리, 젠더, 그리고 환경 등과 관련된 권리로까지의 확대를 말하는 것입니다. 이것이 쟁투적 갈등에서 급진적 민주주의의 입장입니다.

만약 우리가 급진적 민주주의의 입장을 옹호하고자 하고, 전통적인 마르크스주의 기획 내에서 우리가 이해하는 것과 우리가 추구하는 기획의 차이를 드러내려면 요구되는 것이 있습니다. 우리는 새로운 어떤 것을 만들어내는 이러한 작업이 요구하는 바가 자유민주주의 제도들을 모호하게 기술하는 것이라고 생각하지는 않습니다. 오히려 우리의 주장은 다원적인 자유민주주의가 담고 있는 '모두를 위한 자유와 평등'이라는 규범적 차원의 윤리적·정치적 원칙들을 수용해야 한다는 것입니다. 이것이 바로 규범적이고 급진적인 원칙입니다. 현존하는 자유민주주의 사회들이 지닌 문제는 그것이 이상적인 사회가 아니라는 점이 아니라 '모두를 위한 자유와 평등'이라는 이상이 실현되고 있지 않다는 사실입니다. 우리의 과제는 자유민주주의 사회들이 이러한 이상을 실천하도록 밀어붙이는 것입니다. 이것은 자유민주주의를 지탱하는 제도들을 없애는 것이 아니라, 그러한 제도 안에 일종의 내재적 비판이 작동하도록 하는 것을 말합니다. 이 지점이 바로 그람시의 기여를 되짚어보아야 할 중요한 부분입니다. 유로 코뮤니즘이 등장했던 1970년대 이후, 그람시의 저작은 여러 각도에서 해석되어왔습니다. 서구 혁명이론의 하나로, 그람시의 이론은 자유주의적 제도가 전무했던 러시아와 같은 나라에서 이해되었던 사회주의 기획과는 분명한 차이가 있었습니다. 실제로 그람시가 유로 코뮤니즘에 의해 해석되었을 때, '진지전'과 '기동전'의 구분이 부각되었습니다. 진지전은 내부로부터 변화를 가져오기 위한, 제도를 통한 또는 제도 내부에서의 헤게모니 투쟁을 말하고, 기동전은 급진적이고 혁명적인 단절(break)을 말합니다. 우리가 말하는 민주주의 기획은 그람시의 진지전 모델을 따르고 있습니다. 왜냐하면, 우리는 자유민주주의 사회 내에서 그 사회를 내부로부터 변혁시키고, 급진화시킬 수 있다고 믿기 때문입니다. 이것이 바로 전통적인 마르크스주의와 우리의 차이점입니다. 그리고 이것이 우리가 스스로를 포스트 마르크스주의자라고 부르는 이유입니다. 우리는 당신이 자유민주주의 사회에 살고 있다면, 결코 급진적 단절과 같은 것은 필요하지 않다고 생각합니다.

갈등과 쟁투적 민주주의

03 **곽준혁**─전략적 선택이라고도 볼 수 있겠지만, 선생의 급진적 민주주의는 쟁투적 민주주의 또는 쟁투적 다원주의와 밀접한 연관성을 갖고 있습니다. 특히 민주주의 사회에서 정치사회적 갈등은 평등뿐만 아니라 자유를 위해서도 잠재적으로 긍정적인 기능을 한다는 쟁투적 민주주의나 쟁투적 다원주의의 인식론적 전제를 받아들이고 있는 것으로 보이기 때문입니다. 서양 정치사상사에서 정치사회적 갈등이 시민들의 자유를 보장하는 역할을 한다고 주장한 최초의 정치철학자로 알려진 마키아벨리 연구자로서, 저는 안정성에 초점을 두어 중립적 절차를 통한 갈등조정을 강조한 자유

주의적 헌정주의와는 달리 민주적 견제력과 갈등의 불가피성에 초점을 맞춘 선생의 쟁투적 민주주의에 큰 관심을 갖고 있습니다. 사실 저는 선생의 '쟁투적 민주주의'라는 개념이 페팃과 스키너가 주창한 신로마 공화주의의 시민적 견제력과 유사하다고 생각하고 있습니다. 선생은 타인의 자의적 의지로부터의 자유를 의미하는 '비지배 자유'와 이것의 정치사회적 실현을 핵심적인 정치원칙으로 제시하는 신로마 공화주의 또는 이와 같이 개인의 자율성과 갈등의 긍정적인 측면을 강조하는 최근의 '고전적 공화주의'에 대해 어떻게 생각하십니까? 선생의 쟁투적 민주주의 이론과 신로마 공화주의 이론 사이에 어떤 공통점과 차이점이 있겠습니까?

무페―이 질문은 마키아벨리와 개인적으로는 시민적 공화주의 (civic republicanism)―일반적으로는 신로마 공화주의로 불립니다―라고 부르는 주제와 관련이 있습니다.[16] 분명 마키아벨리

---

16 무페가 신로마 공화주의를 '시민적 공화주의'라는 이름으로 부르는 이유는 최근 등장한 자유주의적 공화주의의 시민적 견제력과 쟁투적 민주주의의 민주적 견제력을 구분하기 위한 것으로 보인다. 특히 페팃의 공화주의를 스키너의 것과 구별한다는 점에서 볼 때, '무정형의 공간'으로서 민주주의의 변화가능성을 억제할 수 있는 헌정적 틀을 강조하는 공화주의를 거부하고 있다고 볼 수 있다. 물론 그녀가 사용하는 개념이나 구별의 척도가 일반적으로 받아들여지는 것은 아니다. 공화주의 내부의 다양한 인식론적 차원과 정치사회적 구상이라는 차원에서 나타나는 차이는 곽준혁(2008b)을 참조.

의 정치적 사고와 저의 쟁투적 다원주의에는 유사성이 있습니다. 사실 마키아벨리는 저의 우상들 중 한 명입니다. 기꺼이 제가 마키아벨리의 전통에 있음을 인정할 수 있습니다. 마키아벨리는 아마도 갈등이 자유의 조건을 구축하는 과정에서 긍정적으로 역할을 할 수 있다는 점을 인식한 최초의 정치사상가일 것입니다. 이러한 면에서 제 생각과 마키아벨리 간에는 분명한 연관성이 있습니다. 문제는 마키아벨리에 대한 다양한 해석들이 있다는 것입니다. 스트라우스처럼 마키아벨리를 단순히 부정적인 의미에서 악의 교사로 해석하는 견해도 있습니다. 그러나 시민적 인문주의(civic humanism)의 전통을 중시하는 사람들은 마키아벨리에 대한 다른 해석을 내놓고 있고, 저의 마키아벨리에 대한 해석도 여기에 속합니다. 왜냐하면 마키아벨리에 대한 저만의 고유한 해석을 발전시킨 바가 없고, 스키너와 프랑스 정치이론가인 르포르의 해석을 따르기 때문입니다. 두 사람 모두 마키아벨리의 갈등론이 갖는 중요성을 지적한 바 있습니다.

시민적 공화주의 또는 시민적 인문주의라고 불리는 전통은 여러 갈래가 있겠지만, 크게 두 부류로 나누어집니다. 하나는 갈등과 갈등의 불가피성을 강조하는 마키아벨리적 입장이고, 다른 하나는 합의를 강조하는 입장으로 시민들의 자발적인 정치참여를 통한 공통성(commonality)의 형성에 초점을 두는 것입니다. 특히 후자의 입장은 자유주의 전통에 대한 대안으로 제시되고 있습니다. 그렇지만 전 시민들의 정치적 참여와 시민으로서의 법률적 지위를 주장하는 것만으로는 자유주의 전통에 대한 대안이 되기에 충분하지 않다고 생각합니다. 저는 오히려 갈등과 갈등의 불가피성이 갖는 중요성을 주장하는 것이 더 중요하다고 여깁니다. 페팃과 같은 학자는 그렇게 생각하지 않기 때문에 전 그의 마키아벨리 해석을 좋아하지 않습니다. 그의 신로마 공화주의가 너무 합의 중심적이어서 거부감을 가지고 있습니다. 그래서 마키아벨리에 대한 스키너의 해석과 페팃의 해석이 다르다는 전제에서, 마키아벨리의 시민적 공화주의에 제가 긍정적인 입장을 갖고 있다고 말하고 싶습니다.

덧붙이고 싶은 것이 있는데, 그것은 바로 마키아벨리 자신이 모든 형태의 갈등이 긍정적이라고 여기지 않았다는 점을 분명히 할 필요가 있다는 점입니다. 마키아벨리는 긍정적이지 않은 사례로 파당(fazione)들 사이의 갈등을 언급하고, 그 이유를 이들 사이의 갈등은 단순히 이익 간의 충돌이기 때문이라고 말합니다. 사실 그는 이러한 종류의 갈등은 공공선과 자유로 귀결되지 않는다고 보았습니다.[17] 조금 더 복잡한 경우, 즉 자유를 가져올 수는 있어도

---

17 앞서 언급한 바, 무페의 마키아벨리 해석은 오해의 소지가 있다. 비록 마키아벨리가 피렌체의 정치사회적 갈등과 로마의 것을 비교하면서 이러한 점을 지적한 경우가 있지만, 그가 이해관계와 연루된 파당적 갈등을 부정적으로 보았다는 해석은 그의 갈등관을 지나치게 이상주의적으로 경도시킨 것이다. 그는 로마 공화정에서 발생한 갈등에 대해 논의할 때에도 순수하게 이익을 둘러싼 쟁투를 배제하지 않았으며, 피렌체의 정치상황에 대한 논의에서도 이러한 태도를 잃지 않았다. 이러한 마키아벨리의 정치적 현실주의는 종교적 교의에 의한 종파(setta)의 폐쇄적

공공선을 가져오지는 못하는 경우는 이후에 기회가 있으면 설명할까 합니다. 무엇보다 중요한 것은 윤리적·정치적 원칙(the ethico-political principle)들에 대한 상이한 해석들 사이에 충돌이 발생할 경우입니다. 예를 들면, 앞서 언급한 것처럼 급진적 민주주의와 자유주의의 이해, 그리고 신자유주의적 견해와 사회민주주의가 충돌하면서 초래하는 쟁투적 갈등과 같은 것 말입니다. 이 경우, 이 모든 입장들은 어떤 공유하는 원칙들을 갖고 있지만, 이들이 공유하는 원칙들에 대한 해석에 불일치가 있습니다. 전 이것이 민주주의에서 중요한 갈등이라고 생각합니다. 이익 간의 갈등이 아니라, 가치를 둘러싼 갈등 말입니다. 마키아벨리는 이 둘을 구분했습니다. 『피렌체사』에서 그는 부정적인 결과를 낳는 갈등의 형태가 있고, 그래서 모든 갈등이 긍정적인 역할을 하는 것은 아님을 보여주고 있습니다. 공공선에 대한 해석을 둘러싸고 갈등이 생길 수 있으며, 우리는 이것을 다원주의로 이해해야 합니다.

민주적 실천에 필요한 삶의 양식: 민주적 개인성

04 곽준혁— 선생은 여러 곳에서 비트겐슈타인에 대해 언급하

윤리적·정치적 논의에 기초한 쟁투와 야망(ambizione)을 달성하기 위해 싸우는 대중적 정치인들 사이의 쟁투가 가져올 해악에 대한 우려에서 드러난다. 좀더 상세한 내용은 곽준혁(2003b)을 참조.

고 있습니다. 선생의 이론과 비트겐슈타인의 저작들 간에 어떠한 관계가 있는지 설명해주십시오(주 12 참조).

무페―〔정치를 합리적 이성을 통한 합의로 이해하는 자유주의적 이성주의와는 달리〕, 제 프로젝트는 정치에 대한 비합리주의적(non-rationalistic) 접근을 개진하는 데 존재이유가 있기 때문에 비트겐슈타인은 중요하다고 생각합니다. 선호 집합적 민주주의와 심의민주주의 대한 제 비판도 두 접근 모두가 합리주의에 근거한다는 것입니다. 이러한 이유 때문에 이 이론들은 정치의 특수성을 이해하지 못합니다. 그래서 비합리주의적 접근이 필요한 것이죠. 그렇다고 제가 정치를 비이성적이라고 말하는 것은 아닙니다. 합리주의에 대한 비판이 비이성주의(irrationalism)는 아닙니다. 합리주의에 대한 비판은 합리성 그 자체에 대한 비판이 아니라 실천으로 구현되지 않는 추상적인 것으로 합리성을 이해하는 어떤 특정한 접근 방식에 대한 비판입니다. 이것이 바로 제가 비트겐슈타인에게서 중요하다고 생각한 것입니다. 즉 그의 이론은 '정치적인 것'을 이론화하는 새로운 방식을 제공해줍니다. 서는 여기서 『철학적 탐구』에서 나타나는 후기 비트겐슈타인에 대해 말하고 있는데, 이 시기 비트겐슈타인의 사고는 민주주의에 대한 정치적 이론화에 있어 정말 중요합니다. 바로 이 시기 비트겐슈타인이 정치적 이론화에 있어 실천의 역할을 거듭 강조했기 때문입니다.

우리는 항상 삶의 양식으로부터 정치사회적 실천에 대해 고민해야 합니다. 가령 어떠한 단어가 항상 삶의 양식 속에 제도(the institution)로 구현되어 있기 때문에 그 단어의 의미를 말할 수 있는 것처럼 말입니다. 이 점이 제가 매우 중요하다고 생각한 지점입니다. 특히 『민주주의의 역설』이라는 책을 쓰는 데 비트겐슈타인은 여러 측면에서 도움이 되었습니다. 예를 들기 위해 여기서 자유민주주의에서의 절차의 역할을 두고 벌어진 정치이론 분야의 주요한 논쟁에 대해 간략히 언급할까 합니다. 자유주의적 이성주의는 절차와 실질적 가치를 완전히 분리할 수 있으며, 절차는 중립적이라고 여깁니다. 그래서 자유민주주의에서는 중립적 절차가 중시됩니다. 그러나 비트겐슈타인은 절차와 실질적인 가치의 구분을 부정합니다. 그는 모든 형태의 절차 안에는 항상 실질적인 가치가 담겨 있다고 지적합니다. 그렇기에 그는 추상적 원칙에서 파생되어 실천에 적용되는 것이 규칙이 아니라, 그러한 실천들의 결정체(crystallization)가 바로 규칙임을 증명하고자 했습니다. 규칙은 특정한 삶의 양식에서 파생되는 것이고, 특정한 삶의 양식으로의 착생(insertion)으로부터 실천이 시작된다는 것입니다. 민주주의에 있어, 이 점은 매우 중요하고, 한국과 같은 신생 민주주의 국가에서는 특히 중요하다고 생각합니다. 민주주의를 갖기 위해서는 단순히 특정한 절차적 형태를 수립하는 것으로는 부족하며, 개인성의 민주적 형태, 민주적 시민성, 그리고 민주적 정서를 발전시킬 필요가 있습니다. 왜냐하면 민주적 개인성이 있어야 규칙과 절차가 뒤따라올 수 있기 때문입니다. 만약 절차에 부합하는 삶의 양식을 지니고 있지 못하다면, 그러한 절차는 단순히 추상적인 것에 그치게 되고 실제로 작동하게 되지 않을 것입니다. 그래서 절차는 항상 실천들의 결정체를 필요로 하다는 이해가 진정 중요한 것입니다. 〔민주적〕절차는 민주적 개인성의 양식을 만들어내는 실천 없이는 존재할 수 없습니다. 이것이 우리의 프로젝트가 정치에 대해 사고하고 이론화하는 방식에 있어 〔자유민주주의와〕구별되는 점이고, 우리는 이러한 프로젝트를 비트겐슈타인의 이론을 따라 발전시킬 수 있다고 보고 있습니다.

'적대감'을 '쟁투'로: 슈미트의 정치테제 평가

05 곽준혁_ 선생은 자유민주주의가 지닌 문제점을 지적하기 위해 『정치적인 것의 귀환』에서 카를 슈미트를 논의에 끌어오셨습니다. 이 책에서 드러난 정치에 대한 슈미트의 통찰력의 수용은 『민주주의의 역설』에서 더 확연해집니다. 이 저작들에서 선생은 우선 자유주의는 민주주의와 양립할 수 없다는 슈미트의 테제를 수용한 뒤, 슈미트의 '적'(enemy) 개념을 권력을 획득하기 위해 경쟁적으로 쟁투하기는 하지만 상대를 정치적 영역으로부터 제거하는 것을 목표로 하지 않는 '정당한 상대'라는 개념으로 선환해야 할 필요가 있다고 주장했습니다. 이러한 주장은 이성적 토론을 통한 합의, 그리고 절차적 중립성을 강조하는 자유민주주의 이론의 문제점을 극복할 수 있는 대안적 패러다임의 구축에 일정 정도 도움이 될 것이라고 생각합니다. 그러나 자유주의와 민주주의의 양립불가능성뿐만 아니라 민주주의에 대한 슈미트의 설명이 파시즘이나 나치즘과 같은 매우 근심스러운 적용사례를 낳았다는 점

을 충분히 고려하지 않고, 선생이 그의 이론에만 너무 몰두한 것은 아닌가라는 비판이 있습니다. 이러한 비판에 동의하지 않더라도, '정당한 상대'라는 개념으로의 전환이 결국 자유민주주의의 이성적 토론을 통한 합의와 무엇이 다르냐는 비판 또한 있을 수 있습니다. 동일한 맥락에서 보수적 헤게모니에 대한 선생의 비판이 좌파 사상가들의 일반적인 기대치를 충족시켜주지 못한다는 불평이 존재합니다. 이러한 불만은 선생의 최근 저작인 『정치적인 것에 대하여』(*On the Political*, 2005)에서도 충분히 해소되지 않은 듯합니다. 선생이 말하는 '정치적인 것'의 의미는 무엇인지요? 이 개념은 아렌트(Hannah Arendt)가 정의한 바 있는 '정치적인 것'의 일종입니까, 아니면 이것과 완전히 별개의 것입니까? 어떤 계기로 슈미트에 관심을 갖게 되셨습니까?

무페 — 슈미트의 이론에 어떻게 해서 관심을 갖게 되었는지 설명해야 할 것 같습니다. 우선 『헤게모니와 사회주의 전략』을 쓰고 난 이후 그의 이론을 접목시켜야겠다는 생각을 하게 되었다는 점을 분명히 해야겠습니다. 제 친구 중 한 명이 그 책을 읽고 저에게 그의 저작을 읽었는지 물었고, 그의 생각과 저희가 이 책에서 발전시킨 '적대감'이라는 개념 사이에 많은 공통점을 발견할 수 있을 거라며 그의 저작을 읽어보길 권한 이후였습니다. 저는 정치를 친구와 적의 구분으로 보는 그의 생각과 우리의 적대감에 대한 관점에 수렴하는 점들이 있다는 사실에 매료되었습니다. 제가 특별히 그의 이론에 관심을 갖기 시작한 것은 『헤게모니와 사회주의 전략』에서 마르크스주의를 정치에 관한 이론을 구비하지 못했으며 정치적인 것의 차원을 이해할 능력이 없다는 이유로 비판한 후, 그 다음으로는 자유주의에 대한 비판으로 전환해야겠다고 결정했던 시점이었습니다. 그 책을 저술할 당시는 자유주의 이론보다는 마르크스주의에 훨씬 더 비판적이던 시기였습니다만, 그 이후에는 자유주의를 비판할 시점이라고 판단했습니다. 사실 제가 비판하고자 했던 자유주의는 지금의 경제적 자유주의——신자유주의——가 아니라 자유주의 정치이론이었습니다. 많은 사람들이 자유주의가 해법이라고 말하던 때였고, 우리는 자유주의자가 되어야 했습니다. 전 "그렇지 않아! 자유주의는 해법이 아니야!"라고 말하길 원했던 것이죠. 마르크스주의에 대한 비판과 유사한 비판을 자유주의에 할 수 있었던 것입니다. 정치적 자유주의에도 정치에 관한 이론이 마찬가지로 없었으니까요. 실제로 마르크스주의는 정치를 이해할 수 없었고, 자유주의도 정치를 이해할 수 없습니다. 이런 맥락에서, 전 슈미트의 비판이 매우 유용하다는 점을 알게 되었습니다. 그는 1920년대에 쓴 『정치적인 것의 개념』이라는 책에서 정치의 차원을 이해하지 못한다는 이유로 자유주의를 비판하고 있었습니다. 특히 그는 자유주의가 이성주의와 개인주의에 기반하고 있다는 것, 그리고 모든 것을 개인의 행위로 치환시킨다는 점에서 비판하고 있습니다. 이러한 비판의 기저에는 바로 정치가 집합적 정체성에 대한 것이라는 관점이 자리를 잡고 있습니다. 만약 집합적 정체성의 형성을 이해하지 못한다면, 그리고 만약 당신이 모든 것을 개인적 동기——그것이 도구적이든 도덕적이든 간에——로 치환시키기를 원한다면, 열정의 차원(the dimension of passion)으로 불리는 집합적 정체성이라는 주요한 정치적 차원을 놓치게 된다는 것입니다. 전 슈미트가 지금까지 논의된 자유주의는 친구와 적이라는 정치의 차원을 이해할 능력이 없다고 말하는 방식 때문에 그에게 흥미를 가졌습니다. 이런 연유에서 저는 그로부터 자유주의를 비판하는 데 필요한 자원을 얻을 수 있었습니다.

그의 사상 속에는 자유주의 이론에 대한 비판뿐만 아니라 자유민주주의에 대한 비판도 담겨 있습니다. 이 지점에서 그의 사상은 제 입장과 상반되는데, 부분적으로는 슈미트에 동의하지만 주요한 측면에서는 동의하지 않기 때문입니다. 슈미트는 자유주의는 민주주의를 부정하고, 민주주의는 자유주의를 부정하기 때문에 자유민주주의가 모순적인 체제라고 말합니다. 이 둘 사이의 모순 때문에 이 체제는 지속하기 어렵다는 것이죠. 여기에서 우리는 무엇보다 그의 자유민주주의에 대한 비판이 바이마르 공화국(Weimar Republic) 시기에 자유민주주의가 지속하기 어려운 체제라고 생각하게 된 일련의 사실적 정황들과 연관되어 있다는 점을 이해해야 합니다. 문제는 바이마르 공화국의 사례를 일반화 할 수 있느냐는 것이고, 이에 대한 제 대답은 그럴 수 없다는 것입니다. 다만 저는 자유주의자들의 주장과는 달리 자유주의와 민주주의는 궁극적으로 완벽하게 조화될 수 없다는 슈미트의 생각이 옳다고 생각합니다. 이 점은 제 책인 『민주주의의 역설』에서 상세히 분석되었습니다. 저는 자유민주주의가 자유주의 전통과 민주주의 전통, 다시 말해 자유의 전통과 평등의 전통이라는 두 가지 서로 다른 전통의 접목임을 보여주었습니다. 발리바르(Étienne Balibar)가 '평등한 자유'(equal liberty)라고 불렀던 완벽한 자유와 완벽한 평등의 접목은 불가능합니다. 완전한 자유는 완전한 평등과 결합할 수 없기 때문입니다. 항상 두 요소 중 하나가 지배적인 위치에 있는 것이죠. 이것이 하버마스의 '헌정국가'(Verfassungsstaat) 프로젝트가 실현불가능하다고 보는 이유이기도 합니다. 하버마스는 자유와 평등이라는 두 가지 원칙이 조화될 수 있을 뿐만 아니라 필연적으로 함께간다고 말합니다. 그러나 저는 그렇게 보지 않습니다.

이런 맥락에서, 저는 슈미트가 궁극적으로 자유와 평등의 원칙이 화해불가능하다고 보았다는 점에서는 옳았지만, 자유주의의 불가능성을 필연적으로 체제의 붕괴로 이어지는 모순으로 이해한 점에서는 그가 틀렸다고 생각합니다. 저는 완전한 조화에 이르지 못하는 것은 모순이 아니라 하나의 긴장으로 이해되어야 하고, 이러한 긴장이 실제로 자유민주주의의 독특한 역동성을 만들어낸다는 점에서 극복해야만 하는 어떤 것으로 보지 말 것을 제안해왔습니다. 바로 이러한 긴장이 조성하는 공간에서 다원주의가 가능하다고 믿기 때문입니다. 이런 이유에서 저는 자유민주주의의 존속불가능성을 주장한 슈미트와 생각을 달리하고, 제 저작들을 통해 자유민주주의 체제가 존속가능하며, 다원적인 민주주의가 가능하다는 점을 납득시키려고 노력해왔습니다. 반면 슈미트는 민주주의 내에서 다원주의가 가능하다고 생각하지 않았고, 오직 다원주의와 갈등을 친구와 적이라는 방식의 적대감으로만 이해했습니다. 중요한 점은 긴장을 다원주의의 공간으로 이해하고, 실제로 자유민주주의를 진정 정치적인 것으로 재구성하는 것입니다. 저의 모든 쟁투적 다원 민주주의 기획들을 민주주의 안에서 다원주의를 가질 수 있도록 만드는 비트겐슈타인이 말하는 일련의 제도 (a set of institutions)로 만들 수 있을까요? 달리 표현하자면, 결코 뿌리 뽑힐 수는 없지만, 그럼에도 불구하고 내란으로 귀결되지 않으면서도 인간 공존의 가능성을 유지할 수 있는 반감의 차원이 있다는 것을 받아들일 수 있을까하는 것입니다. 저는 이것을 정치적 차원 또는 적대감의 차원이라고 부르고 있습니다. 제가 구체화하려고 하는 적대감은 결코 합리적으로 해결될 수 없는 갈등의 형태로, 토론을 통해 해결될 여지가 없는 것을 말합니다. 자유주의자들은 이것을 이해하지 못합니다. 자유주의자는 결코 적대감을 수용할 수 없다는 점에서는 슈미트의 말에 동의합니다. 실제로 지금까지 자유주의자들은 그러했습니다. 그러나 제 목표는 적대감의 여지를 남겨두는 자유주의 형태를 발전시킬 수 있다는 점을 보여주는 것입니다. 이것이 급진적 민주주의라는 기획을 통해 제가 하고 있는 것이고, 여기에 쟁투적 다원주의에 대한 제 이해가 담겨 있습니다. 또한 정치에 대한 제 이해는 아렌트와도 다릅니다. 아렌트의 정치에 대한 이해는 함께 행동하는 데 있지, 적대감의 차원이 없습니다. 그녀가 경우에 따라 적대감이라는 말을 사용하기는 하지만 제가 주장하는 것과는 매우 다릅니다. 그녀는 적대감이 없는 쟁투만을 언급하고 있기 때문입니다.

06 **곽준혁**— 또 다른 측면에서 선생이 '정치적인 것'이라는 영역에서 다룬 갈등에 대한 불만이 있을 수도 있습니다. 모든 갈등이 유익한 변화를 만들어낼 것이라고 여기지 않는 사람들도 있기 때문입니다. 많은 역사적 사례에서 볼 수 있듯이, 시민적 경쟁이 항상 평화로웠던 것은 아닙니다. 잘 조직된 민주주의에서도 심의적 갈등은 그러한 갈등이 다수의 전제로 귀결되는 것을 막을 수 있는 시민적 견제력과 제도 외에서 발생하는 격심한 갈등이 빚어낼 파국을 막을 장치를 필요로 합니다. 동일한 맥락에서, 시민적 열정의 테두리 안에서 행해지는 정치 참여의 자기절제(self-limitation)적 속성과 시민으로서의 정치 참여라는 테두리를 벗어난 자기야망(self-ambition)적 속성 사이에서 발생하는 긴장으로 시민적 참여를 통한 제도의 자기변형(self-transformation)이나 쟁투적 경쟁을 통한 시민적 협력(civic cooperation)이 방해받을 수 있는 가능성이 충분히 있습니다. 비록 선생께서는 이런 부분을 언급하셨습니다만, 선생의 쟁투적 민주주의 이론에 따르면 민주적 제도는 어떻게 구성되고, 운영되며, 변화되는지가 불분명합니다. 선생이 말씀하시는 적대감에 기초한 반감은 어떻게 자기절제적 속성을 갖게 됩니까? 선생의 쟁투적 민주주의에서 갈등의 파괴적 결과를 예방하기 위한 일련의 헌정적 구조와 같은 것이 논의될 여지가 있습니까?

무페—다시 말씀드리지만 무엇보다 자유주의가 정치적 차원을 이해하지 못한다고 지적한 슈미트의 비판을 받아들인 이후에, 민주주의의 과제가 무엇이 되어야 할지를 논의할 필요가 있다고 봅니다. 제가 말씀드리는 민주주의의 과제는 사람들이 이성적 합의에 도달할 수 있는 합리적 절차에 초점을 맞추는 심의민주주의가 아닙니다. 명백하게 이러한 종류의 완전히 포괄적인 합의(inclusive consensus)란 불가능합니다. 왜냐하면 이러한 합의는 적대감을 완전히 없애는 것을 의미하기 때문입니다. 그러나 슈미트와는 달리, 저는 우리가 다원적 민주주의 기획을 포기해야 한다고 생각하지는 않습니다. 따라서 민주주의의 기획은 이것이 가능한 방법을 찾는 일입니다. 즉 슈미트의 친구와 적의 구분에 기반을 둔 적대가 아닌 형태로 갈등이 드러나게 만드는 올바른 제도, 담론, 실천을 발견하는 것입니다. 왜냐하면 적과 친구의 구분은 상대방을 정당한 상대자가 아니라 절멸시켜야 할 대상으로 여기게 함으로써 정치적 결사의 파괴와 내전을 가져올 수도 있기 때문입니다. 이건 결코 불가능한 일이 아닙니다. 이런 맥락에서, 쟁투적 민주주의 모델의 핵심은 적대감이 드러날 수 있되, 쟁투의 형태로 나타날 수 있는 형태를 찾는 일이라고 하겠습니다. 쟁투는 이성적 해결이 존재하지 않은 갈등의 형태이기 때문에 적대적 차원이 존재합니다. 그러나 갈등의 상대편이 자신을 '적'이 아니라 제가 부르는 '정당한 상대자'로 여기기 때문에 그들은 다른 집단이 다른 생각을 가지고 자신들의 생각을 옹호할 수 있는 권리가 있다는 사실을 인정하게 됩니다. 그래서 그들은 '정당한' 상대자가 되는 것입니다. 이것은 함께 공존할 수 있는 가능성이 있음을 의미합니다. 상대방을 절멸시키려 하지 않기 때문에, 상대방과 공존할 수 있도록 갈등을 제어할 제도적 장치를 찾기 위해 노력합니다. 지속적으로 함께 살면서 서로를 없애려 하지 않는 것이지요. 저는 이것이 민주주의의 과제라고 생각합니다. 적대감을 쟁투로 변화시키기 위한 형식을 구성하는 것이 제가 이야기하는 과제입니다.

쟁투적 시민성, 다원주의적 시민성

07 곽준혁__선생은 『급진 민주주의의 차원들: 다원주의, 시민성, 공동체』라는 책에서 「민주적 시민성과 정치적 공동체」(Democratic Citizenship and the Political Community)라는 매우 흥미로운 논문을 쓰셨습니다. 이 글의 중심 질문은 우리가 급진적이고 다원적인 민주주의를 목표로 할 때 시민성은 어떻게 이해해야 하는가이고, 선생은 자유주의적 전통과 시민적 공화주의 전통을 모두 넘어서야 한다고 말씀하고 계십니다. 저는 오늘날 우리가 직면하고 있는 문제에 대한 답을 구하고자 선생이 제기하신 질문을 조금 변화시켜보고자 합니다. 지금의 사회가 다양하면서도 다층적인 정체성을 가지고 있는 집단들의 다중(multitude)으로 점증적으로 분절되어가는 시점에, 급진적 민주주의 기획에서 말하는 민주적이고 다원적인 정치는 어떻게 이해되어야 할까요? 적극적인 정치 참여와 인민의 집단적 의지가 시민적 신뢰의 제고를 위한 논의의 핵심적 위치를 차지하고 있다는 사실에서 볼 때, 이러한 시민적 요소의 실효를 거부하는 급진적 민주주의에서 '민

주적 시민성'과 관련된 기존의 시민적 공화주의 논의에서 수립된 전형들(ideals)은 어떻게 이해되어야 할까요?

무페──시민성에 관한 질문이네요. 여기에서 제가 스스로를 분명 시민적 공화주의 전통에 귀속시키고 있다는 점을 먼저 말해두고자 합니다. 저는 우리가 시민성이 특정 정치공동체와의 일체감을 요구한다는 점을 인지할 필요가 있다고 생각합니다. 이때 시민성은 단순히 자유주의적인 법률적 지위만을 의미하는 것이 아니라, 정치공동체와의 일체감을 갖는 방식을 말합니다. 그러나 시민적 공화주의의 지배적 관점이 지닌 문제──[이 문제에 대한 해석에서] 페팃과 다른 견해를 갖고 있습니다만──는 우리가 특정 정치공동체와 일체감을 갖는데 오직 한 가지 방식만이 존재하다고 믿는 경향이 있다는 것입니다. 만약에 우리 모두가 우리의 특수한 이익들을 제쳐두고 시민으로 행위한다면, 우리 모두는 같은 방식으로 행동할 것입니다. 그러나 이것은 잘못된 생각이라고 봅니다. 제가 쟁투와 적대감에 대해 이야기하기에 앞서 항상 공공선에 대한 갈등하는 서로 다른 해석이 있을 수 있다고 말하는 것이 바로 이 때문입니다. 시민으로서 행동하기 위해 공공선이 필요하다는 점에 대해서는 시민적 공화주의에 동의합니다. 그러나 저는 하나의 공공선이란 존재하지 않으며, 항상 이에 대한 다른 해석들이 존재한다고 봅니다. 공공선이란 항상 논쟁의 대상이 되어야 한다는 것입니다. 공공선의 해석은 쟁투적일 수밖에 없을 것입니다. 시민성에 대한 급진적 민주주의의 시각이 있을 수 있고, 신자유주의적 해석도 있을 수 있으며, 그렇기에 제가 말하는 공공선을 쟁투적 시민성이라고 부르는 것입니다. 당신이 급진적 민주시민으로 행위한다는 것은 '모두를 위한 자유와 평등'이라는 원칙에 대한 급진적 민주주의의 해석에 따라 행동한다는 것을 의미합니다. 당신이 사회민주주의적 시민으로 행위할 수도 있습니다. 이때 사회민주주의적 시민으로 행동한다는 것은 '모두를 위한 자유와 평등'이라는 윤리적·정치적 원칙을 사회민주주의적으로 해석한다는 말입니다. 신자유주의적 해석에 따라 행동할 수도 있을 겁니다. 물론 이것은 매우 제한적이겠지만요. 이외에도 개인이 시민으로 행동할 수 있는 다양한 방식이 존재할 것입니다. 시민적 공화주의는 이렇게 보지 않습니다. 시민적 공화주의는 공공선에 대한 해석이 동질적이고 지나치게 합의적인 시각을 갖고 있으니까요. 그래서 저는 민주주의의 쟁투적 개념 모델에서 합의만큼이나 갈등의 차원을 포함해야 한다고 주장하고 있습니다. 저는 이것을 '갈등적 합의'(conflictual consensus)라고 부릅니다. 이는 공존을 형성하게 하는 공통의 윤리적·정치적 원칙들이 존재하지만, 그러한 공통의 원칙에 대한 해석에서는 항상 갈등이 있을 수 있다는 사실에 기초한 합의를 말합니다. '모두를 위한 자유와 평등'이라는 원칙이 공통의 가치라는 사실을 이해하기는 쉽지만, 그것이 무엇이고 그것을 어떻게 해석할 것인가의 문제는 대답하기 어렵다고 생각합니다. 자유주의적 해석이 사회민주주주의적 해석과 다르고, 급진 민주주의적 해석과도 다르기 때문에 간결하게 축소시킬 수 없는 다양한 해석들이 존재하게 마련입니다. 한 가지 올바른 해석이 아니라, 다양한 해석이 가능하다는 사실을 받아들일 필요가 있습니다. 이것이 제가 시민성에 대한 다양한 해석을 둘러싸고 쟁투가 있을 수 있다는 점을 인정하는 한에서 시민성의 중요성을 주장하는 이유입니다. 이것을 저는 시민성에 대한 쟁투적 개념이라고 부릅니다.

08 **곽준혁**─선생의 시민성에 대한 논의에서 우리는 집단적 정체성으로서의 시민성을 민족국가로부터 분리하고자 하는 모습을 볼 수 있습니다. 이는 네그리(Antonio Negri)와 하트(Michael Hardt)가 단일한 집단의지와 정체성 없이 즉흥적으로 형성되는 무정형의 정치행위자로 정의한 '다중'(multitude)이나 집단지성(collective intelligence)에 대한 최근 논의를 생각나게 합니다. 제 생각에는 선생의 다원주의적 시민성은 '다중'이 지칭하는 것과 다소 다르다고 생각합니다. 민족국가에 기초를 둔 전통적인 시민성 개념에 대한 대안으로 '다중'을 주장하는 사람들에 대한 선생의 입장은 무엇입니까?

이 질문과 관련해서 부언하고 싶은 것이 있습니다. 바로 시민적 책임성(civic responsibility)과 관련된 것입니다. 만약 우리가 시민을 어떤 도시에서 법적 권리를 가지고 있으면서 동시에 자신이 속한 정치적 공동체의 구성원으로서 책임을 가지고 있는 사람이라고 정의한다면, 시민성은 작금의 지구화 시대에도 우리의 일상과 밀접한 연관성을 가지고 있는 정치적 개념이라고 할 것입니다. 비록 우리 모두가 민족국가가 사라질 운명에 처했다는 것에 동의

하고, 인종적, 지역적, 그리고 문화적 차이들을 포괄하는 지구화 시대라도 도시들이 여전히 정체성의 단위로 존속하고 있다는 점은 부인하기 힘들기 때문입니다. 새로운 형태의 집합적 연대감이 사회적 통합을 설득하기 위해 제시되던 전통적인 정치적 단위를 부인하거나 대체하고 있다고 해도, 도시는 법적이고 제도적인 권리의 구성과 정치적이고 규범적인 의무를 요구할 수 있는 최소한의 물리적 경계로 여전히 기능할 수 있을 것입니다. 따라서 저는 즉흥적으로 형성되는 다층적이고 다원적인 정체성의 순간적 총합을 이해할 수 없습니다. 왜냐하면 이러한 무정형의 정체성에는 권리와 운동은 있지만, 정책 결정과 운동의 책임을 공유할 수 있는 기반이 없다고 판단되기 때문입니다. 개인적으로는 민족국가가 아니라도 여전히 도시가 최소한의 이러한 의무를 부과하고 권리를 요구하는 기초가 될 수 있다고 생각합니다.

무페─말씀하셨다시피, 시민성은 민주주의의 실행이기 때문에 집단으로서 인민(demos)을 필요로 합니다. 또한 민주주의가 실행될 장소도 필요합니다. 하지만 이러한 집단으로서의 인민이 반드시 민족국가에 기초할 필요는 없습니다. 물론 오늘날의 주권자로서 인민은 대체로 민족국가에 기초하지만, 특정한 민족국가 내에 있는 여러 지역들을 〔아테네 민주주의에서처럼〕 데모스로 간주할 수도 있습니다. 실제로 많은 연방제 사회가 그렇기도 하고요. 데모스는 또한 도시나 더 넓은 차원, 예를 들면 유럽연합과 같은 것들이 될 수도 있습니다. 그러나 제가 강조하고자 하는 것은 전 인류가 하나의 주권자로서의 인민이 될 수는 없다는 것입니다. 이 것이 제가 사해동포주의적 시민권 개념에 비판적인 이유입니다. 전 사해동포주의적 시민권이라는 말은 모순어법(oxymoron)이라 고 생각합니다. 어떤 지역의 시민은 될 수 있어도, 사해동포주의 적 시민은 될 수 없기 때문입니다. 전 인류적 시민이라는 시민성 의 개념은 존재할 수 없으며, 시민은 항상 영토화되어야 합니다. 민족국가뿐만 아니라 그 하위 단위나 상위 단위도 어떤 지역에 기 초한 집단으로서 인민을 필요로 합니다. 그래서 저는 사해동포주 의적 시민권 개념뿐만 아니라 네그리가 발전시킨 '다중' 개념에 대 해서도 매우 비판적입니다. 이 개념이 사해동포주의적 시민권의 극좌파적 해석으로 여겨지기 때문입니다. 네그리와 하트는 다중이 탈영토화되어 있다고 생각하고, 모든 형태의 소속감(belonging) 은 배타적이며 심지어 파시스트적이라고 주장합니다. 그들은 모 든 형태의 소속감을 없애려고 하면서, 다중은 어디에도 소속되지 않는다는 점을 강조합니다. 저는 이런 견해에 문제가 많다고 생각 하는데, 왜냐하면 민주적 시민성에 담긴 권리를 행사하려면 이를 행사할 수 있는 장소가 필요하고, 우주적 차원이나 세계적 차원에 서는 행사될 수 없기 때문입니다.

저는 이와 관련하여 슈미트의 견해가 흥미로운 통찰력을 보여 준다고 생각합니다. 그는 정치공동체 내의 다원주의의 가능성에 비판적이었습니다. 여기서 그가 말하는 다원주의란 공동체 내에 서 정당화될 갈등의 가능성을 말하는 것으로, 그는 이러한 다원주 의가 결국 정치적 결사의 분파로 이어질 것으로 보았습니다. 앞에서 얘기했던 것처럼, 저는 이러한 생각이 잘못됐음을 보여주려고 애써왔습니다. 이는 친구와 적이라는 관계로만 갈등을 바라보기 때문입니다. 그러나 우리가 만약 갈등을 쟁투라는 기반에서 바라보게 되면, 이는 갈등적 합의를 요구하기에 갈등은 정치적 공동체의 존속과 양립할 수 있습니다. 슈미트의 다원주의에 대한 또 다른 해석이 있습니다. 이 해석은 다원주의를 옹호하는 것으로, 세계가 단일세계(universe)가 아니라 다중세계(pluriverse)로 나뉘어 있다는 것입니다. 이것은 일종의 보편주의에 대한 비판으로 볼 수 있습니다. 그는 공동체의 내부적 수준이 아니라 국제 관계나 세계적 수준에서, 다시 말해 국가들 사이 또는 극점들(poles) 사이의 관계에서 다원주의를 인정할 필요성에 대해 얘기하고 있습니다. 저는 이러한 점에서는 그를 따르고 있습니다. 제가 주장해온 사해동포주의적 시각은 다극적(multi-polar) 세계를 옹호하는 것입니다. 다양한 전통이나 문명으로 구체화되어온 여러 지점들이 있다는 사실을 인정할 필요가 있습니다. 자유주의자들이 가정하는 것처럼 서구 모델만이 유일하게 합리적이고, 따라서 보편화되어야 하는 것은 아닙니다. 다른 지점들의 특수성을 인정할 필요가 있는 것이죠. 이것이 제가 세계를 다중세계라고 여기는 까닭입니다.

09 **곽준혁**— 요즘 선생이 쓰시고 있는 글은 무엇에 대한 것이며, 앞으로 연구하실 주제가 무엇인지 말씀해주십시오.

무페—쟁투에 관한 제 시각이 주로 정치적 결사 내부에서 일어나는 바에 국한되어왔기에, 저는 지금 다극적 세계에 대한 연구를 진행하고 있습니다. 정치 결사체 외부에서 쟁투라는 개념이 적실성을 가질 수 있는지 탐구하고 있는 것입니다. 예를 들면, 현재 쟁투적 개념으로서 유럽을 연구하고 있습니다. 유럽을 쟁투적인 방식으로 고찰한다는 것이 무슨 의미인지 궁금하실 겁니다. 저는 탈민족적(post-national) 제도적 형태로 유럽을 사고하는 하버마스의 생각에 비판적인 견해를 가지고 있습니다. 그가 동질적인 유럽의 데모스(demos)를 형성하기 위해 사람들이 자신들의 민족적 정체성을 제쳐두어야 한다고 보기 때문입니다. 저는 사람들이 생각할 수 있는 것만을 보려고 노력하는데요, 제 생각에 그러한 형태의 민족적 동질감은 본래적인 것이고, 많은 정서를 불러일으키기 때문에 매우 중요하다고 여겨집니다. 이것은 이성주의자들이 이해하지 못하는 부분이지요. 우리는 유럽 내에서, 탈민족적 형태의 하나인 유럽에서 왜 우파 포퓰리즘과 같은 반발이 일어나는지에 대해 이해할 필요가 있습니다. 그래서 개인들을 유럽 시민으로 동질화하기 위해 애쓰기보다는 강한 유럽을 형성할 수 있는 새로운 방식을 찾는 게 중요하다고 봅니다. 제가 열정을 갖고 있는 것은 다양한 형태의 민족적 소속감이나 일체감을 유지한 채로 강한 유럽을 형성하는 것입니다. 이를 유럽에 대한 쟁투적 개념이라고 부르고 있습니다. 이 개념에 따르면, 유럽은 쟁투적 소속감을 지닌 다양한 국가들로 구성될 것입니다. 또 다른 연구 방향은 어떤 의미에서 국제 관계에서 쟁투적 관계를 상상할 수 있는가 하는 것입니다. 물론 정치적 결사 내부와 외부 사이에는 큰 차이가 존재하고, 정치적 결사 내부를 대상으로 발전시킨 모델을 똑같이 외부에 적용하는 것은 단순한 문제가 아닙니다. 왜냐하면 국제적 수준에서는 내부의 쟁투를 위해 요구되는 갈등적 합의가 결여되어 있기 때문입니다. 국내적 수준의 갈등적 합의를 가정한다면, 제가 비판한 사해동포주의적 시각이 갖는 문제에 빠지게 될 겁니다. 저는 세계가 다중세계로 구성되어 있고, 이를 강제적으로 단일화시킬 수 없다는 생각을 유지하고자 합니다. 정치적 결사체 내부의 쟁투와 외부의 쟁투 사이에 차이가 있겠지만, 그럼에도 불구하고 전 다극적 세계라는 측면에서 사고하는 것이 도움이 될 수 있는 국내적 차원과 국제적 차원의 유사성이 있다고 생각합니다. 이 두 가지가 제가 현재 연구하고 있는 것들입니다. 저는 지속적으로 쟁투의 문제를 연구하고 있지만, 이를 정치적 결사의 경계선 밖에 적용하고자 노력하고 있습니다.

민주주의와 한국사회

서로의 차이만을 확인하는 한국 민주주의

한국사회가 경험하는 민주화 이후 민주주의의 문제들은 그리스 비극이 전하는 아테네 민주주의의 고민들과 매우 닮았다. 사실 1990년대 초부터 세계 학계가 그리스 비극으로부터 지금의 민주주의가 당면한 문제들을 재해석하는 작업에 열을 올렸다는 점에서 볼 때, 아마도 거의 대부분의 민주주의 사회가 한국사회를 살아가는 우리의 고민을 공유하고 있다고 볼 수도 있겠다. 민주주의의 위기 또는 민주주의의 작동불능에 대한 논의는 그야말로 전 세계적인 양상이다. 크라우치(Colin Crouch)는 유럽의 민주주의를 '후기 민주주의'(post-democracy)라고 정의하고, 시민들이 전투적인 활동가들과 언론매체가 만드는 인상적인 주제에 대해서만 간헐적으로 반응하는 소극적인 정치집단으로 전락하고 있다고 한탄하고 있다(Crouch, 2004: 4). 이러한 후기 민주주의가 유럽에서만 볼 수 있는 양상은 아니다. 다른 선진 민주주의 국가에서도 민주주의에 대한 불신이 증폭되고 있고, 시민들의 정치적 삶을 민주적 절차가 아닌 언론이나 법조인들이 지배하고 있다는 인식마저 팽배하다(Dalton, 2004; Paehlke, 2003). 세계화 시대의 신생 민주주의 국가도 예외는 아니다. 거의 대부분의 신생 민주주의 국가가 좀더 실질적인 민주주의에 대한 요구와 민주적 심의 자체에 대한 불신 사이에서 벌어지는 교착상태를 경험하고 있다(Panizza, 2005). 무페와 같이 쟁투적 민주주의를 자유민주주의의 대안 또는 보완으로 제시하는 학자들이 아니더라도, 소외된 집단들의 목소리가 반영되지 않는 이성적 토론과 절차적 중립성에 대한 불신이 팽배한 것이 현실이다.

대부분의 민주주의 사회가 당면한 문제라고 하더라도, 그리스 비극이 전하는 아테네 민주주의의 고민들이 민주화 이후 한국사회에 더욱 절실하게 다가오는 이유는 무엇일까? 그 이유는 크게 두 가지라고 생각한다. 첫째, 민주주의의 자기 파괴적(self-destructive) 속성에 대한 자각이 한국사회에 부족하기 때문이다. 그리스 비극이 전하는 전성기의 아테네 민주주의는 평화롭거나 조화로운 사회의 단면이 결코 아니었다. 어떤 의견도 절대적 진리로 받아들여지지 않기에 발생하는 불확실성과 소용돌이, 그럼에도 불구하고 자기들이 구성한 질서와 그 질서에 대한 자부심이 교차하는 불안정한 사회였다(Castoriadis, 1997〔1983〕: 272~275). 핵심은 이러한 불안정한 상태를 아테네 시민들은 민주주의의 속성으로 이해했고, 인민의 의사를 통해 새로운 질서를 수립하는 자기 창조적 성격만큼이나 기존의 제도를 폐기하는 자기 파괴적 성격을 이해하려고 노력했다는 것이다(Wolin, 1994). 반면 민주주의의 비극적 역설에 대한 이해, 즉 민주주의의 자기 파괴적 속성에 대한 용인을 민주화 이후 한국사회에서 발견하기란 쉽지 않다. 오히려 오늘 수립된 제도가 내일 변경 또는 폐기될 수 있는 불안정한 상태에 대한 두려움이 반민주적 방법까지 용인하게 하지 않을까하는 우려를 자아낸다. 둘째, 다양한 목소리가 전달될 수 있는 공간이 점점 협소해진다는 생각 때문이다. 그리스의 비극들은 민주주의 사회가 자기 비판적 목소리들을 최대한 담아낼 수 있는 정치적 공간을 제공해주었다. 거의 대부분의 비극들이 정치적 위기와 갈등을 다루었고, 쟁점들마다 가치와 의견의 쟁투가 벌어졌으며, 아테네 민주주의에 비판적인 언사들조차 자유롭게 대중들 앞에 노출되었던 것이다. 그 결과 그리스 비극은 아테네 시민들이 일상의 필요를 벗어나 스스로의 정치적 삶을 반성해보는 기회를 제공했고, 민주주의의 한계를 극복할 수 있는 방안과 더불어 살아갈 수밖에 없는 이유를 모색하는 계기를 마련해주었으며, 결과적으로 아테네 민주주의가 갖고 있는 문제를 해결하는 역할을 수행했다(Euben, 1997: 139~178). 반면 민주화 이후 한국사회는 서로 다른 목소리를 들을 수 있는 공간들이 서로의 차이만을 확인하는 형식적 절차에 압도당한 느낌이다. 쟁투를 통해 서로의 차이를 용해시켰던 그리스 비극이 제공한 시적 상상력을 그 어느 곳에서도 기대할 수 없는 대결 국면을 경험하고 있는 것이다.

  그럼에도 불구하고, 한국사회는 아테네 민주주의의 문제해결보다 아테네 민주주의가 당면했던 문제에 더 관심이 많은 것 같다. 특히 민주주의의 문제를 민주적 방식으로 풀려고 노력했던 시민들의 인내와 정치가들의 지혜에 무관심하다. 주지하다시피, 아테네 민주주의의 이념적 지형은 과두정을 지지하는 세력과 민주정을 옹호하는 세력의 대립으로 날카롭게 나뉘어 있었다(Ober, 1989: 192~247; Ste. Croix, 1981). 그리고 이렇게 이상적인 정치체제의 모델을 두고 벌어졌던 이념적 쟁투는 정치사회적 갈등을 해결하는 방식에서도 의견의 차이를 가져왔다. 과두정의 지지자들은 갈등을 해결하는 방법을 전문가의 지식(episteme), 전체를 앞세운 조화(harmonia), 그리고 이성적 절제(sophrosyne)로부터 찾았다. 반면 민주정 지지자들은 시민들의 의사(endoxa), 자유와 평등의 통합(homonoia), 그리고 감정적 요소를 배제하지 않는 설득(peitho)에 초점을 두었다. 두 정치세력 중 갈등의 불가피성과 의견의 다양성을 좀더 적극적으로 옹호한 집단은 바로 후자였다. 민주정을 지지하는 시민들은 공적인 일에 적극적으로 참여하지 않는 사람을 '개인적인 인간'(idios anthropos)이라고 비판할 수는 있어도, 개인적인 이익이 전체를 위해 희생되어야 한다거나 공적 영역으로부터 완전히 구분된 사적 영역이 존재한다고 보지 않았다(Thucydides, 2.40). 그들은 파당적 이익에 기초한 통합보다 법적·제도적 권리로서 시민권이 좀더 구체적으로 실현될 수 있는 방식을 찾고자 했고, 개인적인 이익을 위해서만 행동하는 사람들도 함께 살아갈 수 있는 제도를 고민했다. 사실 노예와 구분되는 것으로서 시민(polites)의 권리가 구체화된 솔론

(Solon)의 개혁 이후, 시민적 권리는 갈등의 불가피성과 갈등을 통한 변화의 가능성이 동시에 아테네 민주주의의 유지와 발전에 기여할 수 있도록 유도하는 제도의 하나로 승화되었다(Manville, 1990). 법의 적용에 있어 차별받지 않을 권리, 정치적 발언을 할 수 있는 권리, 출신성분을 이유로 차별받지 않을 권리, 정무에 참여할 권리가 아테네 민주주의의 갈등조정 메커니즘이 된 것이다. 즉 민주정의 문제를 민주적 방식으로 풀고자 했던 시민적 의지와 정치가의 신중함이 아테네 민주주의의 생명력이었다.

지금은 시민적 인내와 정치가의 지혜가 그 어느 때보다 필요한 시점이다. 그리고 시민적 의지가 한계에 도달했을 때, 갈등의 불가피성과 갈등을 통한 새로운 제도의 설계가 가능하다고 말할 수 있는 정치가의 신중함이 그 어느 때보다 필요한 시점에 서 있다. 이러한 맥락에서 무엇보다 절실한 것이 바로 정치인들의 대중적 수사에 대한 새로운 인식이다(곽준혁, 2007b). 한편으로는 민중주의라는 상호 비난으로 대중적 수사에 대한 의심과 반감이 증폭되는 현실, 다른 한편으로는 미디어가 정치적 통로를 독점하는 정치적 환경이 정치가들에게 새로운 자각을 요구하고 있다. 이러한 새로운 자각은 무엇보다 민중주의 또는 갈등의 증폭이 바로 민주주의가 살아 있다는 사실의 또 다른 반영이 될 수 있다는 생각에서 시작해야 한다. 왜냐하면, 민중주의는 민주주의의 핵심적인 구성요소인 인민에게 호소함으로써 인민주권의 실질적인 내용을 구현하고자 한다는 정치적 표현을 사용하고, 민중주의라는 비판을 제공한 대중적 수사의 선동과 조작은 다름 아닌 인민주권이라는 민주주의의 양도 불가능한 신념을 역이용하기 때문이다. 또한 대중에 대한 인식론적 낙관론, 대중의 의사로부터 출발하지만 대중을 극복할 수 있는 용기, 그리고 감정에의 호소를 조절하고 선택하는 민주적 리더십에 대한 자각이 없다면, 그 어떤 대중 정치인도 지금의 대결 국면에서 갈등조정의 역할을 수행할 수 없을 것이기 때문이다. 아울러 전체를 대변하는 이미지를 통해 형성되는 대중과의 일체감 없이, 대중의 판단 속에서도 가능성을 발견하는 구성적 역할 없이, 그 어떤 도덕적·이념적 수사도 시민적 통합을 이끌어낼 수 없을 것이기 때문이다.

갈등을 민주적으로 해결하려는 시민적 인내의 필요성

정치사상 또는 정치이론 분야에서 사람들의 이목을 끄는 정치적 사건은 크게 두 가지 의미를 가지고 있는 것으로 해석된다. 하나는 어떤 사회의 정치사회적 균열의 표출과 새로운 균형의 형성이다. 예기치 못한 사건은 사회 구성원들에게 자신들이 유지해왔던 사회의 구조와 규범에 대해 반성할 기회를 제공하고, 이러한 반성의 결과는 잠재되었던 정치사회적 갈등의 분출이나 새로운 형태의 정치사회적 변화로 나타난다. 예를 들면, 1789년 7월 파리 군중들의 바스티유 감옥 점령은 단지 7명의 범죄자를 해방시킨 사건에 불과했지만, 이 사건을 통해 그동안 잠재되었던 정치사회적 갈등이 모두 분출되면서 결국 구체제는 붕괴될 수밖에 없었다. 이와 같이, 정치적 사건은 기존의 갈등을 표출시키거나, 새로운 변화를 유도하거나, 아니면 변화에 대한 열망을 각인시키는 상징으로 기억되기도 한다. 다른 하나는 정치적 사려(phronesis)가 그 어느 때보다 요구되는 국면이다. 일반적으로 사건이란 예측하지 못한 일의 발생을 의미한다. 예측하지 못하기에 어떤 사건의 예방이나 처리를 미리 계획하고 고민할 수 없다. 따라서 정치적 사건은 특정 행위가 가져올 정치적 결과에만 천착하는 우리의 일상적 습관으로부터 벗어나 어떤 정치적 원칙이 어떤 제도를 통해 표현되어야 하는지를 고민해야 할 시점을 제공한다. 따라서 서양 고전에서는 사건을 필연이나 확실성과 대비되는 우연이나 개연성, 또는 사람의 지난한 노력으로 마음을 돌이킬 수 있는 여신(tyche)의 장난으로 묘사하기도 했다. 즉 정치적 사건은 정치인과 시민의 좀더 신중하고 사려있는 판단과 행동이 필요한 국면의 시작을 의미하는 것이다.

이러한 맥락에서 볼 때, 노무현 전 대통령의 죽음은 한국 민주주의 발전사에서 매우 중요한 정치적 사건이다. 다양한 해석이 가능하겠지만, 세 가지를 지적하고자 한다. 첫째, 이 사건은 한국사회에서 갈등조정 메커니즘이 얼마나 부재한지를 보여주고 있다. 민주주의에서 정치사회적 갈등은 주어진 법적 절차를 통해 해소되지 못할 때가 많다. 왜냐하면 법적 절차를 바꾸고자 하는 갈등도 있을 수 있기 때문이다. 대의제의 원칙 중 하나가 '토론을 통한 정책결정'인 것도 같은 맥락이다. 이때 토론은 의견의 교환이나 소통과는 구별된 설득, 그리고 흥정이나 타협과는 구별된 논쟁으로 구체화된다. 즉 갈등의 불가피성과 조정된 갈등의 순기능이 대의

제의 원칙인 것이다. 그러나 한국사회는 법적 절차 이외에 갈등을 조정할 수 있는 어떤 준비된 기제도 없는 듯 보인다. 대신 갈등을 무조건 사회적 해악으로 보는 문화, 대변되지 않는 주변인의 목소리에 대한 무관심, 그리고 모든 갈등은 힘으로 해결될 수밖에 없다는 왜곡된 현실주의가 버티고 있다. 이번 사건은 우리에게 갈등은 자유로운 시민들 사이에서 불가피하다는 인식, 그리고 갈등을 조정할 수 있는 원칙을 찾기 위한 심의가 필요하다는 점을 보여주고 있다.

둘째, 이번 사건은 한국사회가 부끄러움을 주고받는 방식에 대한 반성을 요구하고 있다. 한국사회는 부끄러움의 원천을 개개인의 본성에서 찾는 데 익숙하다. 그래서 우리는 부끄러움을 통해 도덕적 교화가 이루어진다는 생각을 갖는 경향이 있다. 그러나 부끄러움의 원천과 기능에 대한 접근은 다양하다. 특히 우리는 부끄러움이 사회적으로 구성되고, 이렇게 조성된 부끄러움이 정치사회적으로 악영향을 끼칠 수 있다는 지적에 둔감하다. 역사를 돌이켜보면, 부끄러움은 비정상으로 분류된 사람들을 정상인들과 구별하기 위해 만든 표식을 통해 강요되기도 했다. 서양에서 불명예(stigma)라는 말이 신체적 비정상과는 달리 식별하기 어려운 사회적 낙오자들에게 문신을 새기는 행위(stizo)로부터 나왔다는 사실이 이를 말해준다. 이번 사건은 자신의 부끄러움은 무리 속에 숨기고 다른 사람에 대해서는 절대자처럼 날카로운 잣대를 휘두르거나, 스스로도 소수 또는 비정상으로 취급될 수 있음에도 다수 또는 강자의 입장에서만 판단하는 데 익숙해져 버린 일상의 변화를 요구하고 있다.

셋째, 이번 사건은 민주화 이후 강력해진 권력집단에 대한 시민적 견제력을 행사할 수 있는 방법을 고민하게 만든다. 민주주의에서 책임성(accountability)은 중요하다. 따라서 관직을 수행하는 과정에서 저질러진 부정에 대해 수사하는 것은 정당할 뿐만 아니라 바람직하다. 문제는 책임성과 관련된 소송을 검사만이 제기할 수 있다는 것이다. 게다가 우리는 검사의 판단에 따라 공소를 제기하지 않아도 된다는 예외적 기소편의주의를 채택하고 있다. 이런 환경에서 전직 대통령의 비리수사는 자칫 검찰의 권력을 지나치게 확대시킬 수 있고, 현재 정치권력의 담지자들도 퇴임 이후 목도할 검찰의 힘을 두려워하게 만들 수 있다. 따라서 지금부터 검찰의 개혁은 단순히 정치권력으로부터의 독립만이 아니라, 검찰 권력에 대한 시민적 견제력(contestability)의 제도화로 확대되어야 한다. 이번 사건은 민주화 이후 그 권력이 너무나 커져버린 집단들이 스스로가 천명한 공적 기능을 유지할 수 있도록 유도하는 시민적 견제력의 제도화를 고민하게 만든다.

노무현 전 대통령의 죽음은 우리에게 많은 숙제를 던져주었다. 특히 민주주의와 한국사회를 고민하는 사람들에게는 그 어느 때보다 많은 숙제를 던져주었다. 그의 삶이 던져주었던 숙제가 그러했듯이, 그의 죽음이 던져준 숙제도 수학적 논증과 감각적 웅변으로부터 독립된 정치적 사려가 요구되는 것들이다. 이런 숙제를 풀 때, 무엇보다 경계해야 할 것이 냉소주의다. 모든 것은 힘으로 해결된다는 비관적 태도, 의견과 처지가 다른 사람들에 대한 냉대,

그리고 희망이라는 이름으로 속삭이는 무절제를 경계해야 한다. 지금은 우리의 일상으로부터 사라진 열망을 다시 끌어내고, 서로에 대한 기대를 다시 불러일으키고, 시민적 신뢰를 회복할 수 있는 조건을 다시 만들어내야 할 시점이기 때문이다. 이것이 우리가 함께 살아가야 하는 이유를 열정적 운동에 선재하는 시민적 신중함으로 찾아가는 방식이라고 생각하기 때문이다. 바로 여기에 마키아벨리가 로마 공화국의 몰락이 그라쿠스 형제의 의도(intenzione)는 좋았지만 신중함(prudenzia)이 결여된 행동에서 비롯되었다고 본 이유가 있다고 생각한다.

4 민주적 시민은 무엇으로 교육되는가

: 에이미 것만 교수와의 대화

것만의 정치사상

중도적 정치철학의 새 지평을 열다

에이미 것만(Amy Gutmann)은 행정가로서도 학자로서도 성공한 정치철학자다. 미국 펜실베이니아 대학 총장으로서 그녀가 보여주고 있는 탁월한 행정력이 미국 사회에서 큰 주목을 받고 있을 뿐만 아니라, 그녀가 제시한 정치이론들은 자유주의와 민주주의의 관계를 보완 또는 수정하는 데 크게 기여하고 있기 때문이다. 그럼에도 불구하고, 한국 학계에서 것만의 교육행정가로서의 면모와 정치이론가로서의 태도에 대한 관심은 그리 크지 않다. 물론 그녀의 이력이 화두가 되고, 몇몇 학자들의 연구 논문에서 그녀의 이론들이 소개되고 분석되었다. 그러나 한국 학계의 것만에 대한 관심은 여전히 피상적이다. 그녀가 프린스턴 대학의 부총장이었다는 사실은 알려져 있지만, 그 대학뿐만 아니라 미국 지성사회를 대표하는 인간가치센터(Center for Human Values)의 설립자였다는 사실은 생소하다. 또한 그녀가 미국 유력 대학의 총장이라는 사실은 모두가 알고 있지만, 그녀가 자신이 제시했던 정치이론들을 펜실베이니아 대학을 통해 몸소 실천하고 있다는 점은 각인되지 못하고 있다. 자유주의 시민교육, 심의민주주의, 그리고 정체성과 관련된 그녀의 저작들을 읽은 학자들은 적지 않지만, 그녀가 꿈꾸는 삶의 의미를 찾아내려는 노력은 많지 않은 것이다.

것만이 보여주고 있는 이론과 실천의 결합은 그녀가 정의의 문제에 관심을 갖게 된 어린 시절부터 싹트고 있었는지 모른다. 왜냐하면 그녀가 자신이 정치철학도가 된 이유 중 하나를 아버지가 경험했던 부정의로부터 찾고 있기 때문이다(Gutmann, 2006: 53). 대학생이던 그녀의 아버지는 유대인이라는 이유로 나치의 박해를 받았고, 1934년 독일을 떠나 인도의 뭄바이를 거쳐, 2차 대전 이후 미국에 정착하게 된다. 이후 뉴욕의 브루클린에서 태어난 그녀는 뉴욕 주의 작은 도시 먼로(Monroe)에서 자라게 된다. 그녀가 회고하는 어린 시절은 매우 고독했다. 초등학교 시절 그녀는 학우들로부터 인종적·종교적 차별을 직간접적으로 경험했다. 그녀는 반에서 유일한 유대인 여학생이었고, 기독교 가정에서 자란 학우들과 종교적 이질감을 느낄 수밖에 없었으며, 심지어 자신의 급우들이 유대인 남학생에게 "예수를 죽인 사람들의 자손"이라고 험담하는 것을 지켜봐야 했다(Gutmann, 2008). 어린 시절 경험했던 부정의는 그녀를 실천가로 만들었다. 1967년 고등학생이던 그녀는 정치사회적 주제에 적극적으로 개입해야 하는 이유를 친구들에게 역설하고 다녔다. 집단과 차이가 빚어내는 부정의로부터, 그녀는 정치철학의 주요한 주제들을 누구보다 일찍 깨닫고 관심을 갖게 된 것이다.

그러나 것만은 곧바로 정치철학자의 길로 발걸음을 내딛지는 않았다. 1968년 소용돌이 속에서, 그녀는 하버드 대학 래드클리프 칼리지(Radcliffe Harvard) 수학과를 선택했다. 그해는 베트남 전쟁 반대시위가 절정에 이르렀던 시절이었고, 학교 당국과 전쟁을 반대하는 학생들 사이의 대치가 극에 달한 시점이었다. 이 시기의 경험은 그녀를 정치철학의 세계로 안내한다. 특히 베트남 전쟁을 반대하면서도, 학생운동의 극단적인 수사와 폭력적인 전술도 거부했던 그녀의 고민이 그녀를 정치사회적 문제의 본질로 인도한다. 어느 곳에도 속하지 않는 회색지대에서, 사건들로부터 한 걸음 떨어져 삶의 세계를 성찰하기 시작한 것이다. 이렇게 민주주의와 정치사회적 갈등에 대해 고민하던 그녀를 정치철학의 길로 끌어들인 것은 바로 왈저(Michael Walzer)의 정치사상사 강의였다. 그녀가 자주 언급하듯이, 이 강의를 통해 그녀는 정치철학에 매료되었을 뿐만 아니라 삶의 세계를 이야기하는 학자의 태도까지 배우게 되었다(Gutmann, 2006: 54). 이후 그녀는 사회과학부로 전과했고, 본격적으로 정치철학과 정치이론들을 배우게 된다. 플라톤의 『국가』로부터 시작된 그녀의 독서는 중도를 그녀의 이론적 좌표가 되도록 만들었다. 철인왕의 서술에 담긴 반민주적 함의에 대한 반감과 철학의 도움이 없는 민주주의에 대한 우려가 그녀의 정치철학적 기반을 조성한 것이다. 이러한 중도적 입장은 그녀가 만난 학자들을 통해 더욱 뚜렷하게 자리 잡게 된다. 학부시절 존

롤스의 배려로 대학원 세미나를 수강할 수 있었고, 노직(Robert Nozick)의 자유지상주의가 어떻게 효과적으로 롤스의 사회정의론을 반박하는지 경험할 수 있었으며, 슈클라(Judith Shklar)를 통해 여성 학자로서의 역할과 책임을 배울 수 있었다고 한다. 영미 학계를 주도하던 네 명의 하버드 대학 석학들과의 만남을 통해, 회색지대에서 고민하던 수학도가 중도적 입장의 정치철학자로 변신한 것이다.

심의민주주의와 정체성 정치

것만의 학자로서의 경력은 그녀의 중도적 정치철학을 잘 반영하고 있다. 1972년 런던 정경대학(London School of Economics and Political Science)에서 석사학위를 받은 후, 그녀는 하버드 대학으로 돌아와 정치학과에서 1976년 박사학위를 취득한다. 이후 그녀는 자신의 저작을 통해 어떤 극단에도 치우치지 않는 중도적 정치철학의 새로운 지평을 열고자 한다. 그녀의 첫 저서인 『자유주의적 평등』(*Liberal Equality*, 1980)이 이러한 의도를 잘 담고 있다. 이 책에서 그녀는 전통적인 자유주의자들의 선택으로부터 멀어졌던 '재분배'와 '참여'라는 두 가지 정치 이념을 롤스의 이론에 다시 접합함으로써 개인주의에 매몰된 자유주의를 중도적 위치로 끌어당기려 한다. 이를 위해 롤스가 제시한 자유주의 평등 개념에 두 가지 이론적 재구성이 진행된다. 첫째, 롤스가 원초적 상태를 서술할 때 첫 번째 원칙으로 제시한 '기본적 자유의 향유'

에 '최소한의 복지를 향유할 수 있는 사회적 권리'가 부과된다(Rawls, 1971: 406; Gutmann, 1980: 126~136). 보다 구체적으로, 것만은 자유주의에서 개개인이 스스로를 존중할 수 있는 조건이 중요하다면 소득의 불평등이 초래할 문제를 간과할 수 없고, 롤스의 첫 번째 평등원칙에서 최소한의 복지를 향유해야 한다는 조건이 충족되지 않으면 그가 말하는 "최소 수혜자에게 최대의 혜택이 부여되어야 한다"는 공정성의 원칙도 정당화될 수 없다고 주장한다(Gutmann, 1980: 138~139). 둘째, 롤스가 사회적 협력의 혜택이 모두에게 돌아갈 수 있는 조건으로 제시하는 민주주의와 평등의 관계에 개개인 모두가 실질적이고 효과적인 참여 기회를 보장받을 수 있는 제도적 장치가 부과된다(Rawls, 1971: 462~465; Gutmann 1980: 196~197). 여기에서 복지는 하나의 권리가 되고, 민주주의 사회에서 무엇보다 중요한 제도적 실천 중 하나가 공교육이 되며, 동일한 맥락에서 시민교육은 실질적인 정치참여의 기회를 보장받을 수 있는 가능성을 시민 개개인이 확보할 수 있는 가장 중요한 제도가 된다. 전체적으로 볼 때, 그녀의 최초의 저서는 민주적 참여와 평등한 분배가 자유주의 평등이론에서 가능하면서도 필요한 내용이라는 점을 설득하고자 했던 하나의 중도적 정치철학이 표현된 것이었다.[1] 것만은 1970년대 들끓었던

---

[1] 것만의 자유주의 전통에 대한 해석은 논쟁거리다. 이유는 그녀가 두 가지 평등관으로 자유주의 전통을 구분하기 때문이다. 그녀가 제시하는 첫 번째 평등관은 홉스와 초기 공리주의자들을 통해 투영된 것으로 모든 인간

참여 민주주의와 소득 재분배와 관련된 논쟁들을 운동적 열정보다 전망적 수정을 통해 수용하고자 했다.

몇년 후 것만은 민주주의 사회에서의 시민교육으로 관심을 옮긴다. 그녀가 자유주의 평등관에서 제시했던 과제 중 하나, 즉 실질적이고 효과적인 시민의 정치참여를 보장하기 위한 방법을 이론적으로 모색하기 시작한 것이다. 『민주적 교육』(*Democratic Education*, 1987)은 이 시기 그녀의 고민을 응축하고 있다. 이 책에서 그녀가 던진 시민교육과 관련된 질문들은 개인의 자율적인 선택을 위해 집단 또는 사회적 차원에서 특정 내용을 가르치는 것 자체에 반감을 갖고 있던 자유주의자들에게 하나의 도전으로 받아들여졌다. '어떤 과정을 통해 무엇을 시민들에게 가르쳐야 하는가'라는 질문 자체가 전체주의적 발상으로 비쳐질 가능성이 농후했기 때문이다. 그러나 그녀가 말하는 민주주의 사회에서의 시민교육은 '인간 본성'에 대한 경구나 정의로운 사회의 전형을 가르

들은 동일한 열정을 가지고 있다는 가정에서 나타난 평등관이고, 두 번째 평등관은 로크와 칸트를 통해 압축된 '합리적'이고 '이성적'인 인간이라는 가정에 드러난 평등관이다. 그녀에 따르면, 열정에 있어 모든 사람들이 동등하다는 전자의 가정으로부터 분배적 정의에 관한 자유주의의 인식론적 토대를 찾아낼 수 있고, 이성적 인간으로 서로 동일한 대접을 받는다는 후자의 전제로부터 정치적 참여와 관련된 자유주의의 제도적 표현을 구체화할 수 있다. 궁극적으로 그녀는 밀(J. S. Mill)과 롤스로부터 자신의 문제의식에 근접한 자유주의자들의 고민을 찾아내고, 이들의 고민들을 재구성함으로써 참여와 분배가 동시에 고려된 자유주의적 평등관을 제시하고자 했다.

쳐야 한다고 주장하는 본질주의나 보수주의자들과는 거리가 멀었다. 오히려 그녀는 '바람직한' 방향을 설정하는 것이 아니라 시민들에게 주어진 환경 속에서 바람직한 것이 무엇인지를 찾아갈 수 있는 '능력'을 배양해야 하며, 이를 위해서는 민주주의 사회의 유지와 발전을 위한 삶의 방식과 정치 참여의 방법을 가르쳐 주어야 한다고 주장했다(Gutmann, 1987: 6, 22). 물론 그녀가 제시하는 삶의 방식과 정치 참여의 방법 모두 그녀가 생각하는 자유주의적 평등관의 핵심적 가치들과 연관되어 있다. 민주주의 사회에서의 교육은 반드시 민주적 의사결정 과정에 효과적으로 참여할 수 있는 능력을 제공하는 데 초점을 맞추어야 하며, 그 누구도 정치 참여의 능력을 배양하는 교육으로부터 배제되어서는 안 되고, 국가든 집단이든 좋은 삶과 좋은 사회에 대한 상이하고 경쟁적인 개념들을 심의하는 과정을 억제할 목적으로 시민교육을 활용할 수 없다는 원칙이 제시된다(Gutmann, 1987: 136, 144). 그녀의 자유주의적 평등관이 계약적 사고와 집단적 사고의 중간 또는 집단으로서 시민의 정치적 참여를 우려하는 대의 민주주의와 정치적 참여를 통해 모든 것을 처리하려는 직접 민주주의의 중간이었다면, 것만의 민주주의는 개인의 자율성에만 초점이 맞추어진 자유주의와 정치 공동체의 목적을 주입하는 공동체주의 시민교육의 중간을 취했던 것이다.[2]

---

2 것만은 자신의 자유주의적 시민교육관을 설명하기 위해 자유주의 전통에서의 교육관을 세 가지로 나누고 각각의 문제점을 제시했다. 첫 번째가

것만의 중도적 정치철학이 세계 학계의 본격적인 관심을 끈 것은 톰슨(Dennis Thompson)과 함께 '심의민주주의'(deliberative democracy)와 관련된 이론들을 내놓고 난 이후다. 『민주주의와 불일치』(*Democracy and Disagreement*, 1996)를 필두로, 것만과 톰슨은 왜 민주주의 사회에서 도덕적 갈등은 불가피하며 어떤 방식으로 조정되어야 하는지에 대한 자신들의 이론을 쏟아내기 시작했다. 이들의 주장을 기존의 '심의민주주의' 이론들과 비교하면, 개인의 권리와 자율성을 강조하는 자유주의와 시민적 신뢰를 강조하는 공화주의 어디에도 천착하지 않는 중도적 입장이라고 할 수 있다. 개인의 권리를 지나치게 강조한 나머지 민주주의 자체를 일종의 선호의 집합으로 보는 극단적 형태의 자유주의와는

가족 공동체적 입장에서 전체 사회를 규율함으로써 좋은 삶의 전형을 확보하고자 했던 플라톤의 입장인데, 그녀는 이러한 교육관은 지나치게 전체 중심적이며 야심적이라고 평가했다. 두 번째는 부모가 자신들의 자녀의 이익을 지키려고 한다는 점을 강조하는 로크나, 양육권이 하나님으로부터 부모에게 부여되었다고 주장한 아퀴나스(Thomas Aquinas)의 '가족들의 국가'(the state of families)라는 입장으로, 그녀는 이 입장을 가족의 이해관계를 벗어날 수 없는 협소한 것으로 보았다. 세 번째가 칸트와 밀과 같이 교육은 어떤 특정한 가치에 근거해서 이루어지기보다 개개인 스스로가 선택할 수 있는 정보를 제공하는 정도에 그쳐야 한다는 입장으로, 그녀는 이 입장을 개인 환원론적이라고 평가했다. 한편으로 전체우위 또는 참여 민주주의의 비전만이 교육의 핵심 내용이 되어야 한다는 입장에 유보적 태도를 취하고, 다른 한편으로는 민주적 제도와 절차에 참여할 수 있는 능력을 가진 개개인의 양성과 그 내용에 주목한 것이다.

거리가 멀고, 그렇다고 심의를 정치 참여와 동일한 것으로 이해해서 심의 자체에 목적을 둠으로써 시민적 책임성을 확보하고자 하는 시민적 형태의 공화주의와도 거리가 멀다.[3] 대신 심의가 투쟁과 극단적 대치를 어떻게 막는지, 그리고 심의와 상호 존중이 민주주의 사회에서 불가피한 갈등을 어떻게 순화시키는지에 초점을 맞춘 것이다.[4] 보다 구체적으로, 우선 본질적이고 도덕적인 주장

---

3 1980년에 베셋(Joseph Bessette)이 심의(deliberation)라는 용어를 처음 사용하고, 마넹(Bernard Manin)이 심의를 루소(Rousseau)적 직접 민주주의와 구분해서 제시한 이래, 심의민주주의에 대한 수많은 논쟁들과 연구 성과들이 제시되었다. 특히 롤스와 하버마스 같은 학자들이 심의민주주의 이론을 제시하고, 이들의 이론을 따르는 학자들이 논쟁을 주도하면서 심의민주주의는 1990년대 후반에 이르러서는 민주주의 이론의 핵심 주제로 대두되었다. 심의민주주의 이론의 핵심 내용, 그리고 지금까지 전개된 상황에 대해서는 권력 구조에 대한 고려를 통해 기존의 이론을 보완하려고 시도한 드라이젝(Dryzek, 2000)을 참조. 심의민주주의와 관련된 주요 논쟁에 대해서는 보먼과 레그(Bohman & Rehg, 1999)가 편집한 책과 피시킨과 래슬릿(Fishkin & Laslett, 2003)이 편집한 책을 참조. 실증적 사례 연구로는 펑과 라이트(Fung & Wright, 2003)를 참조. 그리고 자유주의와 공동체주의의 긴장을 해소하기 위한 학문적 노력의 일환으로 제기되고 있는 새로운 견해들이 심의민주주의와 관련된 이론들이 갖고 있는 문제의식과 어떤 상관관계가 있는지에 대해서는 곽준혁(2005b; 2008b)을 참조.

4 다양한 유형화가 가능하겠지만 심의의 과정에 규범적 의미를 부여하는 정도에 따라 크게 세 가지 입장이 나타난다. 첫 번째는 자유주의적 성격을 갖는 것들로, 심의가 이루어질 수 있는 조건으로 자유주의에서 강조하는 최소한의 개인의 권리와 자율성을 방어할 수 있는 수준의 '이성'

들을 공적 영역의 토론으로부터 배제하고자 한 롤스식 자유주의적 입장에 제동을 걸고, 심의 과정에서 힘의 불평등이 간과되면 참여 주체들이 심의과정을 불신함으로써 참여의 부재가 나타날 수밖에 없다는 점을 부각시킨 다음, 참여 주체에게 상호 존중과 같은 자발적 헌신을 불러일으키기 위해 심의 과정에서부터 심의의 결과까지 나타날 수 있는 불평등을 해소할 목적으로 '상호성'(reciprocity)이라는 조정원칙을 제시했다(Gutmann & Thompson, 1996: 52~94; Gutmann & Thompson 2004: 1~63). 것만의 심의민주주의 이론은 한편으로는 공적 변론의 내용에 본질적이고 도덕적인 주장을 포함시키고, 다른 한편으로는 갈등의 해결을 위한 조정원칙을 제시했다는 점에서 최근까지 가장 체계적인 자유주의적 심의민주주의 이론으로 평가받고 있다(Macedo, 1999; 곽준혁, 2005b).

『민주주의에서의 정체성』(*Identity in Democracy*, 2003) 이후 것만의 연구는 '정체성 정치'(identity politics) 연구에 집중되고

(reason)을 전제한 이론들이다. 두 번째는 다양성을 강조하고 선험적 공동체 윤리를 반대한다는 점에서는 첫 번째 입장과 동일하지만, 보편적 이성에 기초한 절차를 강조하기보다 심의민주주의를 가능하게 하는 조건으로서 시민적 신뢰를 강조하는 공화주의적 이론들이다. 세 번째 입장인 것만과 톰슨의 심의민주주의 이론은 심의를 의사의 결정과 무관한 끝없는 토론으로 보는 이상주의적 경향을 거부하고, 동시에 도덕적 갈등이 정치 영역에서 불가피한 이유와 힘의 불평등을 조정할 원칙의 필요성을 부각시켰다.

있다. 여기에서 정체성 정치란 사회적으로 주변화된 소수집단들이 갖는 특수한 문화적 · 도덕적 일체감을 정치사회적 권리로 인정해 주어야 한다는 주장이다. 심의민주주의 이론을 전개할 때에도, 그녀는 민주주의 사회에서의 다양성의 중요성과 자기 정체성이 민주적 심의에 끼치는 영향에 이미 관심을 기울였다(Gutmann, 1995). 정치적 원칙뿐만 아니라 좋은 삶의 의미까지 부여하고자 하는 포괄적 자유주의(comprehensive liberalism)는 거부하지만, 차이를 인정하고 받아들이면서도 서로의 생각을 존중하는 최소한의 자유주의 원칙들이 시민교육의 내용이 되어야 한다는 입장을 견지한 것이다. 이러한 입장은 그녀의 정체성 정치와 관련된 주장에서도 지속되고 있다.[5] 우선 이익집단이 자기 이해에 기초해 결합한 사람들이 갖는 수단적 연대에 의지하는 반면, 정체성 집단은 다른 사람들과 스스로를 일치시키는 공유된 귀속 감정에 기초한 목적

---

5 것만은 개개인이 갖는 정체성은 크게 네 가지 형태의 사회심리학적 과정을 통해 구성된다고 보고 있다. 개개인의 정체성은 ① 문화적 · 종교적 집단의 사회화, ② 귀속적 인지가 동일한 사람들의 그물망, ③ 다양한 형태의 자발적 집단에의 헌신과 일체감, 그리고 ④ "창조적 자기 회고"(creative self-reflection)를 통해 구성된다는 것이다(Gutmann, 2003). 문제는 그녀가 자기 정체성이 갖는 사회심리적 요소들을 인정하고, 이러한 사회심리적 요소는 인간으로서 느끼고 향유하는 보편성과 갈등관계에 있을 수 있는 특수성을 포함한다는 점도 인정하지만, 이렇게 특수한 정체성을 가진 개개인이 어떻게 '인간'이라는 귀속적 정체성(ascriptive identity)에 기초한 '정의감'(sense of justice)을 동시에 가질 수 있는지에 대해서는 충분히 설명하지 못한다는 데 있다.

적 연대를 갖는다고 정의한 후, 정체성 집단이 갖는 도덕적·정치 사회적 가치가 민주주의 사회를 지탱하는 사회정의에 위반된다면 결코 인정될 수 없다는 입장을 견지하는 것이다. 이러한 입장은 최근 소수 집단 내부에서 자행되는 반인륜적 행위와 문화에 대한 비판이 다문화주의의 규범적 절대성에 대한 부정으로 귀결되는 정치사회적 관찰들과 유사하고(Barry, 2001), 집단적 정체성이 개인적 정체성 또는 스스로를 존중할 수 있는 기초를 제공한다는 것은 인정하면서도 민주주의 사회에서 개별 정체성이 갖는 차이 가 곧 정치사회적 분열 또는 민주주의 사회정의를 파괴해서는 곤란하다는 자유주의자들의 견해를 함께 담고 있다(Gutmann, 2003: 127, 148). 그녀의 정체성 이론은 민주주의 사회에서 개개 인이 갖추어야 하는 정의감이라는 시민적 덕성이 어떤 존재론적 근거를 통해 도출되는지 여전히 모호하다는 비판으로부터 자유롭 지 못하다. 그러나 귀속적 감정과 다양성이 민주주의 사회에서 갖 는 중요성이 부각되었다는 점, 귀속적 감정과 특수한 문화적 속성 에 기초한 정체성이 사회정의와 어떻게 조화되어야 하는지에 대 한 구체적 고민이 수행되었다는 점에서, 그녀의 정체성 이론이 기 존의 자유주의 진영에서 논의된 정체성 이론들에 비해 큰 진전을 이루었다는 사실을 부인하기는 힘들 것이다.

민주적 시민교육 이론의 실천

스스로가 말하듯, 것만은 매우 행복한 정치철학자다. 우선 그녀의 가정이 이러한 생각이 들도록 만든다. 그녀의 남편은 국제정치 분야에서 평화와 관련해서 가장 빈번히 언급되는 미국 콜롬비아 대학(Columbia University)의 도일(Michael Doyle) 교수이고, 그녀의 딸은 하버드 대학에서 화학으로 박사학위를 받은 후 프린스턴 대학 교수로 재직 중이다. 또한 부부가 모두 칸트적 사유를 통해 구성한 스스로의 이론을 삶의 세계에서 관철하려고 노력하고 있다. 도일 교수는 아난(Kofi Annan)이 UN 사무총장으로 있을 때 사무차장(Assistant Secretary-General)으로 재직했고, 지금은 반기문 사무총장으로부터 UN 민주주의 기금의 회장으로 임명되어 UN의 개혁과 평화공존의 철학을 실천하는 데 전념하고 있다. 언급했다시피 펜실베이니아 대학 총장으로서 것만도 자신의 정치철학을 현실 속에서 실현시키고자 전력을 다하고 있다.

사실 것만의 삶은 그녀가 말해왔던 정치철학의 역할로부터 크게 벗어나지 않았다. 그녀가 규정하는 정치철학의 역할은 "인권, 자유와 다른 중요한 정치적 가치를 지키기 위해 권력에 맞서 진실을 말하는 것", 그리고 "부패, 전제, 잔인함, 그리고 압제에 맞서 진리를 말하는 것"이다(Gutmann, 2006: 58~59). 동시에 정치철학자의 의무는 정치권력과 정책을 비판하되, 열린 마음을 갖고 그 사회가 지향해야 할 도덕의 방향을 제시하는 것이다. 여기에서 정치철학자의 의무는 그녀가 제시하는 중도적 정치철학의 실천 범위를 통해 세밀하게 구체화된다. 그녀가 말하는 정치철학은 크게 두 가지 실천 범위를 갖고 있다. 첫째, 것만은 정치철학과 정치권력의 야합에 강한 거부감을 갖고 있다. 그녀는 무책임한 정치철학자들이 정치권력을 행사함으로써 나타난 폐해가 역사 속에 무수히 많다고 한탄한다. 즉 정치철학자는 정치적 실천을 통해 어떤 이득을 볼 수는 있겠지만, 정치권력에 직접적인 영향을 미치지는 않아야 한다고 단언한다. 둘째, 것만은 정치철학은 정치가 갖는 가능성의 폭을 확대하는 역할을 수행해야 한다고 믿고 있다. 그녀가 생각하는 정치권력은 필연적으로 타협과 실효성이라는 주제에 천착할 수밖에 없다. 이때 정치는 불가능할 것처럼 보이는 것을 가능하게 보이게 하는 역할을 수행하는데, 정치철학은 반드시 정치가 상상하는 '가능성'의 경계를 확장함으로써 '가능한 최선'이 보다 많은 사람들의 삶을 풍부하게 할 수 있도록 해야 한다는 것이다. 따라서 정치철학자는 결코 정치적 실효성이나 정치적 타협에 정치철학적 원칙과 진리를 희생시켜서는 안 되며, 동일한 이유에서 정치철학자는 정치권력과는 다소 거리가 있는 일반 사람들의 평가에 더욱 귀를 기울여야 한다.

것만의 정치철학자로서 자기규정은 교육행정가로서의 삶도 크게 좌우하고 있다. 2004년 7월 1일 펜실베이니아 대학의 8대 총장으로 취임하면서, 그녀는 인간과 사회에 공헌하기 위한 시민적 책임감의 실천을 그 내용으로 하는 '펜실베이니아 협약'(Penn Compact)을 내걸었다. 이 선언은 가정 배경이나 경제력에 상관없이 우수한 학생들을 유치하고, 학제적 경계를 넘나드는 최상의 학과를 만들고 유지하며, 필라델피아 지역을 넘어 인류 사회에 공헌할 수 있는 가치를 제시한다는 내용으로 구성되어 있다 (Gutmann, 2009). 특히 협약의 첫 번째 내용이 미국 사회에서 큰 반향을 일으키고 있다. 무엇보다 그녀가 자신의 자유주의적 평등 이론과 민주적 시민교육 이론을 실천하고 있기 때문이다. 그녀는 기회만 되면, 궁핍한 처지와 실질적 필요에 기초한 재정지원이 민주주의 사회에서 기회의 평등과 사회적 다양성을 더욱 공고히 할 수 있다고 주장하고, 국가 경제가 어려울수록 국가의 대학 교육 지원금과 대학 자체의 장학기금은 더욱 확대되어야 한다고 역설한다(Gutmann, 2006). 실제로 펜실베이니아 대학은 미국 내 주요 대학 가운데 이러한 정책을 시행하는 찾아보기 힘든 예이다. 2009년 9월 펜실베이니아 대학은 역사상 처음으로 재정 지원이 필요한 모든 학부 학생들에게 장학금을 지급했고, 연소득 40,000 달러 이하 가정의 학생들은 수업료는 물론 식비나 거주비를 일체 내지 않고 학교를 다니고 있다. 아울러 지역 사회의 일부로서 지역 구성원들을 가르치고, 커리큘럼 개발에 대학 교수들이 참여하도록 독려하며, 지역 사회 학생들의 대학 지원 커뮤니티를 발전시켰다. 필라델피아 시와 펜실베이니아 주의 경제적·교육적·사회적 여건을 개선함으로써 지역의 공교육을 공고히하고자 했던 것이다. 이러한 것만의 교육정책은 일차적으로는 지역 사회 주민이 펜실베이니아 대학에 보다 깊은 애정을 갖도록 유도했고, 공교육의 활성화와 필요에 기초한 장학정책은 그녀의 자유주의적 평등관과 민주적 교육관의 실현 가능성에 대한 주변의 우려를 기대로 전환시키는 데 크게 기여했다.

이번 것만과의 대담에서 필자는 13개의 질문을 던졌다. 그녀는 바쁜 일정을 이유로 6개의 질문에만 대답했다. 비록 절반의 대답이지만, 본인이 직접 그리고 신중하게 서술하기 위해 노력한 흔적이 역력했다. 아마도 세계에서 가장 바쁜 교육행정가 중의 한 사람이 일순간에 학자적 자세로 돌아와, 하루 종일 컴퓨터 앞에 앉아서 모든 질문에 하나씩 답하기는 어려웠으리라 짐작한다. 그녀가 "매력적인"(engaging) 질문들이라고 말했듯이, 답해야 할 질문들이 하나같이 그녀를 오랜 시간 동안 자리에 앉아 고민하도록 만들었을 것이기 때문이다. 아쉬운 점이 있다면, 한국사회와 관련된 사항에 대해 그녀의 혜안을 듣지 못한 것이다. 교육행정가로서의 처지, 한국사회에 대한 부정확한 정보나 일방적인 정보가 아닌지에 대한 고민, 그리고 그녀가 견지하는 중도적 정치철학을 고려할 때, 한국사회의 시민교육의 민감한 쟁점에 대해 말하는 것이 어려웠으리라 생각된다. 그렇지만, 프린스턴 대학의 인간가치센터를 통해 익숙해진 그녀의 차분한 열정과 펜실베이니아 대학의 운영을 통해 관찰된 그녀의 거침없는 온정만으로도 대답을 들은 것 같은 느낌이다. 가능성의 범주를 넓히는 그녀의 노력이 또 다른 상상력의 지평을 열어주기를 기대한다.

자유주의적 평등주의에 입각한 정의론

01 **곽준혁** —『자유주의적 평등』이라는 책에서 선생은 가장 평
등주의적 자유주의라는 평가를 받고 있는 이론을 제시한 바 있습
니다. 한편으로 롤스의 기본적 자유의 향유라는 측면에서 평등의
원칙에 최소한의 복지를 향유할 수 있는 사회적 권리를 부과함으
로써, 다른 한편으로는 롤스의 정의론에 소득의 불평등이 초래할
수 있는 문제의 하나로 정치적 참여를 위한 실질적인 기회의 상실
을 부각시킴으로써, 선생은 사회적 재분배와 참여 민주주의라는
시대적 요구들이 자유주의 전통 내에서 충족될 수 있는 가능성을
보여주고자 했던 것입니다. 또한 분배와 참여가 결합된 자유주의
적 평등관을 납득시키기 위해, 선생은 초기 자유주의 사상가들로
부터 현대의 자유주의 이론가들에 이르기까지 일관되게 투영된
철학적 추론을 선생만의 독특한 범주를 통해 비판적으로 검토하

기도 했습니다. 이러한 과정을 통해 선생은 자유주의적 평등관을 자유지상주의(libertarianism)와 공동체주의(communitarianism), 그리고 선호 집합적 민주주의 모델과 참여 목적적 민주주의 모델의 중간에 위치시키려 하셨습니다.

사실 선생의 자유주의적 평등 이론이 롤스의 정의론에 대한 탁월한 보완으로 알려져 있으며, 전체 우위의 공동체주의(holistic communalism)와 개인주의적 자유주의의 극단적 형태에 대한 적절한 대안으로 간주된다는 점은 부정하기 어렵습니다. 그러나 선생의 이론이 실현될 가능성에 대한 회의, 분배적 원칙으로서의 공적(desert)에 대한 전면적인 거부에 대한 반감, 그리고 분배와 참여가 결합될 수 있는 개연성의 정도와 관련하여 일정한 비판 또한 존재합니다.

선생이 말하는 '자유주의적 평등'이 의미하는 것은 무엇이며, 선생의 이론이 자유주의적 평등주의 이론에 가장 크게 기여한 바는 무엇인지 말씀해주시겠습니까? 그리고 기본적으로 자유주의적 가정에 충실하고자 원하는 평등 이론이 반드시 포함하고 있어야 하는 가치나 원칙은 무엇입니까?

것만─『자유주의적 평등』은 철학적 원칙들뿐만 아니라 정치적으로 당면한 도전에 대한 논의를 통해 자유와 평등을 조화시키려는 하나의 시도였습니다. 저는 이 초기 저술에서 이 두 가지 이상을 결합시키려고 시도했던 로크와 다른 고전적 정치철학자들의 사상을 검토하고 있고, 원칙과 실천이라는 두 측면 모두에서 자유와 평등을 조화시킬 수 있는 특별한 방식을 제시하고 있습니다. 저는 평등을 결과의 평등이 아닌 기회의 평등으로 이해하고, 이러한 기회의 평등이 언론과 종교의 자유와 같은 모든 기본적 자유——로크가 이해한 바와 같은 자유, 즉 자기 마음대로 할 수 있는 방종(license)이 아니라 모든 개인들에게 일관되게 적용되는 자유와 양립가능하다고 주장하였습니다. 예를 들면, 종교의 자유는 이교도들을 말뚝에 묶어 화형시킬 자유로 해석될 수 없으며, 언론의 자유는 폭력을 자극할 자유로까지 확대될 수 없습니다. 자유주의적 평등은 결코 모순어법(oxymoron)이 아니며, 평등과 자유라는 이상을 조화시키기 위해 헌정적 민주주의들이 시행해온 지배적인 방식입니다.

또한 이 책에서 저는 자유주의적 평등주의에 입각한 정의론의 원칙과 구조를 탐구하고 있습니다. 자유주의적 평등론이 담고 있는 일정한 내적 긴장을 고려하면서 풍부하게 하고, 이 이론을 현대 자유민주주의 사회에 적용할 수 있도록 만들고자 하는 목적이 있었던 것입니다. 그래서 저는 자유주의 전통에서 평등주의적 정의의 두 가지 모습이 어떻게 발전되었는지를 추적했습니다. 이 두 모습들은 자유주의적 정의론을 특징짓는, 평등에 대한 상이하지만 똑같이 중요한 두 가지 가정에서 비롯됩니다. 첫 번째 가정은 사람들은 자신이 가진 열정을 진지하게 받아들인다는 점에서 스스로를 평등하게 여긴다는 것인데, 이 가정은 정의의 분배적 측면에 초점을 맞추고 있습니다. 두 번째 가정은 모든 사람들은 공적 심의와 활동을 위한 능력을 지니고 있다는 것입니다. 이 가정은 정의의 참여적 측면에 초점을 두고 있으며, 대의 민주적 정부의 토대를 마련합니다. 이 두 가정들은 사회, 정치, 경제적 삶이라는 경험적 현실을 통해 증대되어 정의론을 구성하는 기본 원칙이 됩니다. 또한 저는 롤스와 같은 동시대의 평등주의자들의 이론이 어떻게 개인의 이익과 목적에 대한 어떤 확고한 이해에 기초하고 있는지를 검토했습니다. 이러한 과정을 통해 도출된 평등에 대한 비전은 단지 사회적 영역에서의 개인적 복지에만 주목하는 것이 아니라 정치에 참여할 수 있는 동등한 기회에도 관심을 두는 것이었습니다.

민주적 참여와 분배적 정의를 통합시키는 과제가 자유주의적 평등주의에 입각한 정의론의 핵심적인 정신임을 유의해야 할 것입니다.

다원주의 사회에서의 민주적 시민교육

02 곽준혁— 선생의 민주주의 시민교육론은 우리 시대 정치철학 분야에서 가장 영향력 있는 학문적 공헌 중 하나로 인정받고 있습니다. 선생은 이 이론을 통해 민주주의 사회에서 정치적 행위의 자기 조절(self-regulation)의 필요성을 역설했고, 정의로운 사회에 대한 올바른 과정이나 강력한 비전을 주창하지 않고도 민주적 교육이 형식적이고 절차적 합리성에 따른 결정을 넘어설 수 있는 논거를 제시했습니다. 이를 통해 선생의 민주적 교육론은 교육에 관한 가장 익숙한 두 가지 사고에 대한 대안으로 평가받고 있

습니다. 하나는 민주적 의사결정 과정은 교육을 위한 적절한 판단 기준으로 고려되어서는 안 된다는 듀이(John Dewey)의 "가장 훌륭하고 현명한 부모가 원하는 것"이 교육의 바람직한 방침이라는 자유주의적 사고방식이고, 다른 하나는 참여 민주주의라는 목적이 교육의 실제적 내용보다 우선된다는 바버(Benjamin Barber)식의 '강한 민주주의'(strong democracy)라는 교육 방침입니다.

저는 특히 선생이 『민주적 교육』이라는 책을 통해 제안한 최소기준(threshold minimum)에 관심이 있는데, 그 이유는 민주주의 사회에서의 교육은 무엇보다 모든 아이들에게 민주적 과정에 실질적이고 효과적으로 참여할 수 있는 '가능성'(capability)을 제공해야 한다는 전제에 크게 공감하기 때문입니다. 이는 다음과 같은 민주적 교육을 둘러싼 논쟁과 관련이 있습니다. 민주주의 사회는 교육에 대한 결정을 어떻게 내려야 하며, 민주적 교육의 요건을 충족시키기 위해 반드시 포함되어야 할 교육 자원과 내용은 무엇인가와 같은 논쟁 말입니다. 이러한 점을 고려해서, 선생의 민주적 교육 이론을 설명해주시겠습니까? 그리고 민주적 시민이 되기 위한 '가능성' 혹은 '능력'이 의미하는 바는 무엇인지 설명해주시겠습니까?

것만— 민주주의의 존속과 운영을 위한 민주적 교육의 중요성에 대한 체계적 분석이 현재 진행되고 있는 정치제도와 통치에 대한 수많은 논의의 핵심이라고 할 수 있습니다. 저의 또 다른 초기 저술에 속하는 『민주적 교육』은 정치철학과 교육 분야에서 새로운 담론의 장을 열었고, 학자들과 교육현장의 실천가들이 민주주의 사회에서 교육이 수행하는 역할에 대해 다시금 생각해보도록 하는 계기를 제공했습니다. 이 책은 개정판(1999년)이 나온 상태이며, 10여 개 나라 언어로 번역되었고, 교육학과와 자유주의 인문 교양과목 교과과정에서 세계적으로 널리 사용되고 있습니다.

이 책을 통해 정치이론 분야에서 시민교육과 관련된 다음과 같은 핵심적 질문들의 해답을 구하고자 노력했습니다. '민주주의 사회는 교육에 대해 어떤 방식으로 결정을 내려야 하는가', '무엇을 아이들에게 가르쳐야 하는가', '시민들은 어떻게 교육되어야 하는가' 하는 것입니다. 또한 이 책은 동시대의 학술적 논쟁과도 연관되어 있습니다. '다문화주의의 도전에 대한 민주적 교육의 적절한 대응은 무엇인가', '학교는 학생들에게 애국심이나 사해동포주의와 같은 감정을 배양하도록 노력해야 하는가'와 같은 질문들이 그것입니다.

민주적 열망을 지닌 다원주의 사회에서 교육이 제기하는 심각한 문제는 개인적 자유와 시민적 덕성을 조화시킬 수 있는 방법과 연관됩니다. 사실 학생들에게 개인적 자유와 시민적 덕성 모두를 최대치로 갖게 만드는 교육은 불가능합니다. 그러나 분별 있는 시민들은 이 둘 모두를 중요하게 여기며, 경우에 따라서는 두 가지 모두를 요구하기도 합니다. 예를 들면, 우리는 언론과 출판의 자유를 소중하게 생각하지만, 사람들이 거짓되고 사회적으로 유해한 표현을 사용하는 것을 자제하기를 원합니다. 이렇듯 개인의 자유와 시민적 덕성 사이에 존재하는 다양한 긴장은 철학적이면서 동시에 정치적인 도전을 야기합니다. 저는 개인적 자유와 시민적 덕성이 지니는 상대적 가치를 두고 벌어질 수 있는 적절하지만 심각한 정치적 불일치를 고려하면서, 이러한 긴장을 어떻게 철학적으로 해결할 수 있을지 고민했습니다. 그 결과 둘 중 하나의 가치를 우선시하기보다는, '비억압'(nonrepression), '비차별'(nondiscrimination), '민주적 심의'(democratic deliberation)라는 세 가지 원칙으로 구성된 '의식적인 사회적 재생산'(conscious social reproduction)이라는 민주적 이상을 옹호하고자 했던 것입니다.

『민주적 교육』은 이후 심의민주주의에 대한 저의 연구들과, 학자로서 그리고 대학 총장으로서 제가 증진시키고자 노력해온 가치들—자유, 기회, 그리고 상호 존중—의 시금석이 되어왔습니다. 이 저작은 모든 헌정적 민주주의에서 교육의 핵심에 대한 생산적인 탐구와 보다 심도 깊은 이해를 촉진시킴으로써 철학과 정책 간의 가교가 되고 있습니다.

03 **곽준혁**—민주주의 사회에서 다양한 의견들이 갈등 관계에 놓이게 되는 상황을 피하기란 사실상 어렵습니다. 마찬가지로 민주주의 사회에서 우리의 자녀들을 민주적 시민으로 키우기 위해 무엇을 가르쳐야 하는지에 대해서 중첩된 합의를 도출하기도 결코 쉽지 않습니다. 이런 맥락에서 선생의 민주적 교육 이론은 쟁투적 민주주의 이론가들이 제기해온 민주적 권위의 중립 불가능성과 관련된 질문들을 회피하고 있다고 말할 수도 있겠습니다. 같

은 이유로 선생의 민주적 교육 이론이 대중적 의사에 따르는 민주적 변화보다는 헌정적 안정을 더 강조하고 있다고 주장하는 사람들도 있습니다. 선생께서는 민주적 교육 이론에 대한 이러한 비판에 대응할 필요가 없다고 생각하십니까?

것만─민주적 교육 이론은 다음과 같은 질문을 제기합니다. '민주주의 사회에서 누가 교육에 대한 결정을 내릴 수 있는 권위를 갖는가', 그리고 '민주적 원칙들의 제한을 받는 범위 내에서 민주적 권위는 어떻게 결론에 도달할 수 있는가'라는 질문입니다. 민주적 원칙을 따르는 민주적 권위는 의사 결정권을 배분하는 역할을 할 뿐, 의사 결정 과정으로부터 나올 바람직한 결과를 먼저 상정하거나 유도하지 않습니다. 그러나 이것은 민주적 권위를 가진 사람이 교육에 대한 결정을 내릴 때 교육에 대한 일반 사람들이나, 부모들, 혹은 전문가들의 의견만을 유일한 지침으로 고려해야 함을 의미하지도 않습니다. 다시 말하지만, 민주적 권위에 대한 헌정적 제한이 타당한 판단의 대체는 아닙니다.

사회적 안정이 사회적 또는 정치적인 정체(stagnation)를 의미하지는 않습니다. 헌정적 틀은 자유민주주의 국가들이 지속적으로 그 사회를 통치하는 원칙과 절차를 수정하고, 시민들을 공통의 삶으로 이끄는 규범에 대해 재고할 수 있는 기회를 제공합니다. 민주적 변화는 민주주의의 기본 원칙을 진지하게 받아들이고, 시민적 평등의 중요성을 고려하는 자유민주주의 국가에서 생겨납니다. 민주적 교육은 모든 시민들의 시민적 가능성을 지지하며, 이들이 상호적으로 구속 받는 법과 공공정책에 대한 결정에 실질적이고 효과적으로 참여할 수 있도록 도와줍니다. 공적 영역에서의 핵심적인 이슈에 대한 대중의 여론은 시민들이 어떻게 교육받았고, 다른 사람의 견해와 선호를 어떻게 고려하도록 배웠는지에 영향을 받게 됩니다. 다른 사람의 견해를 존중하고, 사회적 구분을 가로질러 타협하는 법을 배우는 것은 민주적 교육이 전해줄 수 있는 핵심적인 교훈의 하나라고 하겠습니다.

집단 정체성과 민주주의 정치의 관계

04 곽준혁─다문화 공존의 필요성은 그 정의만큼이나 복잡합니다. 한편으로 다문화 공존은 국가적 경계에 기초한 인민주권이라는 대중적 이미지를 유지시켜주는 민족적 정체성 논리에 대한 도전으로 여겨지고 있습니다. 다른 한편으로 이것은 책임 있는 시민의 형성에 필요한 시민적 연대를 약화시키는 퇴행적 힘으로 여겨지기도 합니다. 간단히 말하면, 대부분의 학자들이 적어도 다문화 공존의 필요성에는 공감하고 있지만, 그것을 어떻게 실현시킬 것인지에 대한 방법에 있어서는 이견을 가지고 있습니다. 더욱이 오늘날에는 연대, 시민적 책임성 그리고 재분배와 같은 가치 아래 다문화주의에 대한 다양한 비판들이 제기되고 있습니다. 이와 같은 논의에 부분적으로 공감하기에, 저는 다문화 공존의 실현이 퇴행적 결과를 낳는 것을 막음과 동시에 문화적 차이 속에서 민주적 심의가 이뤄질 수 있는 토대를 제공할 수 있는 조정원칙으로 '비지배적

상호성'(reciprocal nondomination)을 제시한 바 있습니다.

이런 맥락에서 저는 『민주주의에서의 정체성』이라는 책에서 선생이 정체성 집단 또는 정체성 정치에 대해 주장한 바에 관심을 갖고 있습니다. 정체성이 이해관계와 혼동되어서는 안 된다고 생각하시는 이유는 무엇입니까? 자기존엄(self-dignity)을 형성하는 원천으로서 정체성은 모든 이에게 동등하게 고려되어야 하는 정치적 권리와 구분되어야 합니까? 선생의 정체성 정치이론에서 학교가 학생들 사이에 애국적 감정이나 책임 있는 시민성을 배양하는 것이 정당화될 수 있습니까?

것만— 실제로 오늘날 흔히 '정체성 정치'라고 불리는 집단 정체성에 대한 호소는 선거에서의 일상적인 정치적 동원에서부터 위기 국면에서 동요를 일으키는 시민적 불안을 잠재우는 기제에 이르기까지 현대 민주주의 사회의 광범위한 영역에서 중요한 역할을 수행하고 있습니다.

정체성 집단이 현대 정치에서 수행하는 역할을 단순히 묘사하기보다 평가하고자 하는 입장들을 보면, 정체성 정치에 대한 비판가들은 부정적인 면에 초점을 맞추고 있음을 알 수 있습니다. 이러한 비판가들이 보기에 집단들은 그 구성원들에게 사회나 동료 시민들, 그리고 공공선에 대한 의무와 상충될 수 있는 충성심을 요구합니다. 그리고 기독교, 이슬람교, 유대인, 남성, 여성, 이성애자, 동성애자, 트랜스젠더, 라틴계, 흑인, 백인, 아시아인 등과 같은 수많은 집단 정체성은 거의 필연적으로 사람들을 정형화합니다. 예를 들면, '편협한 혹은 관대한', '게으른 혹은 근면한', '강한 혹은 약한', '야심적인 혹은 순종적인'과 같이 명시적으로 바람직한 범주와 그렇지 못한 범주로 나누는 것입니다. 이러한 속성에 따른 정형화는 엉성하게 분류된 개인들을 조야하게 어떤 집단 정체성으로 분류하고, 자신들이 적합하다고 여기는 바에 따라 스스로를 규정할 자유를 제한하며, 개인이 지닌 창조성을 억눌러 그들이 성장할 수 있는 잠재력을 축소시키는 결과를 낳습니다. 또한 부정적인 정형화는 민주주의 사회를 결속시키는 공통적인 가치에 기반을 둔 협력보다 적개심을 야기합니다. 정체성 집단 정치가 갖는 구분으로부터 불신과 증오, 심지어 폭력이 초래되는 것입니다. 이렇게 정체성 정치를 묘사하는 것은 민주주의 사회의 건강을 위한 처방이나 정당한 목적을 위한 추구가 되지 못합니다.

정체성 정치를 옹호하는 사람들은 매우 다른 그림을 그리고 있습니다. 인간은 언제나 집단 속에서 자기 정체성을 찾아왔을 뿐만 아니라 앞으로도 항상 그럴 것이라는 점을 지적합니다. 그들이 관찰하기에 인간은 사회적 동물입니다. 게다가 개인들은 자연스럽게 "우리와 유사한" 사람들과 자신을 동일시합니다. 이때 우리와 유사하다는 것은 인간, 남성 혹은 여성, 청년 혹은 노인, 기독교 신자, 이슬람 신자, 유대인, 이성애자, 동성애자, 양성애자 혹은 성전환자 등과 같이, 우리가 동일시하고 우리와 동일시되는 넓은 범주의 자발적·비자발적인 집단 정체성 모두를 포괄합니다. 집단 정체성의 중요성을 부정하는 것은 모든 개인들의 정체성을 구성하는 핵심적인 요소를 부정하는 것일 뿐만 아니라 많은 사람들의 삶에 있어서 집단 정체성이 수행하는 긍정적인 역할을 간과하는 것입니다. 많은 정체성 집단들, 특히 역사적으로 다수자 집단의 차별을 경험해온 소수자 집단들은 다수자 집단들이 동등한 존중을 부여하지 않거나 여전히 차별적인 방식으로 사고하고 행동할 때, 구성원들에게 개인적 자부심과 자기 존중, 상호 부조와 함께 개인적인 안전과 사회적 소속감을 제공합니다. 차별이 없는 경우에도, 집단적 정체성을 옹호하는 사람들은 민주주의 정치가 수적 우세에 좌우된다는 점을 상기시킵니다. 일상적인 민주주의 정치에서 성공을 거두는 핵심적인 방법은 집단에 호소하고, 이들을 조직하고, 동원하는 것입니다. 그러한 집단을 이익집단이라 부르든, 정체성 집단이라 부르든 말입니다. 그리고 일반적으로 이 둘은 중첩됩니다. 예를 들면, 미국은퇴자협회(American Association of Retired Persons)는 미국 노인들의 상호 일체감에 의존하고, 이를 형성하려고 노력하는 유명한 이익집단입니다.

저는 정체성 정치의 비판자들과 옹호자들 간의 이러한 첨예한 격차를 메울 수 있는 방법이 없을지 고민했고, 『민주주의에서의 정체성』이라는 책에서 "정체성 정치의 긍정적인 면과 부정적인 면, 그리고 추한 면"을 일관되게 인식할 수 있는 방법을 제시하고자 했습니다.

민주주의 정치에서 사람들은 집단에 소속되어 있을 때 가장 큰 영향력을 가지며, 정체성 집단은 기본적인 결사의 자유를 표명합니다. 이러한 자유가 주어진다면 개인들은 스스로를 집단과 동일시할 것입니다. 하지만 정의감(sense of justice)을 수반하지 않는 정체성 정치는 민주주의 사회를 통합시키기보다는 분열시킬 가능성이 큽니다. 핵심은 정체성 정치를 분별하고 평가하기 위해 민주적 정의감을 사용하는 것입니다. 정체성 집단에 기반을 두지만 정의감을 수반하고 있다면, 그러한 정체성 정치는 다양한 방식으로 동등한 자유와 기회, 그리고 시민적 평등을 보다 잘 보장하는 역할을 할 수 있을 것입니다. 사회적으로 유리한 집단이나 불리한 집단 내에서 가장 특권화된 지위를 갖고 있거나 가장 강력한 권력을 지닌 구성원들만을 위하는 정체성 정치가 되지 않을 것입니다.

정체성 정치에 의해 정의가 부정되었던 분명한 예——이 사례는 다른 식으로 판단될 수도 있습니다——를 들어봅시다. 마르티네스(Julia Martinez)는 일생의 대부분을 미국 남서부의 산타 클라라 푸에블로(Pueblo) 인디언 보호구역에서 살아왔습니다. 그녀는 나바호족(Navajo)의 남성과 결혼했지만, 푸에블로 전통 언어인 테와(Tewa)어를 사용하고, 푸에블로 전통과 관습을 따르면서 보호구역 내에서 여덟 명의 자녀들을 푸에블로 부족으로 키웠습니다. 그러나 마르티네스가 푸에블로족이 아닌 남성과 결혼했기 때문에 그녀의 자녀들에게는 푸에블로족 시민권과 복지권이 발급되지 않았습니다. 만약 마르티네스가 이족결혼을 한 남성이었다면, 그녀와 그녀의 자녀들은 완전한 푸에블로족 권리를 부여받았을 것입니다. 마르티네스는 부족 당국을 고소하였고, 마침내 1968년 다음과 같은 인디언 시민권법을 입안시켰습니다. "자치권을 행사하는 그 어떤 인디언 부족도…… 그 관할권에 속해 있는 자에게 법의 동등한 보호를 부인해서는 안 된다." 그러나 마르티네스는 연방 대법원이 대법원 판사 다수의 판결로 다음과 같은 선고를 내려 패소할 수밖에 없었습니다. "부족의 결정을 폐기하는 것은…… 어떠한 좋은 이유에서건 문화적 정체성을 부여한다는 명목으로 이를 파괴하는 것이다." 연방 대법원 판사들의 다수가 푸에블로족의 집단 정체성을 지키는 것이 더 중요하다고 판단했던 평결로, 마르티네스와 그녀의 자녀들뿐만 아니라 타 부족의 여성과 아이들이 자신들의 부족에 속하게 됨으로써 얻을 수 있는 동등한 혜택의 권리가 부정된 것입니다.

푸에블로족의 주권을 지킨다는 명목 하에, 대법원의 다수파 판사들은 미국의 인디언 여성과 자녀에게 동등한 시민권을 부여하는 것을 효과적으로 부인하고 말았습니다. 대부분의 사람들—모든 사람들이 아니라면—이 복수의 집단 정체성을 지닌다는 점을 인식하지 못한 채 말입니다. 미국 시민이기도 한 나바호족의 남성과 결혼한 푸에블로족의 여성으로서, 동일한 상황의 남성이라면 누릴 수 있는 권리를 동등하게 향유하기를 원했던 마르티네스의 경우를 몰랐던 것이지요. 여성에게 남성과 동등한 지위를 인정할 것을 요구했던 1968년 인디언 시민권법을 기각한 것은 정의가 부인된 것이나 마찬가지였습니다. 이 결정은 마르티네스에게 푸에블로 인디언으로서, 그리고 미국 시민으로서 종속적인 지위를 받아들이도록 강요했습니다. 이러한 마르티네스 판례는 평등한 권리에 대한 고려를 전혀 할 수 없는 절대적 주권을 어떤 집단에게 부여해야 한다는 생각이 얼마나 부적절한 것인지를 보여줍니다.

마르티네스가 동등한 대우를 요구한 소송에서 패배한 이유는 그녀의 집단 정체성 때문이 아니었습니다. 그녀가 패소한 이유는 연방 대법원 판사들의 다수가 모두 남성들로만 구성되었던 푸에블로 당국에 절대적인 주권을 양도했기 때문이었습니다. 이러한 절대주권의 양도가 푸에블로 여성들의 시민적 평등과 동등한 자유의 기회를 말살시키는 것을 의미함에도 말입니다. 푸에블로 여성에게 이러한 동등한 권리를 제공해주는 결정이 푸에블로족의 정체성을 '파괴'할 것이라는 증거는 존재하지 않습니다. 이 경우가 보여주듯이 집단 정체성은 단일한 것이 아니라 다양한 것입니다. 푸에블로 여성으로서 마르티네스가 지닌 정체성은 확실히 푸에블로 정체성이 수반하는 것의 일부로 간주될 수 있습니다.

집단 정체성은 단일하기보다는 다양하고, 민주주의 정치는 정의에 대한 다양하고 경쟁적인 관심사에 의존하기 때문에, 집단 정체성과 민주주의 간의 관계는 복잡합니다. 하나의 가능한 민주주의적 관점은 집단 정체성과 민주주의 정치와의 상호작용에 주의를 기울이고, 광범위하게 옹호될 수 있는 정의의 원칙에 기초해서 이러한 관계들을 평가하는 것입니다.

집단 정체성과 민주주의 정치의 관계에 관한 질문에 답하기 위해 『민주주의에서의 정체성』이라는 책에서 반드시 이해되어야 할 핵심적인 주제는 다음과 같습니다. 하나의 전체로서 정체성 집단은 민주적 정의의 친구도 아니고 적도 아니라는 것입니다. 정체성 집단들은 민주주의에 관심을 갖는 사람들이 다루어야 할 독특한 도전들을 가져옵니다. 정체성 집단은 민주주의 정치에서 상호적인 정체성을 기반으로 결속을 가져올 수 있는 장점이 있습니다. 또한 정체성 집단은 집단 내의 하위집단과 집단에 속하지 않은 사람들에게 고통을 주기도 합니다. 정체성 정치에 대한 민주주의적인 관점은 민주 정치에서 집단 정체성이 수행하는 긍정적인 부분과 부정적인 부분 모두 인식할 필요가 있습니다.『민주주의에서의 정체성』이라는 책은 정체성 정치의 긍정적인 면을 장려하고 부정적인 면과 추한 면을 억제—비록 완전히 극복하지 못하더라도—하기 위해, 정체성 정치의 이러한 모습을 우리가 어떻게 인식할 수 있는가를 제시하고자 한 책입니다.

정치철학자의 올바른 역할

05 **곽준혁**—펜실베이니아 대학의 8대 총장으로 선생은 민주적 교육 이론뿐만 아니라 자유주의적 평등 이론을 실현시키는 데 있어 탁월하고 성공적인 리더십을 보여왔습니다. 선생은 다른 사람들에게 적극적으로 다가가서, 그들을 펜실베이니아 대학으로 끌어들이는 능력이 탁월하다는 평가를 받고 있습니다. 또한 학문의 자유, 대량 이주, 국제적 발전 그리고 대학의 사회적 책임과 같은 광범위한 지구적 문제들에 대해 유엔 사무총장에게 실질적인 조언을 제공하는 선도적인 학자로도 인정받고 있습니다. 선생께서 펜실베이니아 대학의 총장으로서 하는 일들이 정치적 삶과 관련해 정치철학이 할 수 있는 적절한 역할 중의 하나라고 생각하시는지 말씀해주시겠습니까? 정치철학과 정치적 실천 사이의 관계라

는 측면에서 볼 때 총장으로서의 역할보다 유익한 일이 과연 존재할 수 있을까요?

　것만―정치철학의 올바른 역할은 인권과 자유, 그리고 다른 중요한 정치적 가치들을 수호하고, 부패와 독재, 탄압에 대항하면서 권력에 대해 진리를 이야기하는 것입니다. 정치권력과 공공정책에 대해 정치철학가들이 제기하는 비판의 본질은 반드시 이성적 논증과 근거를 통해 알려져야 하며, 이러한 논증과 결과는 이후에 도전 받을 수 있어야 합니다. 민주주의는 타협의 기술이기도 합니다. 정치철학은 타협의 필요성을 설명해야 하며, 합리적인 타협을 인정하고 증진시킴으로써 도덕적이고 정치적인 진전을 이끌어내야 합니다. 정치철학은 가치 있는 목표들 간의 긴장과 교환을 강조함으로써 타협을 형성할 수 있어야 합니다. 정치에서 타협이 가져다주는 목적에 대한 적절한 고려 없이, 타협에 대한 매우 큰 압력이 가해진다는 사실은 공적 영역에서의 정치철학이 정치권력과 무관한 사람들에 의해 가장 잘 발전되어온 이유이기도 합니다. 우리는 정치철학과 정치적 실천의 직접적인 관계에 정말 신중해야 합니다. 역사는 정치권력을 획득한 공적으로 무책임한 지식인들이 정치철학을 실천에 옮기면서 행한 수많은 부패의 예를 보여주고 있습니다. 정치철학자들은 정치적 실천에 도움을 주는 간접적인 영향력을 지닐 수 있습니다. 그렇지만 정치권력과의 관계에서 정치철학이 하는 주된 역할은 명백히 비이상적인 세계에서 도덕적인 이상을 실현하는 데 부딪히게 되는 실질적인 한계 내에서 가능한 도덕적인 방향성을 제시하는 것입니다.

왈저는 공적 지식인으로서 정치철학가의 역할에 대한 영감을 불러일으키는 모델입니다. 물론 다양한 정치적 스펙트럼에 걸쳐 존경할 만한 다른 많은 공적인 지식인들이 있습니다. 하지만 모방과는 다른 의미에서 왈저가 가진 이력의 본받을 만한 두 가지 특징을 주목해볼까 합니다. 그의 탁월한 업적인 『정의로운 전쟁과 정의롭지 못한 전쟁』(*Just and Unjust Wars*, 1977)에 담긴 주장을 진지하게 검토하지 않고, 그 누구도 전쟁의 도덕성에 대해 진지하게 토론할 수 없을 것입니다. 그는 어떠한 정당의 정치적 의제도 따르지 않습니다. 공적 영역에 나서서 자신의 학문적 통찰력을 동원해 그에게 설득된 전향자들뿐만 아니라 자신의 동료 독자들에게 발언합니다.

예를 들어, 왈저는 9·11 사태 이듬해 봄에 『이견』(*Dissent*)지에 실린 「품위 있는 좌파는 가능한가?」(Can There Be a Decent Left?)라는 글에서 많은 좌파 비판가들이 지닌 "조건반사적인 반미주의, 구좌파 교조주의, 정치적으로 올바르고 도덕적으로 순수한 분파를 넘어서는 동료애의 거부"를 비판한 바 있습니다. 이들 비판가들은 왈저가 말한 "죄책감과 분노의 정치"로 인해 도덕적인 균형과 지적인 전망, 그리고 9·11 사태 이후 정당화될 수 있는 군사적 대응의 필요성에 대한 판단을 상실했던 것입니다. 이후 그는 자신의 동료 좌파들에게 "먼저 품위(decency)를 지닐 것"을 호소했습니다. 이러한 행동이 공적 지식인이 정치에 대해 취할 수 있는 품위 있을 뿐만 아니라 용기 있고 존경할 만한 자세라고 말할 수 있을 것입니다.

06 **곽준혁** — 마지막 질문입니다. 요즘 연구하고 있는 주제는 무엇인지 말씀해주시겠습니까? 그리고 향후 5년 내에 선생께서 할 가장 중요한 일은 무엇입니까?

것만 — 요즘 저는 시간의 대부분을 펜실베이니아 대학을 운영하는 데 기울이고 있습니다. 펜실베이니아 대학의 더 나은 미래를 구상하고, 이 비전을 실현시키기 위해 부지런히 그리고 효과적으로 일하고 있습니다. 그리고 연구에 할애할 수 있는 시간에는 21세기 대학의 목표와 운영에 관한 책을 저술하고 있습니다.

다원성에 기초한 공공성의 형성

민주화 이후 국정운영에서 최대 현안의 하나는 갈등조정 메커니즘의 창출이다. 분권화와 지방화를 통해 중앙 정부의 일방적인 조정 메커니즘은 해체된 반면, 이전에 볼 수 없었던 부처 · 지역 · 집단 사이의 새로운 갈등형태가 각각 나타남으로써 갈등조정 메커니즘의 부재가 심각한 정치적 문제로 등장하고 있기 때문이다. 갈등조정 메커니즘에 대한 관심은 한국사회에서만 나타나는 현상이 아니다. 최근 서구 학계에서 '심의'와 '민주주의'의 상관성에 대한 논의가 활발하게 전개되고 있는 것도, 유럽연합이 어떤 절차와 원칙을 통해 하나로 통합된 헌정질서를 구성할 수 있을지에 대한 다양한 논의가 '리스본 조약'의 발효로 현실화되고 있는 것도, 새로운 형태의 갈등조정 메커니즘에 대한 전 세계적인 관심을 보여주는 좋은 사례이다. 특히 심의민주주의와 관련된 논의는 개인의 자율성을 중시하는 자유주의와 적극적인 정치 참여를 통한 공공선의 실현을 목적으로 하는 공동체주의의 긴장을 해소하고자 하는 학문적인 노력, 자유롭고 평등한 시민들의 심의를 통한 의사결정이라는 민주주의적 이상을 실현하고자 하는 제도적 모색, 그리고 차이의 인정을 넘어 다원성에 기초한 공공성을 확보할 수 있는 인식론적 전환까지 포괄한다. 다시 말해 갈등조정 메커니즘의 창출과 관련된 심의민주주의에 대한 논의는 일상적인 정치과정에서 발견되는 시민들의 자발적인 정치 참여의 부재와 특정 사안들을 둘러싸고 벌어지는 시민사회 내의 첨예한 갈등 모두 경험하고 있는 오늘날 민주주의가 지닌 절박한 요구들을 총체적으로 반영하고 있다고 할 수 있다.

반면, 한국사회에서는 심의민주주의에 대한 본격적인 논의가 좀처럼 진행되지 않고 있다. 심의 또는 토론 민주주의라는 이름으로 소개되고 있지만, 투표를 통해 시민들의 의사가 집합되는 선호 집합적(aggregative) 대의 민주주의의 보완으로 언급되거나, 고대 아테네와 같은 도시국가에서나 가능했을 법한 직접 민주주의의 이상적인 한 형태로 간주되는 경우가 많다. 인터넷의 확산, 환경 문제, 그리고 지방자치와 같은 새로운 현상이나 정책과제에 개별 이론을 적용한 연구는 있지만, 기존의 이론들을 종합해서 한국적 토양에 적합한 심의민주주의의 내용과 원칙을 제시하려는 시도는 아직 없다. 또한 심의민주주의의 유용성과 한계에 대한 언급은 많지만, 심의민주주의의 실현 가능성을 높일 수 있는 방법을 모색하려는 이렇다 할 시도도 아직까지 없다. 몇몇 시도가 있다고 하더라도, 심의민주주의의 일반적 조건을 충족시키면서 동시에 적용 가능성을 높일 수 있는 일관된 원칙을 제시하지는 못하고 있는 실정이다. 물론 심의민주주의가 적용상에 한계가 있다는 점은 부인할 수 없다. 그러나 갈등은 불가피하며, 만약 갈등이 환경의 변화에 대한 정치체제의 순응을 위한 기재(器才)로 전환될 수 있다면, 오히려 시민사회의 역동성과 건강성을 확보하는 수단이 될 수 있다는 인식의 전환이 무엇보다 필요하다. 그러나 갈등에 대한 인식의 전환이 없을 경우에도 심의를 가능하게 할 내용과 원칙이 제시되지 않는다면, 심의민주주의는 이상주의적인 모델에 지나지 않을 것이다. 심의민주주의가 참여 주체의 평등성, 자율성, 포괄성, 그리고 공적 변론을 위한 충분한 정보와 이성적 추리능력과 같은 일반적으로 언급되는 조건들이 보장되어야만 작동할 수 있다면, 이는 민주주의의 질적 향상을 위한 방법이라기보다 결과물이라고 봄이 적절할 것이기 때문이다. 오히려 심의민주주의의 조건들이 심의라는 과정을 통해서 형성될 수 있는 내용과 원칙으로 제시될 때, 비로소 심의민주주의의 실현 가능성에 대한 더 진전된 논의를 시작할 수 있을 것이다. 한마디로 심의를 가능하게 할 수 있는 조건이 아니라 이러한 조건을 심의를 통해 형성할 수 있는 원칙에 대한 논의가 필요한 것이다.

갈등조정 매커니즘으로서 심의민주주의

크게 세 가지 문제점 때문에 심의민주주의가 한국사회에서 크게 관심을 끌지 못하고 있다. 심의의 비결정성이 가져오는 비효율성, 심의를 통한 의사결정이라는 이상의 실현 불가능성, 그리고 사회적 갈등이 사회 전반의 권력관계와 불가분의 연관성을 가지고 있다는 정치의 권력적 속성 때문에 심의민주주의가 대안이 될 수 없다는 것이다. 그러나 심의민주주의의 근본적인 결함은 심의를 가능하게 할 수 있는 조건이 심의라는 과정을 통해 형성될 수 있는 조정원칙을 제시하지 못하고 있다는 점이다. 만약 심의를 통해 심의민주주의의 조건들이 성립될 수 없다면, 이상적인 제도가 이미 보장된 사회에서나 성립될 수 있는 모델이거나, 아니면 심의를 통해 갈등을 해결하려는 동기를 각각의 시민들에게 제공할 수 없는 추상적인 이론에 불과할 것이다.

이러한 문제의식에서 볼 때, 한국사회의 시민교육은 일차적으로 자율적인 개인의 판단과 선택을 충분히 제공할 수 있는 조건으로서 비지배(non-domination)에 초점을 맞추어야 한다. 이 주장은 다음 두 가지 관찰에 기초하고 있다. 첫째는 민주적 심의는 참여 주체의 열정과 의지가 충돌하는 논쟁적 요소를 가진다는 것이다.[6] 또한 갈등상태에 있는 쌍방이 자신들의 견해가 절대적으로

---

6 샹탈 무페가 쟁투적 민주주의(agonistic democracy)라는 개념을 가지고 지적하듯이, 다원성이 인정되는 민주주의 사회에서는 절차적 합리성만으로 첨예하게 갈등하는 쌍방을 모두 만족시킬 수 없고, 적대감과 권력을 향한 열정 또한 심의의 필수적인 구성요소일 수밖에 없다(Mouffe, 2000: 101). 무페의 이론은 심의와 권력의 관계를 잘 지적했지만, 심의를 통한 집단의사의 창출을 헤게모니 또는 지배담론의 형성으로 이해함으로써 민

옳다고 믿는 경우, 합의만을 강조하거나 적대적인 대립을 지나치게 배제한다면 실질적인 심의는 어려울 수밖에 없다. 이때, 무엇보다 우선적인 과제는 적을 정당한 적대자로 용납할 수 있는 조건을 형성하는 것이다. 그러나 이러한 조건은 갈등상태에 있는 한쪽이 다른 한쪽에게 지배당하고 있다고 인식하거나 아니면 지배하려는 욕구를 심의를 통해 충족할 수 있다고 믿는다면 결코 형성될 수 없다. 즉 현실정치에서 발생하는 갈등을 심의라는 과정을 통해 해결하려고 한다면, 그리고 이러한 과정에 시민들의 실질적인 참여를 유도하려고 한다면, 심의민주주의는 무엇보다도 지배의 문제에 민감할 수밖에 없다. 둘째는 심의에서 발생하는 참여 주체간의 힘의 불평등을 해소하는 방법의 초점을 독점으로부터 지배로 전환할 필요가 있다는 것이다. 심의의 과정 중에 발생하는 권력구조, 집단 간의 역학, 그리고 이념적 간극에서 비롯되는 힘의 불평등을 해소하는 방법은 독점에 초점을 두느냐 아니면 지배에 초점을 두느냐에 따라 큰 차이가 있다.[7] 만약 참여주체의 불평등을

주적 심의가 지배와 피지배 관계로 또다시 전환되는 것을 용인하는 결함을 가지고 있다. 그럼에도 불구하고 민주주의 사회에서 갈등이 불가피할 수밖에 없다는 그녀의 통찰은 민주주의를 선호 집합적 의사결정으로 간주하는 태도에 대한 적절한 비판이라고 할 수 있다. 상세한 내용은 이 책에 담긴 무페와의 대담을 참조.

7 필자의 지배와 독점에 대한 개념은 왈저(Walzer, 1983: 10~13)의 것을 수정한 것이다. 여기에서 독점은 지배를 위한 수단으로, 사회적 재화를 소유하거나 관리하는 방법을 의미한다. 자원이 희소한 경우 희소 자원의

해소하기 위해 독점에 초점을 맞춘다면, 갈등의 당사자들은 권력의 장악을 통한 일방적인 제도화만이 유일한 대안이라고 인식할 가능성이 커진다. 주된 이유는 정치적 영역에서는 권력, 경제적 영역에서는 부, 문화적 영역에서는 자기정체성, 이데올로기적 헤게모니 등 다양한 독점의 형태가 존재하고, 한 영역의 독점이 다른 영역의 독점과 연관성을 가질 수는 있지만 항상 일치하지는 않기 때문이다. 실제로 경제적 영역에서 생산수단의 독점을 해소했다고 해서, 또 다른 영역에서의 독점까지 막을 수는 없고, 그 결과 독점의 해소는 힘의 불평등을 가져온 구조의 실질적인 개선보다 지배와 피지배 세력 간의 첨예한 권력투쟁의 결과로 당사자들에게 인식될 가능성이 커진다. 반면 국지적 형태의 독점은 인정하더라도 지배의 광범위한 전환가능성에 대해 시민들이 저항할 수 있는 조건을 구비하는 방향으로 문제의 초점을 옮긴다면, 힘의 불평등은 그 정도만큼 실질적으로 축소될 수 있다. 또한 일방적 제도화가 심의민주주의가 지향하는 바와 대립된다면, 지배와 피지배에 초점을 맞추면 맞출수록 갈등조정 메커니즘으로서 심의민주주

독점이 곧 지배일 수 있지만, 지배적인 재화(dominant goods)는 시간과 장소에 따라 변화하기에 독점 자체가 지배일 수는 없다. 반면 지배는 사회적 재화를 사용하는 방식을 의미하며, 재화의 독점이 아니라 재화의 내재적 의미를 자의적으로 형성 또는 변경하는 전환가능성(convertibility)을 소유함으로써 유지된다. 즉 지배는 어떤 재화에 사회적 의미를 다르게 부여하거나 창출함으로써 모든 영역에서 독점을 행사할 수 있는 실질적 힘을 의미하는 것이다.

의의 실현 가능성은 그만큼 높아질 수 있다. 따라서 독점의 완전한 해소보다 지배에 저항할 수 있는 견제력(contestability)을 중심으로 심의의 조건이 구비될 수 있는 방안에 관심을 기울일 필요가 있다.

비지배적 상호성에 기초한 시민교육

한국사회의 시민교육을 논의하기 위해서는 정치적·이념적 갈등을 조정할 수 있는 원칙이 우선적으로 필요하다. 필자는 조정원칙으로 여러 경우를 통해 '비지배적 상호성'을 제시해왔다. 여기에서 비지배적 상호성은 비지배 자유——타인의 자의적 의지로부터 자유——와 심의민주주의의 조정 원칙으로 것만이 제시한 상호성의 결합이다. 즉 민주화 이후 한국사회에서 교육되어야 할 핵심적 가치의 하나로, 그리고 이러한 핵심적 가치를 찾아가는 심의과정을 조정하는 원칙의 하나로 비지배적 상호성을 제시하고 있는 것이다. 조정 원칙으로서 비지배적 상호성은 크게 두 가지 특징을 통해 설명될 수 있다. 첫째, 비지배 자유는 심의민주주의의조건을 형성하는 기초적인 가치이지만, 이것 자체가 제1원칙으로서 다른 모든 원칙들을 미리 규정하지는 않는다. 즉 선험적인 내용과 목적이 제시되는 것이 아니라, 시민들이 최소한 향유해야 할조건들을 구체화하는 심의의 장을 형성하는 것이 일차적 목적인것이다. 다시 말하자면, 시민들뿐만 아니라 관련 전문가들이 특수한 맥락에서 무엇이 올바른 일인가를 판단할 때 이성적 판단의 근거가 되는 동시에 심의의 내용을 채워나갈 다른 원칙들이 심의를 통해 드러나게 하는 조정 원칙이라는 것이다. 둘째, 비지배는 상호적이어야 한다. 갈등상태에서 쌍방은 결코 비지배 자유라는 조건에 무조건적으로 동의할 수 없다. 비지배 자유를 통해 개인이나 집단을 종속의 상태로 밀어 넣는 사회경제적 구조가 개선되고, 동일한 이유에서 사회적 약자가 지배에 대항하는 실질적인 정치적 힘을 가질 수 있다는 확신을 가질 때, 심의를 통한 의사결정에 참여할 수 있는 동기가 제공된다. 동시에 비지배 자유는 쌍방 간의 심의가 상대적 판단기준에 휘말려 공정성을 확보할 수 없을 때 제3자 또는 공중이 판단의 근거로 사용할 수 있어야 한다. 그렇지 않으면 갈등상태의 쌍방이 동일하게 비지배라는 조건에 구속된다는 확신을 가질 수 없을 것이기 때문이다.

이런 맥락에서 볼 때, 한국사회에서 시민교육의 내용으로 제공될 비지배적 상호성은 다음과 같이 구체화될 수 있다. 첫째, 자유로운 행위(action)가 아니라 자유로운 행위가 가능한 조건(condition)이 대립하는 쌍방 모두에게 동일하게 적용될 수 있는 조정원칙으로서 비지배적 상호성이 교육되어야 한다. 대립하는 쌍방 모두가 자의적 지배로부터 자유롭다는 확신을 가질 수 있을 때, 이러한 확신을 바탕으로 쌍방이 논의를 통해 서로의 이해를 조절할 수 있다고 생각할 때, 그리고 이런 과정을 통해 기존의 힘의 불평등이 변경될 수 있을 것이라는 믿음이 생길 때, 비로소 심의는 갈등조정 메커니즘으로서 기능할 수 있다. 그러나 이런 조건이 모두 충족될 수 있어야 심의가 가능하다면 비지배적 상호성에 기초한 심의민주주의도 유토피아적 상상에 불과할 것이다. 그러나 비지배적 상호성이 심의의 조건을 형성·유지·수정하는 준거로 내면화되고, 그 결과 행위자 모두에게 일관되게 적용되는 이성적 판단의 근거가 될 수 있다면 단순히 유토피아적 상상이라고 할 수는 없다. 왜냐하면 비지배적 상호성은 행위가 아니라 조건을 제도화하는 준거를 제공함으로써, 지배적 위치에 있는 집단에게는 국가의 개입을 정당화하는 동시에 개입의 한계를 설정하는 일관된 판단 근거가 될 수 있고, 사회적 약자에게는 타인의 자의적인 의지에의 종속이라는 조건으로부터의 해방을 정당화하는 근거가 될 수 있기 때문이다. 어떤 내용이 어떤 맥락에서 교육되어야 하는지는 심의를 통해 결정할 사항이지만, 비지배적 상호성은 기존의 절차주의적 심의민주주의의 협소함을 극복할 수 있을 뿐만 아니라 상호성을 개개인의 규범적 선택으로 치환하는 오류를 극복함으로써 심의민주주의의 실현 가능성을 높일 수 있을 것이다.

둘째, 비지배적 상호성에 기초한 시민교육은 국가로부터 동일한 대우를 보장받는 소극적 시민성에서 사회적 권리의 제도적 보장을 통해 실질적인 정치적 견제력을 보장받는 민주적 시민성으로의 전환을 목적으로 해야 한다. 비지배적 상호성에서 자유는 궁극적인 목적이 아니라 전제조건이다. 이러한 전제조건은 상호 견제할 수 있는 실질적인 힘이 시민에게 부여될 때 확보된다. 개인적 차원에서는 개개인이 가지는 다양한 욕구를 충족시킬 수 있는 조건으로서 자유가 보장되어야 하고, 사회적 차원에서는 이러한 조건을 사회 구성원 모두가 호혜적으로 인정받을 수 있어야 하며,

국가적 차원에서는 자의적 지배에 대한 시민적 저항이 정당화되어야 한다. 이를 위해서 비지배적 상호성은 차별적 대우가 부분적으로 용인된 '차이의 정치'보다 한 걸음 더 나아가야 한다. 차이의 정치는 차별성을 인정할 수밖에 없는 조건을 만들어내는 사회적 구조에 대한 묵시적 용인이 이면에 깔려 있다. 이러한 경우 비지배 자유의 상호성이 충족될 수 없다. 따라서 비지배적 상호성에 기초한 시민교육은 차이의 인지를 넘어 사회적 권리가 실질적이고 효과적으로 보장되어야 할 이유, 그리고 개인이나 집단을 종속의 상태로 밀어 넣는 사회경제적 구조의 개선이 필요한 이유를 시민들이 각인할 수 있는 교과과정을 요구한다.

셋째, 비지배적 상호성에 기초한 시민교육은 민주적 심의 과정에서 나타나는 참여 주체 간의 힘의 불평등을 해소하는 것을 목적으로 할 뿐만 아니라, 이러한 원칙의 반복된 적용을 통해 '타인의 자의적 지배로부터의 자유'가 시민들의 행위 준칙으로 내재화되는 과정 또한 하나의 목표로 상정하고 있다. 심의를 통해 합의에 도달할 수 있는 최소한의 기준은 대립상황에 있는 상대방을 자기와 동일하게 배려하는 자세이다. 그러나 이런 호혜적 자세는 첨예한 갈등상태에 있는 쌍방에게 아무런 경험적 근거도 없이, 미래의 결과에 대한 불확실성을 극복할 수 있는 근거도 없이 요구할 수 있는 성질의 것이 아니다. 비지배적 상호성의 지속을 전제하지 않고, 일방적으로 한쪽에게만 비지배의 원칙에 따라 행동하라고 요구한다면, 심의를 통한 갈등의 조정은 결코 성립될 수 없다. 비지배적 상호성은 소극적인 의미의 자유를 일차적으로 보장하고, 반복적인 정치과정을 통해 힘의 불평등 관계 속에서도 쌍방이 동일한 조건에서 균형점을 찾을 수 있는 제도를 구현함으로써, 참여주체들에게 호혜적 자세를 자연스럽게 내면화시킬 수 있다. 이때 비지배적 상호성에 기초한 시민교육은 개인과 개인, 집단과 집단, 개인(또는 집단)과 국가의 관계에 이르기까지 분쟁과 갈등을 해결하기 위한 협상과정에서 동일하게 적용될 수 있는 일관된 정치적·도덕적 판단근거로서 비지배 자유를 받아들일 수 있도록 유도한다.

이미 한국사회의 갈등의 지점들은 중층적이고 복잡할 뿐만 아니라 민주적 절차만을 앞세우기에는 비정치적 해결에 대한 욕구가 지나치게 압도적이다. 신자유주의의 거센 물결 앞에서 무기력한 개인으로 전락한 시민들의 삶, 비효율적이고 무능력하다고 낙인찍힌 민주주의, 그리고 여전히 집단적 안도와 정치적 동원의 대상으로 남아 있는 집단주의에 대한 우려와 반성도 충분치 않은 상태다. 다른 선진 자유주의 국가와 비교할 때 지나칠 정도로 개인의 책임으로 귀착된 교육과 복지, 급속하게 경제 논리로 전환되고 있는 민주주의의 일상, 시민적 기풍보다 힘에 대한 집착을 부추기는 민족적 정체성의 맹목적 힘이 우리의 정치적 상상력을 지나치게 협소하게 만들고 있다. 이런 맥락에서 비지배적 상호성에 기초한 시민교육은 개개인이 가지는 다양한 욕구를 충족시킬 수 있는 조건인 자유에 주목하고, 사회적 약자에게 실질적 힘을 부여함으로써 비지배를 제도적으로 확보하고, 그 결과를 토대로 개인적 수준에서의 호혜적 비지배 관계를 형성하고 지속시킬 수 있는 가능한 대안이라고 생각한다. 왜냐하면 비지배적 상호성에 기초한 시민교육이 첨예하게 갈등하고 경쟁하는 집단과 사람들이 민주적 심의의 장에 나올 수 있는 조건을 제공할 수 있으리라 기대하기 때문이다. 그리고 조정 원칙으로서 비지배적 상호성을 통해 평범한 사람들 사이에서 갈등과 문제를 논의하고 해결하는 과정 속에 발견되는 행복, 삶을 공유하는 동료들에게 가지는 애정이 만들어 주는 시민적 품위, 그리고 인민의 자유와 정치적 지혜의 균형으로 시민적 삶의 풍요를 설계할 사려 있는 지도자들의 육성이 가능하다고 믿기 때문이다.

5

문화적·정치적 경계를 넘어 인간의 삶을 생각한다

: 마사 너스바움 교수와의 대화

도덕과 이성으로 제한된 철학의 경계를 넘어

마사 너스바움(Martha Nussbaum)은 뉴욕의 중산층 가정에서 태어났다. 그녀의 아버지는 가난한 가정에서 태어나 자신만의 노력으로 성공한 변호사였다. 그는 매우 엄격했고, 자기 확신에 차 있었으며, 무슨 일이든 최선을 다하는 성격의 소유자였다. 반면 그녀의 어머니는 가족을 위해 실내 장식가로서의 삶을 포기한 그 시대의 전형적인 주부였다. 자기 성취적 삶을 사는 아버지와는 달리, 그녀 어머니의 일생은 가족을 돌보는 것 이외에 그 무엇으로부터도 행복을 느끼지 못하는 무료함 그 자체였다(Nussbaum, 2006a). 그녀의 어머니가 감추었던 불행과는 달리, 그녀가 필라델피아에서 보낸 어린 시절은 열심히 일하는 아버지와 어머니의 돌봄으로 여유롭고 풍족했다. 미국의 유명한 사립학교 중 하나인 볼드윈(Baldwin Private School)에서 사춘기를 보냈다는 사실이 이를 방증한다. 펜실베이니아 주의 브린 모(Bryn Mawr)에 위치한 볼드윈 여자학교는 저학년부터 라틴어와 주요 유럽언어들을 섭렵하도록 하고, 이후 학생이 최소한 두 개의 외국어를 능숙하게 사용할 수 있도록 가르침과 동시에 고학년부터는 희랍어까지 가르치는 것으로 유명하다. 따라서 그녀가 볼드윈에서 사춘기를 지냈다는 것은 곧 대학에 진학하기 이전부터 대학에서 가르치는 거의 대부분의 교양과 서양 고전들을 자유롭게 읽을 수 있는 언어 능력을 갖추었다는 것을 의미한다. 게다가 그녀는 희랍 고전들과 비극적 위인들의 삶에 깊이 심취해 있었기에 더욱 그러했을 것이다. 연극반의 주연을 도맡았던 고등학교 시절 그녀는 로베스피에르(Maximillian Robespierre)의 고뇌를 담은 5막짜리 연극을 손수쓰기도 했고, 브린 모 교외의 한적한 부자 동네를 걸으며 잔다르크(Jeanne d'Arc)와 같이 다른 사람들을 위해 자신을 희생한 사람들의 삶을 반추하기를 즐겼다(Boynton, 1999). 한편으로는 전형적인 미국 주류의 부유함을 향유했고, 다른 한편으로는 혁명가적 열정과 비극적 위인들의 삶을 상상하면서 아버지의 자기 확신에 찬 열정과 어머니의 자기희생이 낳은 불행을 함께 고민했던 것이다.

너스바움은 스스로가 경험한 미국 주류의 삶을 그리 곱게 보지 않는다. 자신이 관찰한 백인 앵글로색슨의 삶을 "메마르고, 돈과 지위에 빠져 있었다"고 비판하기까지 한다(McLemee, 2001). 귀족적 풍미의 교육과 전형적인 미국 주류의 열성 속에 살았다는 것을 인정하면서도, 그리고 이러한 미국 주류가 가진 삶의 태도를 여러 형태를 통해 물려받았다는 주변의 따가운 비판을 의식하면서도, 그녀는 엘리트적 교육과 주류적 삶의 양식으로부터 자기 스스로를 분리시킴으로써 자신을 어떤 형태의 부류에 귀속시키려는 해석을 미리 차단하려 한 것이다. 그 어떤 집단에도 스스로를 귀속시키기를 거부하는 삶의 태도는 볼드윈에서부터 싹트고 있었고, 귀족적 여유와 자유분방한 비판의식은 그녀를 뉴욕 대학교(New York University)의 연극과 고전문학 전공으로 이끈다. 처음에 그녀는 그리스 비극이나 문학에 관심이 있었다기보다 연극배우의 길을 걷고자 했다고 한다. 실제로 그녀는 연극에 심취해서 대학 2년을 보냈고, 1년 동안은 전문 레퍼토리 극장에서 배우로 활동하기도 했다. 그러나 전문 배우로서의 활동 속에서 그녀는 자신이 진정 좋아했던 것은 연기가 아니라 바로 그리스 문학 그 자체였다는 것을 깨닫게 된다. 동시에 자신의 삶 주변에서 벌어지고 있던 정치적 격변을 통해 그리스 비극으로부터 전해지는 인간적 고뇌가 철학적 관심으로 전이되는 희열을 맛보게 된다. 남부에서 태어나 여전히 인종주의적 편견을 고수했던 아버지를 설득하는 과정에서, 나이가 어려 주도적 역할은 할 수 없었지만 인권운동과 반전운동에 여러 방식으로 참여하면서 점차 정치철학에 눈을 뜨게 된 것이다(Nussbaum, 2006b). 이때 그녀의 정치적 입장은 지금과 같이 온건하고 온정적인 자유주의였다. 공산주의에 대해서는 회의적이면서도 재분배의 필요에 대해서는 공감하고 있었고, 조합주의나 완전주의에 대해서는 부정적이지만 개인의 선택과 공공성의 발현이 동시에 충족되는 자유주의에 목말라 있었다.

하버드 대학 고전학과 대학원 시절은 그리스 비극에서 시작해서 그리스 비극으로 돌아가는 여정이었다. 처음에 그녀는 그리스 비극에 몰입했지만, 수강했던 그리스 문학과 관련된 세미나들로부터 아무런 지적 도전을 받지 못한 채 흥미를 잃게 된다(Nussbaum, 2006a). 그러던 중 그녀는 당시 영미 학계에서 옥스퍼드 대학의 애크릴(John Lloyd Ackrill) 교수, 프린스턴 대학의 블라스토스(Gregory Vlastos) 교수와 함께 고대 희랍 철학의 3대 석학으로 손꼽히던 오웬(Gwillym Ellis Lane Owen) 교수를 만나 철학의 길로 들어서게 된다. 오웬 교수가 1973년 캠브리지 대학으로 떠나기까지 그녀는 그로부터 고대 희랍 철학의 분석적 논증과 형이상학을 배웠고, 소크라테스 이전의 철학에서 플라톤과 아리스토텔레스에 이르는 방대한 철학서들을 통해 근대 철학이 상실한 고대 철학의 지혜에 눈뜨게 된다. 그녀가 오웬 교수로부터 배운 철학은 인간의 한계에 대한 숙연한 고백에서 시작된다. 즉 인간이 모든 것을 통제할 수 없다는 한계에 대한 자각, 그리고 이러한 한계에 대한 성찰에서 인간들 사이의 대화와 협력의 필요성을 배운 것이다. 아울러 인간의 한계에 대한 고민은 그녀에게 그리스 비극으로 다시 돌아가는 계기를 마련해 준다. 그녀가 이 시기 자신의 지적 스승으로 캠브리지 대학과 버클리 대학에서 가르치던 윌리엄스(Bernard Williams) 교수를 꼽는 것도 이러한 이유에서다. 1973년 겨울 뉴욕 시립대학 대학원에서 개최된 그리스 철학월례 세미나에서 그를 처음 만난 이후, 그녀는 인간의 한계가 던져주는 문제들을 이해하기 위해 도덕과 이성으로 제한된 철학의 경계를 넘어 다양한 삶의 양태들과 감정들이 가득한 일상으로 나아가야 할 필요를 느끼게 되었다고 고백할 정도다(Nussbaum, 2003; 2006b). 그리고 윌리엄스 교수가 1년 동안 하버드 대학을 방문해서 진행한 대학원 세미나를 통해 그녀는 드디어 날개를 달게 된다. 이때가 그녀의 스토아와 아리스토텔레스 재해석이 오웬 교수의 지도를 거쳐 윌리엄스 교수의 영감으로 완성된 순간이었다.

1975년 하버드 대학에서 박사를 받은 이후, 그녀의 학문적 삶은 매우 성공적이었다. 그러나 그녀의 개인적 삶은 늘 여성으로서 겪는 사회적 고민들과 함께했다. 대학원생 시절 그녀는 당시 하버드 대학에서 언어학을 공부하던 코넬 대학의 앨런 너스바움(Alan Nussbaum) 교수와 결혼했고,[1] 대학원 3년 차인 25세에 딸 레이

---

[1] 개신교도였던 아버지의 반대에도 불구하고 그녀는 결혼과 동시에 유대교로 개종해버린다. 개종의 표면적 이유는 유대교도들이 갖는 독특한 소속감을 자신도 느끼고 싶었다는 것인데, 자신과 세상이 분리된 채 상호성과 교감을 느끼지 못했다는 실존적 고민에서 비롯된 것으로 보인다. 그녀가 부버(Martin Buber)의 "나와 그것(I-it)"의 관계로 자신이 유대교로 개종하기 전의 삶을 묘사하기 때문이다(Nussbaum, 1999). 사실 2008년 유대교 여성들이 13세에 치르는 성인식(bat mitzvah)을 가진 것에서 볼 수 있듯이, 그녀의 개종은 즉흥적인 의사결정이 아니다. 절대 신과의 교감과 상호성을 확보하려는 몸부림, 신과의 관계를 통해 개인의 자율성을 찾는 사람들로 구성된 공동체가 주는 편안함, 그리고 자신과 세상의 관계에서 스스로의 삶을 규정짓기 위한 철학적 고민이 수반된 것이었다. 그녀

첼(Rachel Nussbaum)이 태어났다. 그녀는 이 시기에 미국 지식인 사회가 보여주었던 여성에 대한 차별뿐만 아니라 자녀의 보육에서 당면하는 문제들과 씨름했다고 회고한다(Nussbaum, 2003). 대학원생들을 위한 콜로키움이 대부분의 보육시설이 문을 닫은 이후에 개최됨에도 어느 누구하나 문제 삼지 않았고, 학과에 존 롤스와 같은 학자들이 있어 상대적으로 공정한 대우를 받았음에도 성희롱에 가까운 대접을 받는 것이 일상이었다. 실제로 그녀가 묘사하는 이때의 처지는 모멸과 좌절로 얼룩져 있다. 예를 들면, 이 시기 저명한 학자들 중에는 그녀에게 '여성 동료'라는 말보다 고대 그리스에서 철학적 논쟁이 가능했던 매춘부에게 붙였던 '헤타이라'(hetaira)라는 호칭이 더 낫다고 말하는 사람이 있었을 정도였다(Nussbaum, 1998: 6~7). 그리고 1975년 하버드 대학에서 시작된 그녀의 학계에서의 경력이 브라운 대학의 교수 시절에 출간된 『선의 흠결』(*The Fragility of Goodness*, 1986)로 주목받을 때에도 그녀의 삶은 그리 평탄하지 않았다. 사실 1987년 앨런과 이혼한 후 자녀의 양육을 책임진 그녀가 수많은 저작과 왕성한 활동을 어떻게 해냈는지 궁금할 정도다. 1995년부터 시카고 대학에서 시작된 그녀의 일상도 자녀의 방과 후 일과에 대한 고민으로 가득 차 있었다. 필자와 열띤 토론을 벌이다가도 자녀의 귀가

는 종교생활을 통해 스토아적이면서도 아리스토텔레스적인 철학적 숙고, 헬레니즘과 유대이즘의 화해, 도덕철학과 종교적 신념의 조화, 그리고 이성과 감정의 보완을 고민했다(Nussbaum, 2008).

시간이 되면 황급히 자리를 떴고, 종종 자신의 경력과 자녀의 보육을 놓고 고민하는 순간들을 좌절과 희망의 앙상블로 받아들인다고 말하곤 했다. 1999년 시카고 대학 법률전문대학원과 윤리학과를 포함한 여러 학과에서 제공한 자금으로 석좌 교수가 된 이후에도, 그녀는 미국 주류의 삶에 귀속되기보다 혁명가들의 비극을 자기화했던 어린 시절 경험을 계속하고 있다.

인간의 흠결에 대한 철학적 성찰

너스바움을 인문학계의 떠오르는 별로 만든 『선의 흠결』이란 책은 1980년대 후반 영미 학계 최대의 화젯거리였다. 참으로 읽기 어려운 전문 서적이 학계와 대중 독자들의 관심을 끈 이유는 크게 두 가지였다. 한편으로는 텍스트 해석과 자료 수집에 골몰했던 고전학자들의 반성을 이끌어냈기 때문이고, 다른 한편으로는 그리스 비극을 비롯한 다양한 저술들을 가지고 도덕철학뿐만 아니라 다른 분야의 문제까지 진지하게 접근했기 때문이다. 특히 후자, 즉 도덕이 인간이 통제할 수 없는 외적 세계로부터 완전히 독립된 이성의 힘에 좌우된다는 입장에 대한 그녀의 비판이 큰 반향을 일으켰다. 그녀가 염두에 둔 이성에 초점을 둔 도덕을 주장하는 사상가들은 바로 플라톤과 칸트다. 윌리엄스의 칸트 비판을 바탕으로,[2] 그녀는 전적으로 올바른 삶에 헌신한 사람이라고 할지라도 운(luck)과 같이 우연적이고 외부적인 요소에 의해 자신의 도덕적 잣대를 변경 또는 폐기할 수 있으며, 동일한 이유에서 윤리적 측면에서의 탁월함(arete)과 좋은 삶(eudaimonia)은 플라톤이 주장한 이성을 통한 합리적 자기충족(rational self-sufficiency)에 대한 열망만큼이나 인간의 우연적 요소에 대한 취약함(vulnerability)과 불가분의 관계를 갖고 있다고 주장한다(Nussbaum, 1986 : 3).

이를 증명하기 위해 그녀는 파격적인 접근방식을 시도한다. 도덕철학의 주요 사상가들을 그리스 비극에 등장하는 인물들과 등치시킴으로써 도덕적 판단에서 감정과 이성의 상호보완을 입증하고자 한 것이다. 예를 들면, 소포클레스(Sophocles)의 비극에 등장하는 테이레시아스(Teiresias)와 하이몬(Haimon)은 윤리적 교착상태에서 이성적 판단의 흠결(hamartia)을 인정한다는 이유에서 아리스토텔레스와 등치되고, 크레온(Kreon)은 플라톤과 함께 우리가 실제 알고 있는 도덕적 경험으로부터 운이 초래한 결과와 감정의 개입이 가져온 고통을 의도적으로 배제한 사람들로 범주

---

2 윌리엄스 교수의 칸트적 이성주의에 대한 비판은 그가 뉴욕 대학의 네이글(Thomas Nagel) 교수의 비판에 앞서 쓴 「도덕적 운」(Moral Luck, 1976)이라는 제목의 논문에서 구체화되었다. 이 논문에서 그는 운은 종종 행위자로서 인간의 도덕적 판단에 결정적인 역할을 한다고 주장하고, 칸트적 이성주의가 인간이 자신의 행위가 초래한 결과를 통해 도덕적 정당성을 부여함으로써 어떤 행위에 대한 도덕적 가치를 완전히 우연적 결과에 의존시킬 수 있다는 점을 간과했다고 비판했다. 이후 그의 비판은 도덕 또는 가치에 대한 판단에서 인간의 감정과 처해진 조건을 배제할 수 없다는 주장으로 진전되었고, 도덕적 판단의 합리성을 높이기 위해 형식적 정언명제나 절차적 중립성을 강조하는 것은 부적절하다는 입장으로 강화된다(Williams, 1981).

화된다.[3] 윌리엄스 교수가 그리스 비극을 통해 그리스 철학이 간과한 점을 지적하고자 했다면, 그녀는 한걸음 더 나아가 그리스 비극과 철학의 연결고리를 찾고자 했다.[4] 그녀가 찾은 연결고리는 바로 윤리적 교착상태를 배제하려던 플라톤의 이성주의나 크레온의 정치적 현실주의와는 달리 다름을 인정하는 열린 마음과 유연한 반응의 철학적 · 온정적 현실주의였다(Nussbaum, 1986: 80).

---

3 소포클레스의 비극에 등장하는 테이레시아스는 오이디푸스(Oidipous)가 자신의 아버지 라이오스(Laios)를 살해한 사람에 대해 채근하자 앎이 가져올 충격을 염려해 함구하려고 했던 현자이고, 하이몬은 아버지 크레온(Kreon)이 자신이 세운 칙령을 어긴 약혼자 안티고네(Antigone)를 처벌하려 하자 자기만이 현명하다고 믿는 사람의 잘못을 지적한 인물이다(Sophocles, *Oedipus*: 316~462; *Antigone*: 783~723). 너스바움의 해석을 따르면, 크레온과 안티고네는 정도는 다르더라도 윤리적 교착상태를 지나치게 단순화시켜 종국에는 오류를 범한 사람들이다.

4 이러한 해석은 플라톤의 영향으로부터 아리스토텔레스의 정치사상을 구별하고자 하는 최근 지배적인 연구 경향들과 무관하지 않다. 특히 아리스토텔레스의 해석과 관련해서 벌어지는 최근 연구 경향들은 크게 두 가지로 요약될 수 있다. 첫째는 아리스토텔레스가 어떤 절대적 진리 또는 전형(eidos)을 제시하기보다 개연성(probability)에 기초해 도덕적 판단을 이해했다고 해석하는 경향이고, 둘째는 아리스토텔레스가 감정 또는 인지 영역을 도덕적 판단의 핵심적인 요소로 보는 유연한 태도를 가지려 했었다고 해석하는 경향이다. 전자의 계기는 퍼트넘(Putnam, 1981)을 참조, 그리고 후자의 경향은 곽준혁(2007a)을 참조. 정도의 차이는 있지만, 두 가지 모두 너스바움의 아리스토텔레스 해석과 밀접한 연관성을 갖고 있다. 이에 대한 가장 강력한 비판은 쿠퍼(Copper, 1988)를 참조.

인간적 흠결에 대한 너스바움의 고민은 그녀를 감정(emotion)에 대한 연구로 이끌었다. 이 과정에서 스토아 철학은 그녀가 넘어야 할 하나의 장벽이었고, 그래서 『열망의 치유』(*Therapy of Desire*, 1994)와 『사고의 격변』(*Upheavals of Thought*, 2001)은 스토아 철학의 계승과 비판을 동시에 담고 있다. 우선 『열망의 치유』를 통해 그녀는 헬레니즘의 지배적인 세 학파——에피쿠로스, 회의주의, 스토아——의 철학은 인간적 흠결로부터 독립된 영리함에 몰두한 지적 유희가 아니라 인간적 삶의 고통을 치유하고자 했다고 주장하고, 인간적 열망에 주목했던 이러한 철학적 사유가 삶의 세계로부터 이탈된 근대 이성주의 철학의 전통과는 매우 다른 방식으로 도덕적 삶을 이해했고 배양하려 했다는 것을 보여주려고 노력했다(Nussbaum, 1994: 3~12). 이후 『사고의 격변』에서 그녀는 스토아 철학을 두 가지 측면에서 비판한다. 첫째는 동물은 감정이 없다고 여기는 것이고, 둘째는 좋은 삶을 감정이 완전히 없어진 부동심(apatheia)이나 평정(ataraxia)에서 찾고 있다는 점이다. 그녀가 생각하기에는 어린아이와 마찬가지로 동물도 언어적이거나 기호적으로 형식화하지는 못하지만 인지적 감정(appraisal)을 갖고 있으며(Nussbaum, 2001: 5), 스토아 철학이 감정을 배제해야 한다는 이유로 거부한 성욕까지도 사실상 연민과 같은 사적으로나 공적으로 좋은 삶을 구성하는 감정들의 근원이 될 수도 있다(Nussbaum, 2001: 460). 즉 스토아 철학의 계승이 이성주의 철학자들이나 과학주의 심리학자들이 감정을 판단이 배제된 감정(feelings) 또는 신체적 감각(bodily sensations)으로 이해함으로써 갖는 오류를 비판하기 위한 방편이었다면, 스토아 철학의 극복은 감정이 단순히 외적 대상에 대한 반응만이 아니라 상상력을 통해 존재하지 않는 것을 지향할 수 있는 능력까지 내포한다는 점을 강조하기 위함이었던 것이다(Nussbaum, 1994: 359~ 401; 2004). 비록 그녀의 스토아 철학 해석에 대해서는 논란이 지속되고 있지만, 스스로 느끼지 못하는 감정이 상상을 통해 도덕으로 승화된다는 지적은 큰 환영을 받고 있다.

너스바움은 결국 아리스토텔레스로부터 답을 찾는다. 그녀는 『선의 흠결』에서 아리스토텔레스의 사상이 자신의 귀착점이 될 것을 시사했다. 아리스토텔레스의 정치사상을 하이몬과 테이레시아스와 연관시킨 이유가 도덕적 삶을 영위하기 위한 노력의 중요성을 인정하면서도 우연적 요소들이 가져올 결과에 대해 인정한 점이라고 이미 밝혔던 것이다(Nussbaum, 1986: 240~263; 2006b: 84). 그러나 면밀히 살펴보면, 그녀가 아리스토텔레스로부터 얻고자 한 것은 윤리적 교착상태에서의 감정과 도덕의 상호보완만이 아니라는 것을 알게 된다. 진정 그녀가 아리스토텔레스로부터 얻고자 한 바는 문화상대주의(cultural relativism)가 아니면서도 절대적 진리를 고집함으로써 다양성을 파괴하는 형이상학적 본질주의(metaphysical essentialism)도 아닌 새로운 형태의 보편주의다. 여기에서 보편주의는 한편으로는 어떤 종류의 형이상학 또는 선험적이고 탈역사적인 세계관에 의존하지 않음으로써 개개인의 선택의 자유와 문화적 차이를 인정하고, 다른 한편으로는 최소한의 인간적 삶을 보장하기 위한 조건을 찾아야 할 필요를 전제함으로써 문화적 차이를 넘어 실질적으로 인간의 삶을 신장시킬 방법을 모색할 수 있는 생각의 틀을 말한다(Nussbaum, 1992). 특히 그녀가 주목한 것은 시민으로서 삶을 영위하는 데 필수적인 것들이 우선적으로 충족되어야 한다고 본 아리스토텔레스의 정치철학이 갖는 재분배적 요소(Aristotle, *Politics*: 1330b11, 1329b39ff)와, 그럼에도 불구하고 전체 우위의 공동체적 헌신과 이기적 개인의 상업적 거래와도 다른 상호성과 정치적 평등에 기초한 호혜적 관계에 만족한 아리스토텔레스의 자유주의적 요소다(Aristotle, *Politics*: 1255b20, 1263b1-4). 그녀는 이러한 자신의 태도를 인식론적으로는 문화적인 차이를 인정하지만 정책의 입안을 위해 필요한 공감의 요소들을 확보하려고 하는 '내적 본질주의'(internal essentialism)라고 부르고(Nussbaum, 2000), 이것에 바탕을 둔 정치철학적 구상을 '아리스토텔레스적 사회민주주의' 또는 '가능성'(capability)에 기초한 정치적 자유주의라고 부른다(Nussbaum 1990).

너스바움의 자유주의

너스바움의 자유주의는 크게 세 가지 주장을 통해 구체화된다. 첫 번째가 바로 '가능성' 이론이다. 여기에서 그녀가 말하는 가능성이란 인간적 삶을 영위하기 위해 필요한 최소한의 능력, 그리고 자신의 의지에 따라 자신이 원하는 바를 선택할 수 있는 능력을 말한다. 전자만을 가능성의 내용으로 주장했다면, 문화적 · 정치적 경계를 넘어 삶의 질을 '가능성'이라는 측면에서 평가하고자 했던 경제학자 센의 것과 큰 차이가 없었을 것이다. 센도 법적·정치적 지위만으로 인간다운 삶이 충족되지 않는다고 보고 있고, 그녀도 행위(doings)와 처지(beings)의 조합으로 규정된 '가능성'이 정치사회적 기능(functionings)을 의미한다는 것을 부분적으로 인정하기 때문이다.[5] 차이는 후자에서 비롯된다. 즉 개인이 사회에서 어떤 기능을 '할 수' 있느냐는 문제만큼이나 어떤 역할을 '하지 않을 수' 있는지에 주목해야 한다고 점, 가능성의 최소 조건들을 어떤 사회의 인간적 존엄(Human Dignity)과 최소 정의(minimal justice)와 연관시키려고 했다는 점에서 센과 차이를 보

---

5 건강과 교육, 신체적 고결함(bodily integrity)과 같이, 어떤 사회에서 개인이 '할'(to do) 능력과 '될'(to be) 능력을 갖출 수 있는 최소한의 요건들이 물질적·제도적 지원들로 구성된다고 보는 점에서도 너스바움과 센은 이견이 없다. 그녀가 가능성 이론에 관심을 갖게 된 계기는 센이 주도한 UN 대학 개발경제연구소(the World Institute for Development Economics Research: WIDER)의 국제회의와 UN의 인간개발보고서(Human Development Report) 프로젝트에 참여하면서 부터다. 그 결과는 『삶의 질』(*The Quality of Life*, 1993)이라는 책으로 나타났다. 여기에서 두 사람은 삶의 질을 조야한 절대 다수의 공리(utility)나 1인당 국민총생산(GNP)과 같은 지표를 통해 평가할 수 없다는 점을 부각시켰다. 즉 어떤 사회의 사람들이 실제로 무엇을 하고 어떤 삶의 조건을 향유하는지에 대한 구체적인 비교가 없다면, 흑인 대다수의 삶을 고통으로 몰아넣었던 남아프리카공화국도 높은 삶의 수준을 보장하는 국가로 평가받을 수 있다는 것이다(Nussbaum & Sen, 1993: 3, 30~53).

인다. 그녀는 가능성은 어떤 사회에서 개인이 '기능'하는 것만큼
이나 '자유로운 선택'을 할 수 있는 실질적 조건과 연관된다고
주장하고, 단순히 삶의 조건을 비교하는 것에서 그치는 것이 아
니라 개개인이 자율적으로 자기의 의사를 달성할 수 있는 선택의
유무를 포함한 사회정의의 문제로 가능성을 다루어야 한다고 강
조한다(Nussbaum, 1990: 234~242; 2000a: 426~434). 아울
러 그녀는 가능성의 요건들을 선험적 목표나 아리스토텔레스의
'좋은 삶'(eudaimonia)의 구현으로 간주하는 입장에 대해서도
부정적이다. '두텁고 모호한 개념'(thick-vague concept), 즉
정치사회적·문화적 맥락에서 발생하는 차이를 인정해야 한다는
의미에서 '두텁고', 확정적이거나 완벽하지는 않지만 중첩된 합
의(overlapping consensus)와 정책을 도출할 수 있는 상태로 최
소한 가능성의 요건들이 제시되어야 한다(Nussbaum, 1990:
217~234).[6] 결과적으로 그녀의 가능성 이론은 '개인의 선택'을

---

6 이런 맥락에서 너스바움은 최소한 보장되어야 할 핵심적인 가능성의 요
  건들로 다음과 같은 우산 개념(umbrella conceptions)들을 제시하고 있
  다(Nussbaum, 2000a: 418~426). 생명(Life), 건강(Bodily Health), 신
  체적 고결함(Bodily Integrity), 감각·상상력·생각(Senses,
  Imagination, Thought), 감정(Emotions), 실천적 이성(Practical
  Reason), 소속(Affiliation), 동식물 환경(Other Species), 즐거움(Play),
  자율성(Control over One's Environment) 등이다. 그녀는 이러한 우산
  개념들을 가지고, 문화적 차이에도 불구하고 지속적으로 심의를 통해 최
  소 요건들을 확립 또는 수정해가는 방식을 취하고자 했다.

강조함으로써 자유주의의 핵심적 내용을 고수하면서도 재분배와 사회복지에 보다 적극적인 자유주의의 확립을 염두에 둔 것으로 볼 수 있다.

두 번째는 가능성 이론에 기초한 여성주의다. 너스바움의 여성주의가 구체화된 것은 『성과 사회정의』(*Sex and Social Justice*, 1999)라는 저서를 통해서였다. 일차적으로 이 저서는 소수집단 내 비자유주의적 문화의 용인으로 인해 여성의 인권이 크게 침해되고 있다는 여성주의의 우려를 담고 있고, 문화적 자율성과 성평등 사이의 긴장을 자유주의적 방식을 통해 해소하고자 하는 의도를 갖고 있다.[7] 아울러 이 저서는 비서구 사회의 여성들이 당면

---

7 문화적 소수집단의 특수성을 인정해야 한다는 입장과 소수집단의 문화적 특수성의 예외적 인정이 인권 침해를 정당화하고 있다는 비판 사이의 긴장은 자유주의적 여성주의자들과 평등주의적 자유주의자들의 견해를 통해 부각되었다. 전자의 경우는 다문화주의가 한편으로는 집단 간의 차이에 대한 인정을 요구하면서, 다른 한편으로는 문화적 특성을 인정받음으로써 소수집단 내 구성원, 특히 여성의 인권과 기본적인 자유를 위협할 수 있다는 주장을 피력한 오킨(Susan Okin)이 대표적이다(Okin, 1999). 이들은 문화란 비공식적이고 사적인 방식으로 전개되는 삶의 방식이 습관적으로 용인되는 과정이기에, 다문화주의가 요구하는 소수집단의 문화적 권리에 대한 예외적 인정은 집단 내에서 자행되는 폭력과 인권침해를 묵인할 가능성이 있다고 비판한다(Okin, 1998: 678~679). 다문화주의가 개인성을 침해할 수 있다는 점에서는 자유주의적 평등주의 입장을 견지하는 배리(Brian Barry)도 비슷한 주장을 피력하고 있다. 그는 사회정의를 위해 모두가 연합해서 노력해야 함에도 불구하고 다문화주의가 특

한 성적 차별과 인권 침해를 방지할 수 있는 원칙의 하나로 가능성 이론을 제시하고자 하는 목적을 갖고 있다. 그녀도 문화적·종교적 차이가 서구 사회의 자유주의적 원칙의 해석과 적용에 영향을 끼칠 수 있다는 점은 인정한다(Nussbaum, 1999: 9~14). 그러나 그녀는 문화적 자율성보다 인간적 삶의 최소 조건으로써 가능성이 우선적으로 보장되어야 하고, 동일한 이유에서 문화적 특수성이라는 미명 아래 자행되는 여성 또는 동성애자들에 대한 인권 침해는 결코 정당화될 수 없다고 주장하고 있다. 이러한 주장은 이후 『여성과 인간계발: 가능성 접근』(*Women and Human Development: The Capabilities Approach*, 2000b)에서 정치사회적 실천으로 승화된다. 이 책을 통해 그녀는 비서구 사회에서의 여성 문제를 직접 관찰하기 위해 인도를 방문하고, 이미 서구 사회에서는 극히 당연한 것으로 여겨지는 물리적·제도적 지원이 없는 상황에서 발생하는 여성에 대한 차별과 인권 침해를 해결하기 위해 전력을 다하는 모습을 보여주고 있다. 한편으로는 저개발 국가의 여성들이 단순히 빈곤뿐만 아니라 인간적 삶을 위한 가능성의 부재라는 측면에서도 고통받고 있다는 점을 부각시키고, 다

수성이라는 명분 속에서 사람들을 분리하고 있다고 전제하고, 종족적·민족적 소수 문화집단에게 예외적 권리를 인정하는 것은 공동선을 위한 공동의 제도 운행을 불가능하게 만들어 결국 개인성을 파괴하면서까지 집단의 이익을 추구하게 될 것이라고 비판한다(Barry, 2001). 다문화주의에 대한 영미학계의 비판은 곽준혁(2007b)을 참조.

른 한편으로는 개개인의 가능성을 신장시키는 것이 정치제도의 궁극적인 목적이 되어야 한다는 점을 설득하고 있다.[8] 이러한 운동적 열정은 이후 수치심(shame)과 혐오(disgust)에 바탕을 둔 비인간적 형법체계에 대한 비판에서도, 정치사회적으로 차별받고 소외된 개인 또는 집단의 구제를 위한 실천을 통해 지속적으로 표출되었다.[9]

너스바움의 자유주의를 구성하는 세 번째 요소는 세계시민 (World Citizenship)과 관련된 주장이다. 로마제국의 패권 아래에서 지중해의 다양한 집단과 문화가 함께 융화되었던 것에 착안한 그녀는, 이 시대에 절정을 누렸던 스토아 철학에서 오늘날 국제사

---

8 이런 맥락에서 그녀는 가능성 이론에서 제시한 '두텁고 모호한' 최소 요건들을 '개방적이고 겸손한'(open-ended and humble)이라는 표현으로 더욱 순화시켰다(Nussbaum, 2000b: 77). 플라톤식의 보편이 아니라 심의를 통해 지속적으로 수정될 수 있음과 동시에 문화적 차이도 고려하겠다는 전제가 깔려 있는 것이다. 그럼에도 불구하고, 그녀의 관습과 문화에 대한 아리스토텔레스식 이해에 내재한 본질주의적 요소는 여전히 다문화주의자들이나 문화적 상대주의를 주장하는 사람들의 표적이 되고 있다. 이러한 종류의 비판은 아이젠버그(Eisenberg, 2002)를 참조.

9 특히 전자와 관련된 그녀의 생각은 『인간성을 감추기』(Hiding from Humanity, 2004)라는 저술에서 두드러지게 나타났다. 이 저술에서 너스바움은 대체로 감정은 인간성을 강화하는 역할을 수행하지만, 수치심과 혐오와 같은 감정은 인간이 도달할 수 없는 초인적이거나 초자연적인 순수성(purity)을 요구함으로써 특정 집단을 배제하거나 오명(stigma)을 덮어씌울 수 있다고 경고했다.

회의 갈등해결과 협력관계를 위한 도덕적 틀을 찾고자 한다. 표면적으로 그녀의 주장은 세계 최강국으로서 미국의 자부심과 미국 시민의 맹목적인 애국심에 대한 지적으로 비춰진다. 그러나 그 주장의 이면에는 민족적 또는 지역적 울타리에 국한된 정체성과 충성심보다는 인류의 보편적 가치의 자각에 기초한 '도덕적 공동체'에 대한 소속감과 의무가 우선되어야 한다는 철학적 명제가 담겨 있다. 즉 인간의 보편성에 바탕을 둔 세계시민으로서의 도덕적 판단기준이 영토를 경계로 한 애국심보다 우선되어야 한다는 것이다(Nussbaum, 1996: 3~17). 세계시민과 관련된 그녀의 애국심 비판은 이후 자유주의 교육이 지향해야 할 목표로 발전한다. 대중 독자들의 뜨거운 관심을 받은 『인간성 함양』(*Cultivating Humanity*, 1997)은 크게 세 가지 가능성을 통해 자유주의 교육이 지향해야 할 바를 설정하고 있다.[10] 첫째, 자유주의 교육이 스스로가 속한 사회의 전통을 비판적으로 회고할 수 있는 가능성이다. 즉 단순히 전통을 받아들이는 것이 아니라, 소크라테스와 같은 이성적 회의를 바탕으로 스스로가 믿는 바에 대한 정당성을 부

---

10 이 책은 보수주의자 블룸(Allan Bloom) 교수의 『미국 정신의 종말』(*The Closing of the American Mind*, 1987)에 대한 비판으로 크게 각광을 받았다. 그녀는 블룸이 말한 미국의 정신은 다양성과 심의를 통한 진리의 발견에 초점을 둔 자유주의의 핵심적 가치와 상충된다고 비판하고, 진정한 자유주의 교육은 전통의 파괴에 대한 두려움이 아니라 이성적 회의와 다양성에 바탕을 둔 객관성이라고 주장했다(Nussbaum, 1997: 15~49).

여할 수 있어야 한다(Nussbaum, 1997: 16). 둘째, 단순히 어떤 정치공동체에 소속된 시민으로서가 아니라 인류 공동체의 구성원으로서 스스로를 자각할 수 있는 능력이다. 이 능력이 바로 정치사회적·문화적 경계를 넘어 인류 공영을 위한 헌신으로 우리 스스로를 승화시킬 수 있는 열쇠가 된다는 것이다(Nussbaum, 2006c: 273~324). 셋째, 다른 사람의 삶을 이해할 수 있는 기술적 상상력(narrative imagination)이다(Nussbaum, 1997: 85~112). 다른 사람의 시각에서 세상을 이해할 수 있는 능력, 즉 인문학적 상상력을 통해 다른 문화로부터 배양된 삶의 형태를 이해할 수 있어야 한다는 것이다. 다음 장의 대담에서 보듯, 최근 그녀의 애국심에 대한 태도는 조국에 대한 애정(amore della patria)에서도 세계시민 의식이 배양될 수 있다는 정도로 다소 부드러워졌다. 그러나 그녀가 애국심과 민족주의에 호소하는 국민교육을 인류 보편의 권리와 국제사회에 대한 책임의식을 함양하는 세계시민 교육으로 대체해야 한다는 주장을 철회할 징후는 전혀 없다.

가능성 이론: 사회정의에 대한 하나의 정치적 원칙

01 곽준혁—선생은 문화적·정치적 경계와 차이를 가로질러 모든 나라에 적용될 수 있는 보편적 규범으로 '가능성'(capability) 이론을 제시하고 계십니다. 그리고 선생의 가능성 이론은 가장 실천 가능하고 훌륭한 자유주의 이론으로 사해동포주의자들뿐만 아니라 자유주의자들에게도 인정받고 있습니다. 선생께서 말씀하시는 '가능성'은 무엇을 의미하는지, 그리고 그 핵심은 무엇인지 말씀해주십시오.

너스바움— '가능성'이란 매우 실천적인 관념입니다. 이것은 사람들이 실제로 할 수 있고(to do), 될 수 있는 바(to be), 그리고 그들이 지닌 기회를 말합니다. 아마르티아 센과 제가 가능성에 대해 이야기하기 시작했던 것은, 국민의 삶의 질을 1인당 국민총생산으로 측정할 수 있다는 이론, 즉 발전에 초점을 둔 협소한 경제 이론을 대체하기 위해서였습니다. 만약 1인당 국민총생산으로 국민의 삶의 질을 측정한다면, 분배의 문제는 고려조차 되지 않고, 그 결과 불평등이 심각한 국가도 높은 점수를 받을 수 있습니다. 또한 이러한 경제이론은 경제성장과 상관없는 삶의 질과 관련된 많은 부분들을 도외시하기 쉽습니다. 분배의 문제를 고려한다고 하더라도, 건강, 교육, 성 평등, 정치적 자유의 평등과 같은 요소들은 도외시될 수 있다는 점입니다. 그래서 정말 중요한 일은 다양한 삶의 영역에서 사람들이 실제로 무엇을 할 수 있고, 무엇이 될 수 있는지를 묻는 것입니다. 이미 가능성 이론은 이러한 질문에 대한 답을 내놓고 있지요.

최근 센은 '가능성'이라는 개념을 순수하게 비교적인 의미로만 사용하고 있습니다. 그의 관심이 비교를 위한 호환적 상태(inter-changing state)인 반면, 저의 관심은 최소주의적 사회정의론을 세우는 데 있습니다. 이를 위해 모든 시민들이 반드시 가져야 하는 가능성을 정하는 것이 무엇보다 우선됩니다. 최근까지 저는 10개의 항목 정도를 제시하고 있는데요, 만약 한 사회의 구성원 모두가 이 10가지 가능성 모두를 타당한 일정 수준 이상 지니지 못하면 그 사회는 정의롭지 않다고, 심지어는 최소주의적 관점에서도 정의롭지 않다고 말하는 것입니다. 사실 제가 말하는 정의론은 부분적 정의론입니다. 이러한〔10가지 기준이〕정의가 요구하는 모든 것이라고 말하는 것이 아니라, 정의가 요구하는 최소한의 것이라고 말할 뿐입니다. 그래서 세계 각국은 자기 나름대로 그러한 최소 수준을 설정해야 합니다. 제가 생각하는 바는 이러한 가능성의 요소들을 모든 시민들의 기본적인 권리로 어떤 국가의 헌법에 명문화하는 것입니다. 헌법과의 연결은 제가 최근에 많이 연구하고 있는 주제이고, 나중에 이에 관한 책을 쓸 생각입니다. 어쨌든 가능성은 헌법적 명문화의 토대를 제공해줄 수 있는 근본적인 정치적 원칙 중 하나이고, 이러한 정치적 원칙은 입법과 사법행위의 결합을 통해 실행될 수 있을 것입니다.

02 **곽준혁**— 선생께서는 문화적 경계를 초월하는 범주로 일련의 가능성의 항목들을 제시하고, 이를 통해 문화적 경계를 넘어 상호 비교할 수 있다고 주장하신 것으로 들립니다. 그렇다면 문화적 특수성을 강조하는 입장에서 선생이 말씀하시는 가능성 이론을 받아들이지 않는 사람들도 있을 텐데요. 이러한 반대론자들은 단순히 아시아 문화의 다양성과 최근의 역동적 변화를 무시하면서까지 '아시아적 가치'를 주장하는 사람들로만 구성되지는 않을 것입니다. 이러한 반대론자들 중에는 각각의 사회는 자신들만의 규범적인 범주가 있고, 이런 전제에서 외부로부터 주어진 규범적 잣대는 그 사회를 위해서 좋지 않을 뿐만 아니라 적용될 수도 없다는 온건한 입장도 있을 텐데요. 이러한 형태의 반대에 대해서는 어떻게 생각하십니까?

너스바움— 이 질문은 반드시 답변해야 할 중요한 질문인 것 같습니다. 우선 저의 가능성 이론은 롤스의 정치적 자유주의와 유사하다는 점을 밝혀두고 싶네요. 즉 가능성 이론은 정의에 대한 하나의 정치적 원칙(doctrine)이지 포괄적 원칙이 아니며, 사람들이 중요하다고 생각하는 것의 단지 일부를 의미할 뿐입니다. 그래서 롤스가 그러하듯 포괄적 원칙에 다양한 방식으로 부속될 수 있는 여분의 이미지(the image of marginal)를 사용하고 있는 것이지요. 곽 교수께서 말씀하신 '아시아적 가치'와 〔아시아 지역 내의〕 다른 가치들 사이의 차이는 사실 모든 현대사회에 내재되어 있다고 생각합니다. 모든 사회는 종교적이든 세속적이든 다양한 종류의 포괄적 원칙을 가지고 있습니다. 따라서 심지어 한 사회에서도 근본적인 원칙을 명문화하기 위해 우리가 해야 할 일은 어떠한 의견상의 불일치에도 변함없이 동의하고 지지할 수 있는 일종의 중첩된 영역을 정하는 일입니다.

여기서 다원주의에 대한 존중이 이러한 접근에서 어떻게 확립되는지를 보여주기 위해 몇 가지 더 지적하고 싶습니다. 첫째, 개별 국가들은 나름의 최소 수준을 세웁니다. 그리고 각 국가들은 이러한 가치들을 나름대로 구체화합니다. 따라서 모든 국가가 표현의 자유를 지지하더라도, 표현의 자유에 대한 세부적인 명문화의 방식들은 각국의 역사와 당면 문제에 따라 매우 다를 수 있습니다. 제 생각에는 표현의 자유 원칙을 명문화하는 데 있어서 서로 다른 올바른 방식들이 존재합니다. 둘째, 〔이러한 명문화가〕 목표로 하는 것은 실제 기능(functioning)이 아니라 가능성입니다. 보다 정확하게 말하자면, "예, 그런 기회를 가졌지만, 사용하고 싶지 않아요"라고 사람들이 말할 수 있는 여지를 남겨두어야 한다는 것입니다. 그렇기 때문에 종교를 싫어하는 사람도 모든 사람을 위한 기본적인 가능성의 하나로 종교의 자유를 옹호할 수 있습니다. 저는 거의 대부분의 사람들이 이럴 것이라고 생각합니다. 비록 앞으로도 종교를 믿지 않고 좋아하지도 않겠지만, 사람들이 그러한 가능성을 가져야 한다는 사실에 대해서는 불만이 없을 것입니다. 마찬가지로 모든 형태의 정치적 삶의 참여는 옳지 않다고 생각하는 사람들이 있을 수 있고, 미국의 구암만메노파(the Old Order Amish)와 같이 이러한 생각을 종교적 원칙으로 가지고 있을 수도 있습니다. 이들은 투표도 하지 않고, 공적 삶에 참여하지도 않겠지만, 이러한 가능성이 모든 시민들에게 부여된다는 사실에 전적으로 만족합니다. 따라서 기능이 아니라 가능성을 목표로 삼음으로써, 우리는 다른 선택을 할 수 있는 여지를 많이 남겨놓을 수 있습니다. 마지막으로 꼭 언급해야 할 것은, 가능성 이론의 주장은 설득을 위한 것이라는 점입니다. 가능성 이론은 무엇인가를 강제적으로 부과하려는 것이 아닙니다. 실제로 한 국가가 다른 사회에 특정 가치를 강요하기 위해 무력을 사용할 수 있는 권리를 지니는 경우는 거의 없다고 생각합니다. 학살이나 기본권에 대한 심각한 위반이 있는 경우와 같이 고전적인 인도주의적 개입의 사례들이 있긴 합니다. 그러나 만약 어떤 나라들이 가능성을 인정하지 않는다면, 우리는 그들이 다시 고려하도록 촉구할 뿐입니다. 그들을 〔가능성을 가지고〕 설득하려고 힘쓸 수는 있지만, 〔가능성 이론이〕 그들에게 무력을 행사할 수 있는 권한을 주지는 않습니다.

곽준혁—선생께서 가능성을 통해 말하는 바는 모든 개인들이 자기 스스로의 삶의 질을 향상시킬 수 있는 일종의 전제조건으로 들립니다.

너스바움—바로 보셨습니다.

03 곽준혁—그렇다면, 선생의 가능성 이론은 현재 전 세계적으로 벌어지고 있는 신자유주의적 변화에 대한 일정 정도의 도전일 수 있을 것 같습니다. 특히 한국의 신자유주의적 변화가 그렇습니다. 현재 한국은 기존에 공적으로 유지되어왔던 많은 부분들을 자기통제에 국한된 개인의 가능성 또는 능력의 문제로 전환시키는 경우가 늘고 있습니다. 예를 들면, 사회적으로 주변화된 사람들을 위한 사회적 안전망의 부재에서 비롯된 문제들이 개인의 태만이나 무능력 때문이라고 치부되고 있습니다. 이러한 최근의 신자유주의적 변화에 대한 선생의 입장은 무엇입니까?

너스바움—물론 신자유주의적 변화가 지금까지 주된 표적이었습니다. 세계은행과 IMF의 신자유주의적 접근의 압도적 우세로 인해 우리들은 인간이 무엇을 할 수 있고 무엇이 될 수 있는지를 진정 고려한, 보다 풍부하고 보다 인간적으로 조율된 발전의 척도를 원하게 되었습니다. 신자유주의자들은 "맞아요. 건강이나 교육과 같은 것들도 매우 중요하죠"라고 말합니다. 그러고는 "하지만 경제성장이 이뤄지면 우리는 그것들을 자동적으로 얻게 될 겁니다"라고 말하지요. 이것이 바로 신자유주의자들이 보통 택하는 다음 단계입니다. 그래서 우리는 그 주장이 사실이 아님을 보여주는 경험적 작업을 해야 했습니다. 실제로 센과 그의 공동 저자인 드레즈(Jean Dréze)는 매우 중요한 경험적 연구들을 해왔습니다. 바로 인도의 개별 주(state)에 대한 현지조사인데, 인도는 이러한 신자유주의 이론의 타당성을 분석할 수 있는 주요한 실험실입니다. 왜냐하면 일부의 주들은 경제성장만 이루었고, 건강과 교육적 측면에서는 추가적인 발전이 없었습니다. 그리고 다른 곳에서는 매우 저조한 경제 발전을 이룩했지만, 건강이나 교육의 측면에서는 꽤 획기적인 진전이 있는 경우도 있었습니다. 따라서 인도의 경우를 통해 경제성장과 건강·교육 등이 함께가지 않음을 알 수 있습니다. 실제로 건강과 교육을 증진시키는 데 국가의 직접적인 행위는 필수적입니다. 물론 시장적 접근도 일자리를 창출할 수 있지요. 따라서 어떤 경험적 연구는 국가와 시장이 결합될 필요성을 시사하고 있습니다. 그러나 핵심은 모든 시민들에게 기본적 가능성을 제공해야 할 궁극적인 책임이 바로 정부에게 있다는 것입니다. 만약 시카고시의 데일리 시장이 "이제부터 항공로를 민영화해서 이동성을 늘리려고 합니다"라고 결정했다고 합시다. 그가 실제로 한 일입니다. 좋아요. 제대로 작동하는지 한번 살펴봐서 만약 사람들의 이동성이 증가한다면, 그가 옳은 일을 한 것입니다. 하지만 책임은 그에게 있습니다. 민영화를 하느냐 마느냐의 결정은 기본적 가능성에 대해 심각한 책임을 져야하는 정부의 것입니다.

올바른 종류의 애국심: 품위 있는 삶의 조건

04 곽준혁─민족주의에 대한 주제로 넘어가 볼까요? 1994년 *Boston Review*에 나온 선생의 논문이 큰 논쟁을 불러일으켰고, 여기에 주디스 버틀러, 에이미 것만, 찰스 테일러 등을 포함한 학자들이 참여했는데요, 그밖에도 정말 많은 학자들이 이 논쟁에 참여했습니다. 왜 애국심에 대해서 그렇게 비판적인 견해를 갖는지 궁금합니다.

너스바움─사실 제 견해는 바뀌었습니다. 지금 애국심에 대한 책을 한 권 쓰고 있습니다. 시카고 대학 박사과정에 있는 제자인 이스라엘(Jeffrey Israel)군과 함께 쓰고 있어요. 그리고 이 주제에 대해서 대학원 세미나를 하기도 했고, 헤르더(Herder)와 마치니(Mazzini)와 같은 초기의 온건한 민족주의자들의 주장에 깊은 관심을 갖게 되었습니다. 그들이 이해한 바로는 애국심이란 우리의 소속감을 확대시키는 길이지 축소시키는 길은 아니라는 것입니다. 그들은 근본적인 문제는 이기심과 자기에게만 관심을 가지는 사람들이라고 생각했습니다. 따라서 그들의 주제는 어떻게 사람들이 자기 자신을 넘어 다른 사람에게 관심을 갖게 만들 것인가였습니다. 물론 마치니는 자본주의의 융성으로 인해 사람들이 점점더 자기 자신에게만 관심을 쏟을 뿐, 보다 큰 단위에는 관심을 두지 않는 것을 목격했습니다. 그는 일차적으로 이렇게 이기적인 사람들을 전 세계의 일에 즉각적으로 관심을 갖게끔 만드는 일은 불가능하다고 주장했습니다. 그러나 어떤 형태의 민족주의는, 그것이 올바른 출처에서 비롯되었다면, 다른 사람들에게 관심을 갖게 만드는 초석 또는 사해동포주의적 귀속감을 강화할 수 있는 지렛대(fulcrum)가 될 수 있다고 믿었습니다. 저는 이것이 일종의 사해동포주의적 요구와 결합이 가능한 종류의 민족주의라고 생각합니다.

저는 네루(Neru)와 간디(Gandhi)에게서 이러한 종류의 민족주의의 좋은 예를 발견할 수 있다고 생각합니다. 그들은 인도 민족을 마음에 품는 올바른 길은 가난한 자들을 위하고 그들이 품위 있는 삶의 질을 영위하게끔 하는 것이라고 이해했습니다. 네루는 인도 독립의 여명기에 한 첫 번째 연설에서 "이 꿈은 인도인을 위한 것인 동시에 전 세계를 위한 것이기도 합니다. 왜냐하면 모든 민족과 인민들은 서로 너무 밀접하게 결합되어 있어서 그중 어느 하나라도 떨어져서 살 수 있을 거라 생각할 수 없기 때문입니다"라고 말했습니다. 다시 말해, 만약 여러분이 품위 있는 인간의 삶에 초점이 맞춰져 있는 애국심, 즉 희망적(aspirational) 애국심이라 불리는 것을 가지고 있다면, 이러한 애국심은 여러분의 생각을 결국에는 사해동포주의적 방향으로 경도시킬 가능성이 큽니다. 만약 다른 사람들이 배고픔에 시달리지 않기를 원한다면, 이러한 생각은 단순히 여러분의 민족만을 위한 일이 아니라 전 세계의 사람들 모두를 고려한 일이 될 수밖에 없기 때문입니다.

미국의 역사에서는 링컨(Abraham Lincoln)과 마틴 루터 킹(Martin Luther King Jr.)이 이러한 '희망적 애국심'을 가지고 있었습니다. "여러분들은 미국을 생각할 수 있고, 미국에 대한 이야기를 할 수 있을 것입니다. 바로 우리의 삶과 자유, 그리고 모든 이들을 위한 행복을 추구하는 미국 말입니다. 따라서 이제 우리는 인종차별을 없애야 합니다." 킹 목사는 이러한 애국심 담론 속에 자신의 주장을 아주 조심스럽게 펼쳤습니다. 저는 킹 목사의 "나에게는 꿈이 있습니다"(I have a dream)라는 연설에 대해서 좀더 자세하게 연구하려고 합니다. 킹 목사는 미국인들에게 미국이란 무엇인가에 대해서 말해주고 싶었습니다. 바로 모두가 평등하다는 사실에 대한 사랑에 대해서 말입니다. 문제는 단지 사람들이 그 사랑이 흑인들에게까지도 확장되어야 한다고 이해하지 못했다는 점입니다. 그는 또한, 미국 시민의 피부색과 관련해서 미국의 건국이념은 채무를 불이행한 약속어음과 같다고 말했습니다. 그는 자연에 대한 책임성이라는 가장 미국적인 사고를 이용합니다. "좋아요, 당신의 민족적 가치에 부끄럽지 않게 사세요." 그러고는 "테네시의 산에서 자유가 울려 퍼지게 합시다"와 같이 미국이 얼마나 아름다운지에 대해서 큰 소리로 외치고 연설을 끝냅니다. 즉 그는 사람들이 미국 산하의 아름다움을 사랑하게끔 만드는 동시에 자유의 유적들로 그러한 지리적 모습들을 이해하도록 만듭니다. 아주 기발한 발상이고, 수사적으로 매우 훌륭합니다. 추상적인 자유의 관념과 대지가 지닌 구체적이고 에로틱한 감동적 이미지를 결합시켰기 때문이지요.

바로 이것이 애국심이 필요한 이유입니다. 추상적인 것들은 그 자체로 사람들의 감정을 모을 수 없기 때문입니다. 예를 들어, 하버마스가 주장하는 헌정적 애국심(Constitutional Patriotism)은 실제 사람들을 감동시킬 수 없습니다. 사람들은 "역시 우리나라는 아름다워"라는 말을 들어야 하며, 이것이 윤리적 가치들과 결합되어야 합니다. 이것이 바로 올바른 종류의 애국심이 하는 역할입니다. 올바른 종류의 애국심을 가지려면, 우리는 모든 사람들을 정복하기 위해 나아가는 진정한 남성, 전사(the warrior)와 같은 남성적으로 과장된 이미지를 걷어버려야 합니다. 그리고 그는 전쟁은 영웅들을 위한 일련의 재미있는 위업이 아니라는 점을 각인시키면서 모들린(Bill Maudlin)의 전쟁 카툰과 같이 거품이 걷힌 유머 속에 전달되는 풍자의 역할과 신체를 언급합니다. 이는 진짜 인간의 신체를 가지고 있는 진짜 병사들에 대한 이야기입니다. 우리는 이것을 "실제적인 애국심(down-to-earth patriotism)"이라고 부릅니다. 이 또한 올바른 종류의 애국심을 구성하는 매우 중요한 요소입니다.

05 **곽준혁**_ 한국에서 민족주의는 눈에 보이는 것 이상입니다. 사회적 응집이나 정치적 동원과 같은 민족주의가 지닌 도구적 기능을 넘어서서 또 다른 함의를 지니고 있습니다. 물론 민족주의의 허구성을 지적하는 학자들도 있습니다. 저 스스로도 아리스토텔레스의 '성찰적 시민성'이라는 개념과 키케로의 품위(decorum)를 결합시킨 '민족주의 없는 애국심'을 이야기함으로써 강한 종류의 민족주의를 순화시키려고 노력하고 있습니다. 그러나 민족주의는 한국인의 영혼에 깊이 뿌리박혀 있으며, 애국심을 민족주의

와 혼동하는 한국인들을 보는 것은 그리 어려운 일이 아닙니다. 이런 의미에서 일부 학자들은 퀜틴 스키너, 필립 페팃에 의해서 시작되었고, 마우리치오 비롤리에 의해서 발전된 신로마 공화주의 개념을 소개하고 있습니다. 애국심과 관련해서 이와 같은 신공화주의로부터 우리가 기대할 수 있는 좋은 점은 무엇일까요?

너스바움—사실 이러한 〔신로마 또는 고전적〕 공화주의적 개념은 진정한 의미의 자유주의에 반대되는 것은 아니라고 보입니다. 왜냐하면 이러한 공화주의는 신자유주의를 반대하는 것이지, 칸트적 자유주의에 반대되는 것이 아니기 때문입니다. 이러한 점은 라모어(Charles Lamoure)의 『도덕의 자율성』(*Autonomy of Morality*, 2008)이 잘 보여주고 있어요. 제 생각에는 찰스가 이 부분에 대해서 참 잘 썼다고 생각해요. 페팃도 공화주의의 근원을 키케로와 스토아학파 등에서 찾은 점은 잘했다고 생각합니다. 그런데 그러한 생각들은 사실 매디슨(Madison)과 제퍼슨(Jefferson)을 위시한 미국 건국의 아버지들이 차용하기도 했습니다. 그들은 자유를 핵심요소로 한 기본적으로 자유주의적인 국가건설에 이 생각들을 사용했습니다. 물론 여기서의 자유는 옳은 종류의 것으로, 모든 사람들이 평등과 좋은 삶에의 열망을 가지고 있다는 것을 분명하게 하는 맥락에서의 자유입니다. 물론 이러한 전통은 매우 실행 가능한 일이고, 처음에는 항상 매우 사해동포적이었습니다. 우리가 국경 밖에 있는 사람들에 대한 최초의 의무 관념과 공화국에 대한 사랑을 동시에 찾은 곳이 바로 키케로였습니다.

06 곽준혁__조금 더 구체적으로 들어가보겠습니다. 선생께서는 애국심에 대한 견해가 최근 바뀌고 있다고 말씀하셨고, 선생의 애국심에 대한 생각과 제 생각에 많은 공통점이 생겼습니다. 이런 맥락에서, 『정의의 선구자들』(*Frontiers of Justice*, 2006)이라는 최근 저서에서 선생이 말씀하신 내용들이 매우 흥미롭습니다. 이 책에서 선생은 인민주권이 시민이 자신들의 자율성을 주장하는 하나의 방식으로서 도덕적 중요성을 지닌 반면, 세계 정부와 같은 주장은 본질적으로 전제적(tyrannical)일 수밖에 없다고 주장하셨는데요. 선생께서 이처럼 인민주권의 가치를 재발견하려 하신 데에는 특별한 이유가 있습니까?

너스바움__글쎄요. 아마도 제 학문적 궤도 때문이 아닌가 싶습니다. 대부분 인도에 대한 제 연구에서부터 나온 것입니다. 저는 인도 민족을 사랑합니다. 제가 미국에 대해서 느끼는 것과 다르게 저는 인도에 대해서 애국적 감정을 느낍니다. 제 집에는 인도 국기가 펄럭이고요, 제 집의 앞쪽 거실에는 인도 국기를 들고 가는 철제 코끼리상이 놓여 있을 정도입니다. 아마도 제가 외부인이기 때문에 그들이 성취하고자 하는 것과 존중하는 가치들을 관찰할 수 있는 것 같아요. 그들이 만든 가장 근본적인 점들 중 하나는 우리의 열망을 발전시키고 실현시키기 위해 주권을 반드시 유지해야 한다는 것이었어요. 최악의 시나리오는 강대국의 일부분이 되는 것이었습니다. 그래서 바로 비동맹(Nonalignment)이라는 네루의 유명한 노선이 그의 정책에서 아주 중요한 위치를 차지하였고, 올바른 종류의 애국적 열망이 되었습니다. 만약 그 당시 인도가 미국 또는 러시아—당시에는 소련이었던—의 작은 동맹국이 되었다면, 열망을 품을 능력(capacity to aspire)은 상실했을지도 모릅니다. 여기가 민족의 역할에 대해서 생각하기 시작한 하나의 출발점이었습니다. 물론 자신들이 선택한 법을 스스로에게 부과하는 능력이 매우 중요한 선(human good)이라는 17세기 그로티우스(Grotius)의 주장을 생각한 것이지요. 만약 이러한 선이 민족이라는 틀에서 실현된다면, 그리고 그로티우스가 그보다 더 큰 실체를 몰랐다면, 우리는 더 거대한 초국가적 실체에서 그러한 선이 실현될 수 있는가를 물어보아야 할 것입니다.

유럽연합이 가장 적절한 후보지만, 제 생각에 유럽연합은 설명력을 그다지 가지고 있지 못합니다. 유럽연합이 아직까지 그 모든 인민에 대해서 만족할 만한 수준의 책임성(accountability)을 가지고 있지 못하기 때문입니다. 그러나 독립된 하나의 실체라기보다 유럽연합이 미국이나 인도와 같이 보다 연방적 형태가 된다면 그럴 수도 있을 것입니다. 그렇다면 우리는 여러 형태의 연방과 수많은 내적 다양성을 가진 국가들을 가지게 될 수 있습니다. 그러나 세계 국가는 그 개념 정의상 그렇지 못합니다. 왜냐하면 너무 많은 문화와 언어가 존재하기 때문입니다. 인도는 예외적인 사례로, 350여 개의 언어와 20개의 공식 언어가 존재하지만 어떤 연유에서인지 모두를 통합한 드문 경우입니다. 제 생각에 세계는 인도처럼 될 것 같지는 않습니다. 그렇기 때문에 권력의 통로에서는 사람들의 목소리가 들리지 않을 수도 있고, 국가(권력)가 나쁜 사람들 손에 들어갔을 때 유일한 희망은 그 나라에서 인종 학살이 일어날 때 도움의 손길을 뻗을 수 있는 외부인들에게 호소하는 것뿐일 수도 있습니다. 그렇기에 르완다에서처럼 개입해서 잘못을 저지른 사람들에게 책임을 물을 수 있는 것이 세계공동체(world community)인 것입니다. 그렇지만 우리에게 단일의 세계정부가 있다면 누가 그것을 할까요?

인간성의 인식과 교차문화적 감정

07 **곽준혁**—결국 선생께서 말씀하시는 인간성(humanity)은 키케로의 품위(decorum), 즉 품위 있는 사회에서 살아가는 시민들의 덕성인 것 같습니다. 이런 맥락에서 제 관심을 끄는 것이 바로 선생의 감정에 대한 인식론적·평가적(cognitive-evaluative) 관점입니다. 감정을 추론(reasoning)의 일부라고 보지 않았던 칸트나 롤스의 견해와는 어느 정도 다르다고 생각합니다.

너스바움—롤스는 실제로 감정에 대해 잘 알고 있었어요. 매우 짧긴 하지만 그것에 대해 언급했습니다.

곽준혁—롤스에게 감정에 대한 고려가 있었다고 볼 수는 있습니다. 즉 인간성(humanity)을 언급함으로써 동정심과 관용과 같은 감정들을 수용했다고 말할 수 있다는 것입니다. 그러면 선생께서는 문화와 사람에 있어서의 커다란 차이에도 불구하고 인간적 동정심(compassion)이 전이될 수 있다고 생각하는 근거는 어디에 있나요? 문화적 경계를 넘어선 전이가 가능한 인간성이란 무엇을 의미하나요? 이러한 인간성이 더 나은 사회를 만드는 데 어떻게 기여할 수 있나요?

너스바움─제가 말하는 인간성은 크게 놀랄 것도 없는 인간 그 자체를 의미합니다. 중요한 것은 단지 이성만을 갖춘 인간이 아니라 어떤 행동을 추구할 능력을 가진 모든 사람들을 말한다는 점입니다. 여기에는 식물인간이나 뇌염을 앓는 어린이는 포함되지 않겠지만, 최근 제가 대통령 직속 생명윤리위원회의 청탁으로 쓴 글에서 밝힌 바와 같이 심각한 정신적 지체를 겪고 있는 사람들은 포함됩니다. 이 글에서 저는 인간의 존엄성이 이러한 심각한 정신적 지체의 정도에 상관없이 아이에서 어른에 이르기까지 내재한다고 주장했습니다. 사실 2주 후 뉴욕의 여러 학교들이 함께 개최한 인지적 장애(cognitive disabilities)를 겪는 사람에 대한 공공정책 컨퍼런스에 참여할 예정인데요. 인지적 장애를 겪는 사람들도 여전히 투표를 하고 배심원으로 봉사할 권리를 지니고 있습니다. 비록 그들이 그러한 권리를 행사할 수 없을 뿐만 아니라 후견인을 통제할 수 없을지라도 말입니다. 그렇지만 후견인들이 어느 정도 그들의 이해에 따라 행동할 수 있고, 여전히 한 표를 가지고 있으며, 〔인지적 장애를 겪는 사람들을〕 대리해서 배심원이 될 수도 있습니다. 저는 이러한 방법 외에 그들이 사람으로 가지는 평등한 존엄성에 대한 존중을 보여줄 수 있는 방법을 생각할 수 없습니다. 바로 이것이 제가 의미하는 인간성입니다. 최근 저는 동물의 존엄성에 대해서도 많은 관심을 가지고 있습니다. 존엄성을 가진 존재는 비단 인간만이 아니라고 생각합니다. 인간의 존엄성은 논리적 능력이나 심지어 감정적 능력을 총망라하는 수준의 소유 여부에 좌우되는 것이 아닙니다. 자폐증을 겪고 있어서 감정적 능력이 심각하게 무뎌진 아이도 제 기준에서는 여전히 인간성을 지니고 있습니다.

그래서 저는 우리가 인간성을 인식하는 것과 연관된 교차문화적 감정들(cross-cultural emotions)을 아주 많이 가질 수 있다고 생각합니다. 그렇지만 불행히도 이러한 인식을 막는 감정들도 있다는 것을 우리는 알고 있습니다. 사실 저는 수치심에 대해서는 많이 연구하고 토론하기도 했었고, 이번에 한국에서의 세 번째 강연(「법과 정치의 근본 요소인 '약자에 대한 배려'의 능력으로서의 '공감'」, 2008년 8월 29일, 서울대학교)에서도 타인들이 지닌 동등한 인간성을 인정하기 어렵게 만드는 매우 심각한 문제들이 던져지는 방식, 그리고 인간이 동물보다 우월한 존재라고 생각하게 만드는 방식에 대해 이야기할 것입니다. 사실 동물이 결코 하지 않을 끔찍한 일들을 우리 인간들은 서로에게 하곤 합니다. 세 번째 강연의 원고는 인간이 저지르는 사악한 행동과 동물의 품위 있는 행동의 사례를 들면서 시작됩니다. 예를 들어, 동물은 상대방이 암컷이기 때문에 죽을 때까지 때릴 수 있다고는 절대로 생각하지 않습니다. 동물의 사고범위는 매우 좁습니다. 자기 종족만을 돌보지요. 하지만 인간이 잔인해질 수 있는 만큼 잔인하거나 계산적이지 않습니다. [인간이 하는 것과] 동일한 방식으로 잔혹한 짓을 저지르지도 않지요. 저는 잔혹한 일을 할 수 있는 능력의 많은 부분이 우리의 혐오스러운 신체적 인간성(bodily humanity)과 우리가 아닌 그 무엇인가가 되고 싶은 욕망에서 비롯된다고 생각합니다. 여기에서 그 무엇이란 진정 인간이 아닌 무언가가 되고자 하는 욕망입니다. 위대한 연대학자 프란스 드발(Frans De Waal)은 이것을 '인간거부현상'(anthropo-denail)이라고 불렀습니다. 지금 천천히 쓰고 있는 감정과 가능성에 대한 책에서 저는 품위 있는 국제사회를 방해하는 것들은 무엇이고 이를 어떻게 다룰 수 있는지에 대해서 얘기하려 합니다. 방해 요소를 완전히 없앨 수는 없을 겁니다. 하지만 만약 이러한 것들을 보다 잘 이해한다면 그 부작용들을 최소화할 수는 있으리라고 생각합니다.

곽준혁─인간성, 연민, 그리고 관용은 모두 자유주의에서 강조하는 좋은 미덕입니다. 그렇다면, 선생께서는 인간성이란 선천적으로 가지고 있다고 보시는 겁니까? 아니면 후천적으로 배양되어야 할 것이라고 보십니까?

너스바움─선천적으로 주어진 것은 거의 없다고 봅니다. 일부 감정들은 선천적으로 주어지기도 하지만, 결국 모든 것은 어떻게 길러지느냐에 달려 있다고 생각합니다. 심지어 매우 강한 내재적 근거를 가지고 있는 공포와 같은 원초적 감정도 사회 속에서 배양됩니다. 따라서 뱀을 무서워하는 것처럼 본능적으로 느끼는 공포가 어느 정도 있을 수 있지만, 나와 다른 종교를 가진 사람이나 다른 인종을 두려워하는 것은 모두 문화적 현상입니다. 위험하거나 나쁘다고 생각하는 것들은 모두 문화적입니다. 무엇이 나쁜 뉴스이고 무엇이 좋은 뉴스인지 우리가 만들 수 있고 바꿀 수도 있습니다. 물론 이것 역시 우리가 아주 어려운 일들에 당면해 있음을 말해줍니다. 그렇지만 만약 이러한 것들이 생물학적인 것이라면, 사람들은 "그래, 이게 한계니까 피해야 해"라고 생각하고 말 것입니다. 예를 들어, 시력이 나쁜 사람은 과학을 통해서 시력을 더욱 높이려고 노력할 것이고, 만약 폭력적 성향이 생물학적인 근거를 지닌다고 생각한다면, [이런 생물학적 근거를 가지고] 형법조례를 만들 수 있을 겁니다. 그러나 문화와 관련되었을 때의 문제는, 사람들이 어떤 특정 문화를 옳은 것이라 생각하기 때문에 여기에 어떤 수정을 가하기 힘들다는 것입니다. 그렇기에 인지적·평가적 관점에서 우리가 믿음의 세계에 있는 것들을 다룬다는 드발의 말은 바꾸기 쉽다는 뜻이 아닙니다. 왜냐하면 문화는 매우 일찍, 보통 유년기에 정착되어 한 사람의 성격과 매우 깊은 연관을 맺기 때문입니다. 그렇기에 부모님을 사랑하지 말라거나, 부모님을 미워하지 말라고 누군가를 가르칠 수 없는 겁니다. 어렸을 때에 배운 다른 모든 것들도 마찬가지입니다. 그리고 이러한 점들을 배웠다고 하더라도, 배웠다는 것이 [변경 또는 수정의] 문제가 간단함을 의미하지는 않습니다.

여성과 가족은 중요한 정치적 문제

08 곽준혁 — 이제 여성주의에 대한 질문을 하려고 합니다. 현재 한국에서 가장 대중적인 여성학 이론 중 하나는 이른바 '차이의 정치'입니다. 이는 어느 사회에서 사회적으로 주변화된 사람들을 동일하게 취급함으로써 오히려 부정의가 발생한다는 아이리스 영이 정교화시킨 이론입니다. 사실 선생도 다양한 맥락에서 인간의 가능성을 촉진시키기 위해 불평등한 대우가 요구된다면 차별적 대우가 용인된다고 말씀하셨습니다. 선생의 이론과 '차이의 정치'는 어떤 차이가 있을까요?

너스바움 — '차이의 정치'라는 이름으로 알려진 다양한 이론들이 있습니다. 곽 교수께서는 영을 언급하셨는데, 저와 아이리스 사이에는 의견을 달리하는 부분이 많지 않다고 생각합니다. 그렇지만 길리건(Carol Giligan)과는 큰 차이가 있습니다. 제 생각에는 '차이의 정치'하면 사람들이 주로 길리건을 떠올릴 것 같습니다. 길리건은 남성과 여성이 도덕적 문제에 대해 추론하는 방식에 불변의 차이가 있다고 봅니다. 무엇보다 저는 길리건의 경험적 연구가 아주 형편없다고 보는데, 그 이유는 경험적 연구가 그녀의 주장을 전혀 뒷받침하지 못하기 때문입니다. 그녀가 문제를 제기하는 방식은 매우 뛰어나지만, 종족적으로나 사회적으로 매우 좁은 표본을 가지고 있습니다. 그리고 실험에 사용한 질문지 전체를 보면, 제기된 문제에 대한 답변조차 정확하게 제시되어 있지 않습니다. 따라서 저는 그녀가 남성과 여성 간에 깊게 뿌리박힌, 선천적인 도덕적 추론의 차이를 충분히 보여주었다고 믿을 하등의 이유가 없다고 봅니다. 오히려 아이들을 다루는 방식이 아이의 성(gender)이 무엇인가에 대한 인식에 따라 아주 일찍부터 다르게 형성된다는 것을 보여주는 좋은 연구들은 많이 나와 있습니다.

예를 들어 한 진료대기실에서 행해진 실험을 보면, 실험자는 아이를 안고서 피실험자에게 "이 여자아이를 잠시만 봐주시겠어요?"라고 물어봅니다. 때때로 그들은 "이 사내아이를 잠시만 봐주시겠어요?"라는 질문도 하지요. 그럼 피실험자가 그 아이가 사내아이라고 생각하면 대부분 아이를 위로 번쩍 들어올리고는 "야(Yeah)!"라고 신나게 말할 것입니다. 그러나 여자아이라고 생각하면 "오~ 불쌍한 것, 겁먹었구나"라고 할 것입니다. 이렇듯 아이들의 발달을 규정짓는 기본적 행동에서 뿌리 깊은 차이가 존재합니다. 아이들이 10세 정도가 되면, 우리는 여자아이는 남자아이보다 더 겁이 많다고 생각하고, 남자아이는 여자아이보다 더 공격적(aggressive)이라고 생각합니다. 이것은 본성에 대해서 말해주는 바는 전혀 없고, 단지 문화와 관련된 것입니다. 실제로 우리는 이를 최근 미국사회에서 발견하기 시작했습니다. 미국 사회에서 가장 큰 통념 중 하나는 바로 여자아이는 수학과 과학에 능하지 못하다는 것이었습니다. 많은 사람들은 생물학적인 근거가 있을 것이라고 믿어왔지만, 현재에 이르러 교육이 더욱 더 개방적이고 평등하게 수행되면서 올해 처음으로 수학과 과학에서 여학생의 성취가 남학생을 앞섰습니다. 어쨌든 '차이의 정치'가 앞에서 말한 것이라면 저는 결코 이를 지지하지 않을 것입니다. 지금 제가 중요하다고 생각하는 것은 지금까지 여성의 사회적 역할과 동일시되어 왔고 문화적인 이유로 남성들보다 더 강하게 느끼는 타인을 돌보는 것(caring for others)과 같은 가치입니다. 저는 이러한 돌봄은 모든 사람들이 배워야 하고, 정부도 육아와 가족부양을 위한 휴가, 그리고 노인부양을 위해 충분한 보조를 해야 한다고 생각합니다. 돌봄도 일종의 일(work)이며, 사람들은 이러한 일을 사랑하는 마음만으로는 할 수 없습니다. 이러한 점을 인식한다면, 우리는 어떻게 정의로운 방식으로 돌봄이 수행될 수 있을까에 대한 질문을 던져야 합니다.

곽준혁—선생께서는 롤스의 『정의론』과 서로 공유하는 점이 많은 것 같습니다. 그런데 어떤 측면에서 롤스의 정의론을 비판하시는지요? 어떤 점에서 선생의 비판은 오늘날 여성문제에 적실성을 지니나요?

너스바움—아마도 롤스의 이론은 여성과 관계된 대부분의 문제를 잘 다룰 수 있을 것입니다. 그의 이론이 어려움에 봉착하게 되는 지점은 정상인과 바로 심각한 장애가 있는 사람들과의 관계나 인간과 동물과의 관계 등에서 보이는 것처럼 기본적인 힘이 극심한 불균형 상태에 처했을 때입니다. 보유 자원과 그밖의 것에서 차이가 많이 나는 부자 국가와 가난한 국가 간의 관계도 이와 유사하다고 하겠습니다. 롤스가 자신을 사회계약론의 전통에 위치시키고 있기 때문에, 그의 이론은 이와 같은 사례에 접근하는 데 어려움이 있습니다. 즉 그의 이론은 정의로운 상황에서는 사람들 각자가 신체적·정신적 능력이 대체로 동일하다는 가정에서 출발하고 있습니다. 물론 이는 현실과 동떨어져 있습니다. 저는 여기에 약간의 수정을 가했는데요. 위에 언급한 사례들[이것들은 매우 중요한 사례들입니다]에서는 제 이론이 롤스의 이론보다 더 적절하다고 생각합니다. 전체적으로 제 이론이 더 적절한지를 확인하기 위해서는 훨씬 많은 시간 동안 관찰이 필요합니다. 롤스가 이런 문제에 봉착하게 되는 이유는 바로 자신을 사회계약론의 전통에 위치시키기 때문입니다. 만약 그가 개별 인간을 목적으로 보았다면 좀더 순수한 칸트적 이론을 주창했을 테고, 이런 어려움을 겪지도 않았겠지요. 물론 롤스는 이런 문제를 알고 있었고, 그래서 스스로에게 "내 이론은 풀기 어려운 문제들을 지니고 있다"고 말하기도 했습니다.

09 곽준혁—선생께서 제시하신 이론에서 제가 흥미를 가졌던 부분 중 하나가 바로 가족 개념이었습니다. 특히 선생의 개념은 한국사회의 전통적인 가족 개념과는 많이 다릅니다. 한국인들은 가족이란 이타주의적인 동기를 통해 결합된 집단이라고 생각합니다. 가족의 수장(대부분이 아버지입니다)은 자원과 능력을 가족 구성원에게 분배하는 자비로운 행정가로 여겨집니다. 이는 베커(Gary Becker)의 가족 개념에서도 찾아볼 수 있습니다. 이러한 가족 개념에 반대되는 선생의 주요 논의는 무엇이며, 최근의 여성

문제를 어떻게 해결할 수 있을까요?

너스바움— 첫 번째로 깨달아야 할 점은 가족은 언제나 정치적 실체라는 사실입니다. 원래 그러한 것(go-way)은 없습니다. 본질적으로 가족은 전 세계에서 다양한 형태로 존재하고 있습니다. 그리고 각 국가가 택하는 가족의 정의들은 이민정책, 세금정책 등 모든 종류의 정책들에 영향을 미칩니다. 예를 들어, 미국은 가족을 작은 핵 단위(nuclear unit)로 설정해온 매우 오래되고 불행한 역사를 가지고 있습니다. 여기에 조부모는 포함되지 않고, 한 집에 살고 있더라도 친척은 포함되지 않습니다. 이는 대가족 형태를 고수했던 남부 유럽 출신들에게 정치적 불이익을 주고 이 지역으로부터의 이민을 막기 위한 정치적 목적에서 연유했습니다. 또 다른 경우도 있습니다. 구호대상자용 식량카드제도(food stamp program)는 한때 "만약 집안에 무관계한 사람이 그 집에 살고 있다면, 그 사람은 가족으로 취급하지 않는다"고 가족을 정의했습니다. 그 이유는 특정 가족을 식량카드 지급대상에서 제외하고자 한 매우 정치적인 선택이었습니다.

가족에 대한 정치적 정의와 관련된 모든 것은 사실상 정치적입니다. 이를 일단 이해한 후에는 우리가 지키고자 하는 소중한 가치들이 무엇인지 살펴봐야 합니다. 이러한 가치 중 하나가 자녀의 행복과 양육입니다. 이를 위해서 정부는 만약 부모가 자녀를 학대하거나 적절한 교육을 시키지 않을 때 등을 대비해 그러한 자녀들을 도와줄 준비가 되어 있어야 합니다. 정부는 모든 아이들의 신체적 안전과 좋은 건강상태를 보장해야 합니다. 만약 부모가 자신의 종교적 신념 때문에 아픈 자녀를 병원에 데려가기를 거부한다 하더라도, 정부는 반드시 이런 아이들을 병원에서 치료받게 해야 합니다. 즉 정부가 간섭할 수 있는 여지가 있어야 하며, 정말로 사랑해주고 보살펴주는 몇몇 사람들(가족)에 의해 아이들이 가장 잘 양육될 수 있다는 사실을 또한 인식해야 합니다. 따라서 정부는 아이를 키우는 사람이라면 누구든지, 아이의 법적 후견인을 존중해야 합니다. 아이를 학대하고 방치하는 부모가 있을 때 정부는 반드시 개입해야 합니다.

가족과 관련된 두 번째 가치는 성인들의 친밀한 교제(intimate association)의 자유입니다. 비록 아이가 없더라도, 일정 정도 친밀한 교제의 기회가 보장되는 선에서 교제하기를 원하는 성인들의 문제가 있습니다. 정부는 그러한 친밀한 교제를 드러내는 것보다 이른바 개인의 사생활이라는 측면에서 보호해주는 역할을 해야 합니다. 이를 위해서 전통적인 가족 개념에 적합한 사람들뿐만 아니라 동성 커플들도 포함되어야 합니다. 이런 점에서 미국사회에서 가족법과 관련된 지금의 논쟁들은 흥미진진합니다. 미국 사람들이 갑자기 깨닫게 된 것은 전통적 형태의 성관계를 하지 않는 사람들도 소위 가족이라고 불리는 다른 사람들과 마찬가지도 똑같이 친밀하게 교제할 권리가 있다는 점입니다. 모든 시민에게 귀속된 특정 권리가 있으며, 정부는 친밀한 교제를 할 수 있도록 그들을 보호해야만 한다는 점을 인정하게 된 것이지요.

가족이 요구하는 세 번째는 노인의 복지와 건강을 보호해야 한다는 것입니다. 이는 세계적으로 점점 더 큰 문제가 되고 있습니다. 어린이 문제에서와 마찬가지로 정부가 더 큰 역할을 하는데, 이는 개인에게 완전한 선택권이 있어야 하는지, 그리고 가족 구성원들이 그 역할을 할 수 있는지가 불확실하기 때문입니다. 저는 단언컨대 정부에서 적절한 간호 혜택을 제공한다면 진정 내가 원하는 바를 선택할 수 있으리라 봅니다. 저는 제 딸에게 의지하기보다 [정부가 제공하는] 간호 혜택을 받을 것입니다. 노인들의 존엄과 자율성을 높이기 위해서는 친지들에게 지나치게 의존하지 않아도 되도록 해야 한다고 생각합니다.

우리는 우리가 지키고자 하는 가치가 무엇이고, 그 속에서 정부의 역할이 무엇인지를 구분한 후, 이를 실천해야 합니다. 현재 우리는 전통적 가족이 세계에서 가장 위대한 것이라는 어떤 낭만적인 생각에 사로잡혀 이러한 일을 그르치고 있습니다. 저는 곽 교수께서 혼인보호법(Defense of Marriage Act)을 읽어보셨는지, 아니면 이 법이 미국에서 통과될 때 계셨는지 모르겠습니다. 혼인보호법과 관련된 논쟁은 정말 이상했습니다. 왜냐하면 이혼율을 낮추기 위해 정부가 취할 수 있는 현명한 방법이 무엇인지에 대해서는 질문하지 않았기 때문입니다. 캐리(John Kerry)가 이 논쟁 중에 실제로 매우 훌륭한 연설을 했습니다. 그는 "정말 여러분이 이혼율을 낮추어야 한다는 취지에서 진정 가족을 수호하고자 한다면, 저는 알코올과 마약 상담, 부부관계 상담을 무료로 제공할 것입니다. 그리고 가정폭력을 겪고 있는 여성을 위한 안식처에서 제공하는 바를 모두 하겠습니다"라고 말했습니다. 대신 그들은 동성 결혼이 전통적인 혼인의 가치를 떨어뜨린다고 한탄했을 뿐입니다. 그들은 진정 어려움에 처한 결혼을 수호하기 위해 아무런 일도 하지 않은 것이지요. 저는 우리가 지금까지 이 문제에 관해 잘 처리해오지 못했다고 생각합니다. 이제는 이러한 문제들을 훨씬 더 분명하게, 덜 두려워해야 합니다.

자신을 성찰하고 타인을 상상하는 능력: 인문학의 중요성

10 곽준혁—선생의 감정에 대한 인지적·가치적 견해로 구성된 가능성의 이론이 실제로 어떻게 실현될 수 있느냐는 문제를 다루어야 할 시점입니다. 실현이라는 문제를 놓고 볼 때, 결국 모든 일은 미래의 자유로운 교육(liberal education)이 어떻게 잘 발전되느냐에 달려 있는 것 같습니다. 어떤 정치적 현실주의자(political realist)들은 선생의 이론에 동의하지 않을 수도 있습니다. 왜냐하면 그들은 민주적 절차를 통한 시민의 집합적 의사가 항상 사해동포주의적 공감이나 갈등 상태의 국가들 사이에서의 상호 존중으로 귀결되지 않는다고 믿기 때문입니다. 이런 경우, 선생의 이론으로부터 우리가 기대할 수 있는 자유주의적 전략은 무엇인가요?

너스바움—대부분의 현대 민주주의 국가들은 순수한 다수결주의가 아닙니다. 그들 대부분은 헌정주의적 요소들을 가지고 있으며, 다수결 투표가 미치지 못하도록 견고하게 지켜야 할 어떤 본질적 권리들이 있다고 믿습니다. 심지어 가장 순수한 다수결주의적 국가인 인도조차도 변했습니다. 인도는 독립 직후 헌법과 권리장전을 만들었지만, 이 모든 것들이 의회의 다수 투표로 바뀔 수 있었습니다. 긴급 상황(1975~77) 하에서 인디라 간디(Indira Gāndhī)는 의회에서의 다수결을 통해 권리장전을 없애고, 자신의 정적들을 모두 수감시켰습니다. 이러한 폐단으로 인도인들은 시스템을 바꾸기로 결정했으며, 그들이 헌법의 변경 회피적 특성이라고 불리는 것들은 현재의 시스템 하에서 제헌의회가 소집되지 않는 한 변경할 수 없습니다. 따라서 저의 가능성이란 성문화된 헌법을 가지고 있는지에 상관없이 단순 다수결주의를 넘어서는 헌정적 기본권(constitutional entitlements)의 영역을 유지하는 것을 의미합니다. 물론 이러한 헌정적 기본권이 인민의 집합적 의지를 완전히 초월한 것은 아닙니다. 그렇지만 이러한 기본권의 수정은 보다 더 어렵고 성가실 필요가 있습니다. 미국 역사에서 거부된 헌법수정안 목록만 보더라도, 국기를 불태우는 끔찍한 일들이 있기도 하지만, 증오심과 특정 단체에 대한 공격성을 가지고 헌법을 개정하려는 경우도 있었거든요. 정말 다행히도 이러한 헌법 개정 시도는 이루어지기 힘들었고, 실제로 통과된 예도 거의 없습니다.

따라서 교육이라는 관점에서, 우리는 아주 어릴 때부터 시작해서 대학까지 행해지는 기본교육에 있어서 인문학이 차지하는 역할에 크게 의지할 필요가 있습니다. 왜냐하면 사람들은 비판적으로 생각하고 논쟁하며 질문을 분석하는 것을 배움으로써 정치인들의 수사에 몽매하게 끌려다니지 않을 수 있기 때문입니다. 우리는 그리스인들의 군대와 여러 설비와 장치에 대한 논쟁을 통해 볼 때, 아테네인들이 수사적 남용에 단지 휘둘리기만 했지 그들의 가치를 진정 살펴보려고 시도하지 않았다는 점을 알 수 있습니다. 이것이 바로 소크라테스가 공헌한 바입니다. 자기 자신과 자신들의 전통을 검토하는 소크라테스적 요소, 그 다음이 다른 사람의 경험을 상상하는 능력입니다. 〔이런 능력을 발전시키지 않은 채〕어른이 되는 것은 쉽습니다. 저는 종종 인문학 교육을 받지 않고 기술교육만을 받은 사람들의 상상력이 점점 취약해지고 있다고 생각합니다. 그들은 다른 사람들이 어떻게 생각할 것인가를 상상하는 방법을 배우지 않습니다. 인문학이 공헌하는 바가 바로 여기에 있습니다. 비록 인문학이 항상 필요하지는 않을지라도 우리는 인문학이 받아야 할 지원을 충분히 받을 수 있도록 해야 합니다. 인문학 지원과 인문학 체계에 있어 한국은 다른 국가들보다 훨씬 우위에 있다고 생각합니다.

11 **곽준혁**─실제로 교육과 관련해서 한국사회는 많은 문제를 갖고 있습니다. 물론 한국사회는 보다 자유롭고 더 나은 사회로 이행하고 있습니다. 그러나 신자유주의 시장경쟁에 적응하면서 한국의 대학들은 직업 기술을 공급하는 학원으로 전락하고 있는 느낌입니다. 심지어 대학생들은 구직을 위한 자격증을 의미하는 '스펙'을 다른 어떤 것보다 중시하고 있습니다. 이런 분위기에서 실제로 대학의 많은 선생들이 강의에 대한 열정을 소진하고 힘들어하고 있습니다. 이러한 환경에서 선생께서 말씀하시는 인문학의 부흥을 위한 첫 번째 과제는 무엇일까요?

너스바움— 매우 어려운 질문입니다. 왜냐하면 이 문제에는 수많은 다른 부분들이 존재하기 때문입니다. 제 생각에 한국 정부는 인문학에 재정적인 지원을 해주고 정부에 비판적인 교수들의 목소리에 귀를 기울이는 등 좋은 경로를 밟아왔습니다. 실제 문제는 정부보다 부모들에게 있습니다. 이 문제는 바꾸기가 더 어려운데, 그 이유는 어디에 항의를 해야 할지 알 수 없기 때문입니다. 그래서 다음과 같은 몇 가지를 생각해보았습니다. 그중 하나는 인문학이 시민성(citizenship), 즉 민주주의의 생존 능력에 어떤 보탬이 될 수 있는지에 대해 많은 이야기를 나눌 필요가 있다는 것입니다. 보통 사람들은 인문학을 쓸모없는 장식품으로 치부합니다. 그러나 민주주의 자체에 대한 이러한 고찰이 지닌 가치를 더 논의해봐야 합니다.

경영학 역시 인문학적 접근이 필요합니다. 미국에서 쉽게 찾아볼 수 있는 것 중 하나는 하버드 경영대학원과 같은 일류 경영대학원들이 상상력과 비판적 사고가 갖는 가치를 믿고 있다는 사실입니다. 그들은 고용주들에게 다음과 같이 말합니다. "보세요, 우리는 당신들이 고용할 사람이 순전히 기술교육만 받기를 원치 않습니다. 그런 사람은 자립적일 수 없기 때문입니다. 우리가 보기에 비즈니스 영역에서 제일 큰 문제는 모두가 한 방향으로 가고 누구도 비판적으로 사고하지 않는다는 점입니다." 이는 뭐든지 예스라고 말하는 사람들로 이루어진 내부 문화가 부패한 역사를 보면 알 수 있습니다. 엔론(Enron) 스캔들과 월드콤(Worldcom) 스캔들의 일부는 소크라테스식의 교육을 받은 사람들이 없어서 발생한 사건입니다. 따라서 건강한 비즈니스 공동체는 비판적 사고와 상상력이 필요하며, 이것이 바로 건강한 비즈니스 공동체의 일부라는 점을 이해할 때, 인문학 전공생의 취직률이 높아질 것입니다.

실제로 미국에서 최근 이러한 일들이 자주 일어나고 있습니다. 만약 인문학 학위가 있고, 철학을 전공하기를 원한다면, 단지 경영학만을 전공한 학생들보다 취업 시장에서 더 유리합니다. 왜냐하면 미국 업계가 이런 학생들을 원하기 때문입니다. 여기가 바로 압력을 행사할 공간입니다. 어떻게 하냐고요? 철학자와 여타 인문학자들이 비즈니스 공동체로 가서 그들과 이야기하고, 경영학을 가르치는 사람들을 도와주고 또 도움을 얻어야 할 필요가 있습니다. 인문학적 교육이 경영학 교육에 더 많이 융합되어야 합니다. 예를 들어, 핀란드에서는 최상위권 경영대학원 내에 철학윤리학과장직을 신설했습니다. 이는 건강한 비즈니스 커뮤니티를 유지하는 데 윤리적 상상력이 핵심적 역할을 한다는 인식을 노키아가 선도해왔다는 사실과 무관하지 않습니다. 제가 제안을 하나 하겠습니다. 제 생각에는 경영의 세계에 접촉하는 것이 부모들을 만나는 것보다 쉽다고 생각합니다. 부모들은 자녀들이 좋은 직장을 얻기 바라기에 여러분이 구직환경을 바꾸어놓으면 궁극적으로 직업선호의 변화가 뒤따르리라고 믿습니다.

국가 역할의 복원

12 **곽준혁**─자유주의 진영에서는 다소 생소하고, 심지어 논쟁

적일 수도 있는 주제를 말씀하신 것 같습니다. 바로 국가의 역할입니다. 사실 50년 동안 자유주의자들은 국가를 인간의 권리에 대한 가장 위험스러운 존재로 인식하고 있었습니다. 어떤 연유에서 정부의 역할이 복원되어야 한다는 신념을 갖게 되셨습니까?

너스바움—국가가 할 수 없는 일들이 분명히 있다는 것을 우리는 알고 있습니다. 국가는 항공산업을 운영할 수 없으며, 특정한 종류의 경제적 통제는 하지 못합니다. 이런 일들을 국가가 맡을 때, 비효율적이고 실패하기 쉽습니다. 그러나 그것이 국가가 모든 면에서 실패한다는 것을 의미하지는 않습니다. 센과 드레즈의 연구는 국가가 실제로 의료와 교육에서는 가장 효과적인 관리자임을 보여주고 있습니다. 저는 미국조차도 마침내 이를 배워가고 있는 중이라고 생각합니다. 향후 5년 이내에 미국에서 국가가 운영하는 의료서비스를 받을 수 있을 것이라 저는 믿습니다. 만약 민주당이 집권한다면 5년 내에 이뤄질 수도 있겠지만, 아마 더 오래 걸릴지도 모르겠습니다(2010년 3월 오바마 민주당 정부는 100년을 끌어온 건강보험 개혁안을 가결시켰다).

교육은 더 곤란한 문제입니다. 왜냐하면 사람들은 일정 정도의 사적이고 지방단위의 통제, 혹은 사적이지는 않지만 지역적 통제를 유지하길 원하기 때문입니다. 그러나 동시에 국가가 해야 할 일은 올바른 가치들이 용인되게 만들고, 그러한 가치들이 올바르게 작동하게끔 보장하는 일입니다. 부시 행정부가 낮은 수준의 기술교육에만 온통 초점을 맞추어온 것은 비난받아 마땅합니다. 그들이 상황을 변화시킬 충분한 힘을 갖지 못했다 할지라도, 기술교육만을 강조한 일은 잘못됐지요. 그래서 제가 생각하기에 정부의 변하지 않는 궁극적인 역할은 모든 시민들의 기본적인 권리를 보호하는 일입니다. 그렇다면 이를 이루기 위해 어떤 것들이 필요한지를 우리 자신에게 물어야 합니다. 만약 상당한 정도의 교육적 평등과 교육 기회 없이는 사람들이 정치에 참여할 수도 없고 표현의 자유를 향유할 수도 없다면, 이것이 가능하도록 만드는 게 정부의 역할입니다.

13 **곽준혁**—만약 실제로 정부가 그것과 정반대의 일을 하려 한다면 어떻게 해야 합니까? 예를 들면, 정부가 모든 공적인 문제를 개인의 영역으로 환원시키려고 해서, 정부가 해야 할 일들을 사적인 영역에서 맡을 수도 있다면 말입니다.

너스바움—그것이 우리가 권력분립 제도를 가진 이유입니다. 서로 다른 기관들이 있고, 그들은 서로에 대해 일정한 견제를 행사합니다. 미국의 경우에는, 대법원이 종종 일정 영역에서 정부의 책임회피를 막습니다. 그리고 입법부는 차별금지법의 영역에서 일정한 역할을 할 것입니다. 이처럼 입법부와 사법부 사이에는 매우 복잡한 팀워크가 있습니다. 그러나 만약 그러한 가치들이 헌법 속에 내재되어 있다면, 그러한 가치들을 실현하는 것은 누군가가 할 일입니다. 그리고 정부가 헌법을 무시한다면, 이것이 바로 사법부가 존재하는 이유입니다.

14 곽준혁─이게 마지막 질문이 될 것 같습니다. 한국의 각계 각층의 많은 분들이 인문학의 위기에 대해 말하고 있습니다. 이런 점에서 보면, 선생이 지금까지 해오신 일은 매우 놀랄 만합니다. 선생은 지난 20년 동안 280개가 넘는 논문과 책을 출간하셨습니다. 대중 독자들을 위해 쓰신 선생의 책들은 매우 성공적이어서 사회정치철학자들 중 선두주자의 하나로 두루 인식되고 계십니다. 다음에는 무슨 주제나 이슈로 글을 쓰실 예정인지 말해주실 수 있습니까?

너스바움─물론입니다. 앞에서 말한 것처럼 애국심에 대한 책을 쓰고 있습니다. 공동 저자와 글을 쓰고 있는데, 이번 책은 상업적인 출판사에서 내는 꽤 대중적인 책이 될 것입니다. 그러나 이 책은 저의 장기적 프로젝트인 정치적 감정을 다루는 주요 학문적 저술과 밀접하게 관련되어 있습니다. 다음으로 제가 동시에 작업하고 있는 두 개의 보다 짧은 프로젝트들이 있습니다. 다행히도 저는 향후 5년 안에 여섯 학기나 쉴 수 있기 때문에 운이 좋은 편입니다. 제 동료인 스톤(Jeff Stone)이 편집하는 일반 대중을 대상으로 하는 헌법에 관한 일련의 책들이 있는데, 그가 제게 그중 한 권을 쓰도록 권유해왔습니다. 바로 성적 성향에 관한 책인데요, 프라이버시 사례를 생각하고 있는 것도 이 때문입니다. 프라이버시를 주제로 한 이 책은 4만 단어 정도의 작은 분량의 책인데, 초고가 거의 완성단계에 있습니다. 또 인류애의 쇠락과 그것이 전 세계적으로 왜 나쁜 영향을 미치는지에 관해 글을 쓴 적이 있는 데, 그 글이 많은 주목을 받아서 현재 프린스턴 대학 출판부에서 작은 책으로 만들고 있는 중입니다. 그래서 이 글을 메니페스토 같은 종류로 다시 구성해야 합니다. 이 책은 인류의 미래에 관한 책이 될 것입니다. 마지막으로, 매년 *Harvard Law Review*에서 대법원에 관한 이슈를 출간하는데, 돌아오는 호가 그렇습니다. 한 명의 학자를 선정해 대법원에 요구하는 것을 글로 쓰도록 하는데, 3만 5천 단어로 매우 긴 글입니다. 헌법에 관한 이론을 썼으니, 그 시기의 사례들에 이를 적용해보면 어떻겠냐는 것이었습니다. 물론 저는 가능성 이론과 헌법 사이의 관련성에 대해 글을 썼습니다. 어떤 점에서, 미국은 다른 나라들만큼이나 이를 입증하지 못하고 있지만 여전히 이에 대한 중압을 느낀다고 얘기한 후, 인간 가능성의 관점에서 보면 가장 소름끼치는 사례 중 하나였던 2006년도의 매우 끔찍한 사건들에 그것을 적용했습니다. 3년 안에 그것을 책으로 출간하기로 계약했기 때문에 사례로 무엇을 다룰지 결정해야 합니다. 책에서는 2006년에만 초점을 둘 수 없고, 보다 넓은 범위를 다루어야 하기 때문에 인도와 남아프리카 사례 등을 넣어서 비교적 관점을 갖도록 만들고 싶습니다. 이것이 제가 하고 있는 또 다른 장기 프로젝트입니다.

곽준혁—선생의 책들이 몹시 기대됩니다. 장시간 대담 고맙습니다.

자유주의와 한국사회

자유주의의 오랜 가치들

한국사회는 너스바움과 같은 온건한 자유주의자들을 자유주의자라고 생각할까? 재분배라는 말만 가지고 좌우의 이념적 좌표에서 어느 한쪽에 치우친 입장이라고 단정하지는 않을까? 자유주의와 민족주의, 그리고 자유주의와 무한경쟁의 결합이 결코 어색하지 않은 사회에서 그녀의 자유주의가 설 자리는 어디일까? 이러한 질문들이 뇌리를 스치면서 한국사회의 핵심적 가치들로부터 다소 멀어진 자유주의의 오랜 가치들이 생각났다. 그중 첫 번째가 갈등은 불가피하지만 잘 관리하면 건강한 사회를 만든다는 자유주의적 확신이다. 이러한 자유주의적 확신은 종종 다원성(plurality)과 같은 정치사회적 특성이나 '권력분립'과 같은 제도적 표현으로 나타나기도 하는데, 무엇보다도 자유로운 삶의 기본 조건으로 개인의 선택과 차이의 인정을 보장했을 때 나타날 수 있는 정치사회적 갈등에 대해 낙관적인 태도를 요구하고 있다(Larmore, 1990: 339~342; Kahn, 2005: 33~65). 반면 한국사회의 자유주의는 최초의 습득과정에서부터 개인의 선택과 차이를 인정하는 것에 인색했다. 정치적 이념으로서 처음 등장했을 때부터 자유주의는 이념적 대결을 수반했고, 자유민주주의 국가를 만드는 과정과 반공주의라는 이념적 보루를 만드는 과정이 동일시되면서 자유주의의 가치들은 비자유주의적 원칙들로 윤색되었다(Choi, 2009: 256). 여기에 분단과 전쟁이 강화시킨 반공주의의 굴레 속에서 자유주의는 갈등에 대한 낙관적 태도보다 비관적 전망에 더욱 익숙해졌고, 개발독재의 근대화 과정과 권위주의 정부의 통제하에서 이성적 회의보다 맹목적 헌신을 요구하는 권력의 정치적 수사로 전락했다. 1987년 민주항쟁을 통해 정치적 자유는 획득되었지만, 한국사회의 자유주의는 여전히 갈등에 대한 낙관적 태도보다 비관적 전망을 견지하고 있다. 물론 무분별한 갈등이 가져올 정치적 결과를 무시하는 것이 자유주의적 확신은 아니다. 그러나 갈등이 없는 사회를 좋은 사회의 전형(eidos)으로 간주하는 분위기에서 자유주의가 강조하는 다양성과 개인의 선택이 갖는 정치사회적 의미는 훨씬 위축될 수밖에 없다.

두 번째 가치는 상호존중과 무관심을 구분하는 자유주의적 관용(toleration)이다. 주지하다시피 자유주의의 가장 큰 내재적 긴장은 한편으로는 문화적·정치사회적 경계를 넘어 적용될 수 있는 보편적 가치를 주장하면서도 다른 한편으로는 개인 또는 집단의 동의를 얻는 과정에서 발견되는 개별 의사의 차이를 인정할 것을 요구한다는 점에서 비롯된다(Gray, 2000: 1~33). 이때 전자는 정치제도를 보편적 가치의 발현이라고 보는 입장과 연관되고, 후자는 정치제도를 이기적 인간들의 평화적 공존을 위한 수단으로 보는 입장과 관련된다. 여기에서 우리가 주목해야 할 점은 두 가지 입장 중 어떤 것을 취하더라도 자유주의자들이 내재적 긴장을 해소하기 위해 선택하는 방법은 상호존중에 기초한 '관용'의 정신에 의존할 수밖에 없다는 사실이다. 그 이유는 상호존중에 기초한 관용은 단순히 시장의 거래에서 발견되는 상대방에 대한 무관심과는 다른 정치사회적 실천이기 때문이다. 사실 이견을 가진 상대방의 의사에 대한 호불호와 관심이 존재한다는 점, 그리고 이견에도 불구하고 결정에 대한 책임을 서로 공유하고자 한다는 점에서 관용은 무관심과는 다를 수밖에 없다(Cohen, 2004: 71~78). 입장의 차이가 대화를 통해 극복될 수 있다는 신념, 그리고 이러한 극복은 단순히 이견을 무시하거나 인내하는 것이 아니라 각자가 심의를 통해 자신의 의사를 바꿀 때 가능하다는 확신이 바로 자유주의적 관용의 정신이다(Gutmann & Thompson, 1996: 52~94; Galston, 1989). 이런 맥락에서 볼 때, 한국사회에서는 자유주의적 관용이 기초할 신념과 믿음의 토대가 그리 튼튼하지 않은 것 같다. 이견을 가진 상대방에게 일방적으로 묵인을 요구하거나, 다양성을 내세우며 시민적 관용의 정치사회적 실천을 강제적이라고 거절하거나, 개인적 판단의 유보를 이유로 결정된 사안에 대한 책임의 공유를 회피하는 일을 보는 것은 어렵지 않다. 특히 대화를 통해 서로의 의견이 조율되고, 이 과정에서 서로에 대한 관심과 배려가 커질 수 있다는 믿음은 극히 제한된 영역에서만 발견된다. 게다가 시민교육을 통해서라도 자유주의적 관용의 정신을 배양하고 함양해야 한다는 목소리를 독재의 전조처럼 인식하는 분위기다. 자신과 타인을 구별하는 비관계적 무관심이 자유주의적 관용을 대체함으로써 상호존중이라는 자유주의적 가치가 수사적 기교로 전락하는 것은 아닐까하는 우려가 단순한 기우만은 아닐 것이다.[11]

세 번째 가치는 일반인들 사이의 심의를 통한 결정이 탁월한 전

---

11 한국사회에서 자유주의적 관용이 시민적 삶에 내재되지 않은 결과는 여러 형태로 나타난다. 국내적으로는 공유되어야 할 책임이 개인에게 지나치게 치환되고 있음에도 불구하고 시민들은 무관심한 태도를 보인다. 예를 들면, 불평등의 심화와 공교육의 붕괴가 가져온 문제들이 개인 또는 가정에 이전되고 있음에도 불구하고 한국사회에는 이러한 문제들을 해결하기 위한 시민적 대화의 공간이 턱없이 부족하다. 국제적 차원에서는 민족주의의 굴레로부터 자유롭지 못한 한국적 세계화가 진행되고 있다. 한국사회에서도 다문화 공존의 필요성이 직접적인 정치사회적 문제로 대두되고, 이러한 문제를 해결하기 위한 정책적 대안을 요구하는 수준으로까지 진전되었다. 그러나 외국인들이 한국사회에서 느끼는 차별의 정도는 매우 심하다. 일상에서 무시당하거나 욕설을 들은 경험을 가진 사람들이 18.9%, 이중에서 불편한 감정을 행동이나 표정으로 전달받은 경우가 39.6%, 모욕적인 언사가 23.7%, 심지어 조롱도 15.5%에 달했다(인권위원회, 2002). 최근에는 많이 좋아졌지만, 외국인 노동자들에 대한 한국사회의 무관심은 시민적 품위를 보여주기에 여전히 부족하다. 한국사회의 후기 산업주의 또는 신자유주의적 경향에 대해서는 곽준혁(2008c)을 참조.

문가의 판단보다 나을 수 있다는 자유주의적 역설이다. 자유주의의 정치제도적 구상은 늘 두 가지 대립된 입장을 가져온다. 하나가 법 또는 질서를 시원적 계약에 의한 정치사회의 결성과 동시에 구성된 질서(taxis)로 간주하는 입장이다. 이때 자유주의자들은 헌법 또는 기본법이 세대를 초월해 시민 스스로를 제약하는 사전 서약(precommitment)적 기능을 하기 때문에 다양한 비이성적 행위로부터 정치를 보호해야 한다는 전제를 단다. 반면 자유주의적 전통에는 법 또는 제도란 사회구성원에 의해 발견되어지는 질서(cosmos)이기에 시간적·공간적 한계를 가질 수밖에 없으며, 이러한 한계는 시민들의 지속적인 토론과 심의를 통해서 극복될 수 있다는 입장이 공존한다. 후자의 입장이 바로 자유주의가 고전적 공화주의로부터 계승한 정치적 역설이다.

사실 전자가 기본적인 인간의 권리를 천부적 인권으로 설명하고자 하는 근대 자유주의의 신념을 대변한다면, 후자는 절대 권력에 대한 저항과 현자의 기만에 대한 견제를 중시하는 고전적 공화주의의 지혜를 담고 있다. 또한 신자유주의를 대표하는 것처럼 언급되는 경제학자 하이에크(Friedrich Hayek)도 밝혔듯이, '발견되어지는 질서'에 대한 자유주의적 신뢰는 자생적 질서에 대한 믿음에 바탕을 둔 영미의 보통법(common law) 전통과 결코 무관하지 않다(Hayek, 1976: 13, 35). 즉 그가 말하는 소위 '만들어진 질서'(taxis)와 '자연적 질서'(cosmos)의 혼합형이 계획되지 않은 상호관계의 결과라면, 그리고 그가 말하는 법이 주권자의 명령에 의해 위로부터 아래로 형성되는 것이 아니라 아래로부터 위로 형성되는 자발적인 법(nomos)이라면, 신자유주의조차도 자유주의적 역설이 담고 있는 평범한 시민들의 심의에 대한 기대에서 출발하고 있다는 것이다. 그럼에도 불구하고, 한국사회의 자유주의는 자유주의적 역설에 내재한 정치적 지혜에 큰 관심을 보이지 않고 있다. 이견이 가져오는 정치사회적 사안이 불안정을 가져올 때마다, 발견되어지는 질서에 대한 자유주의적 확신보다 카리스마적 전문가의 리더십에 의존하는 것을 쉽게 볼 수 있다. 위로부터 아래로 부여되는 질서(taxis)가 가져올 위험에 둔감한 자유주의가 파시즘적 유혹에 얼마나 취약했는지를 돌이켜볼 시점에 우리는 서 있는지도 모른다.

진화된 자유주의에 대한 성찰

자유주의가 당면한 위기는 한국사회만의 문제는 아니다. 그러나 자유주의의 핵심적인 가치를 시대와 상황에 맞게 고치고, 상실된 좋은 덕성들을 회복하려는 노력이 부족한 것은 한국사회만의 문제일 수 있다. 사실 한국사회에서 자유주의의 일반적 가치들이 통용되고 있는지도 의문이다. 외생적으로 습득한 자유주의에 내재한 서구적 전통과 문화까지 이식되어야 한다는 것은 아니지만, 자유주의적 가치들이 한국사회에서 어떻게 해석되고 적용되는지에 대한 진지한 토론이 필요하다. 만약 한국사회에서 해석된 자유주의적 가치들이 일반적인 기준에서 비자유주의적인 것으로 비춰질 때, 우리는 우리가 자유주의적 가치라고 믿고 있는 것들을 토론하고 분석할 필요가 있다. 자유주의에 대한 비판도 마찬가지다. 비판의 대상으로 지목한 '자유주의적 법치주의'와 '자유주의적 민주주의'가 지칭하는 바가 무엇인지 구체적으로 밝혀야 한다. 인간의 본성을 원자적이며 합리적인 것으로 파악하면서 개인의 존재와 이익을 사회보다 우선시한다는 인식론적 전제, 그리고 사적 영역과 공적 영역을 구분하는 제도사적 경험이 자유주의의 핵심이라는 사실은 부인할 수 없다. 또한 '법의 지배'(rule of law)를 전제적 권력의 사용을 방지하는 정부 권한의 일반적 제한과 연관시키는 경향을 갖고 있고, 이러한 경향이 인간의 기본권이 천부적이고 전정치적이며 보편적이라는 자유주의적 신념에서 비롯되었다는 것도 부인하기 어렵다.

그러나 너스바움의 자유주의에서 보듯, 적법 절차와 개인의 권리를 통해 정부의 권위를 제한하는 것에 상상력을 닫아두기보다 인간다운 삶의 최소 조건으로서 시민적 가능성을 달성함으로써 자유를 통한 평등을 구현하고자 하는 노력도 있다. 그리고 이러한 자유주의의 새로운 지평은 다름 아닌 자유주의가 유지시키고 발전시켜온 가치들을 통해서만 가능하다는 점을 강조하고 싶다. 다양성과 갈등, 상호존중과 관용, 그리고 상식과 제도의 변증법적 자기 수정 속에서 진화된 자유주의에 대한 진지한 고민이 없다면, 그리고 이러한 자유주의가 담고 있는 가치들이 민주적 심의를 통해 구성되고 유지될 수 있다는 낙관적 전망이 없다면, 자유주의의 열정과 지혜를 통해 배양될 시민적 품위는 한국사회의 미래에 대한 기대를 충족시킬 수 없을 것이다.

참고문헌

곽준혁(2003a), 「민족주의 없는 애국심과 비지배 평화원칙」, 『아세아연구』 제46권 4호, 311~340쪽.

＿＿＿(2003b), 「갈등, 혼합정체, 그리고 리더십: 마키아벨리의 『로마사 논고』를 중심으로」, 『정치사상연구』 제9집, 171~194쪽.

＿＿＿(2004), 「민족적 정체성과 민주적 시민성: 세계화시대 비지배 자유 원칙」, 『사회과학연구』 제12집 2호, 34~66쪽.

＿＿＿(2005a), 「민주주의와 공화주의: 헌정체제의 두 가지 원칙」, 『한국정치학회보』 제39집 3호, 33~57쪽.

＿＿＿(2005b), 「심의민주주의와 비지배적 상호성」, 『국가전략』 제11권 2호, 141~168쪽.

＿＿＿(2007a), 「다문화 공존과 사회적 통합」, 『대한정치학회보』 제15집 2호, 23~41쪽.

＿＿＿(2007b), 「정치적 수사와 민주적 리더십: 아리스토텔레스 수사학의 재구성」, 『국가전략』 제13권 1호, 41~65쪽.

＿＿＿(2007c), 「키케로의 공화주의」, 『정치사상연구』 제13집 2호, 126~148쪽.

＿＿＿(2008a), 「『로마사 논고』에 기술된 민주적 권위(autorità)」, 『한국정치학회보』 제42집 2호, 23~44쪽.

_____(2008b), 「공화주의」, 한국정치학회 편, 『정치학 이해의 길잡이: 정치학핸드북 Vol. 1』.

_____(2008c), 「왜 그리고 어떤 공화주의인가」, 『아세아연구』 제51권 1호, 133~163쪽.

_____(2009), 「공화주의와 인권」, 『정치사상연구』 제15집 1호, 33~55쪽.

국가인권위원회(2002), 『국내거주 외국인 노동자 인권실태조사』

Angus, Ian(1998), "Interview with Chantal Mouffe & Ernesto Laclau", in *Conflicting Publics* (A Televised Series of One-Hour Interview on Contemporary Political Thought through 'The Knowledge Network').

Aristotle(1983), *The Politics*, Carnes Lord Trans., Chicago: University of Chicago Press.

Attas, Daniel(2003), "Markets and Desert" in Daniel Bell & Avner de-Shalit eds., *Forms of Justice: Critical Perspectives on David Miller's Political Philosophy*, New York: Rowman & Littlefield.

Bader, Veit(2005), "Against Monism: Pluralist Critical Comments on Danielle Allen and Philip Pettit" in Melissa Williams & Stephen Macedo eds., *Political Exclusion and Domination*, New York: New York University Press.

Barry, Brian(2001), *Culture and Equality: An Egalitarian Critique of Multiculturalism*, Cambridge: Harvard University Press.

Bell, Daniel & Avner de-Shalit eds.(2003), *Forms of Justice: Critical Perspectives on David Miller's Political Philosophy*, New York: Rowman & Littlefield.

Bellamy, Richard(1992), *Liberalism and Modern Society: A Historical Argument*, University Park: Pennsylvania State University

Press.

Bertram, Benjamin(1995), "New Reflections on the "Revolutionary" Politics of Ernesto Laclau and Chantal Mouffe", *Boundary 2*, 22, No. 3, pp. 81~110.

Bloom, Allan(1987), *The Closing of the American Mind*, New York: Touchstone Book.

Bocock, Robert(1986), *Hegemony*, London: Routledge.

Bohman, James(2007), *Democracy across Borders: From Demos to Demoi*, Cambridge: MIT Press.

Bohman, James & William Rehg eds.(1999), *Deliberative Democracy, Essays on Reason and Politics*, Cambridge: MIT Press.

Bosche, Roger(1998), "Thinking about Freedom", *Political Theory 26*, No. 6, pp. 855~873.

Boynton, Robert(1999), "Who Needs Philosophy?: A profile of Martha Nussbaum", *The New York Times Magazine*, November. 21.

Braithwaite, John & Philip Pettit(1993), *Not Just Deserts: A Republican Theory of Criminal Justice*, New York: Oxford University Press.

Brennan, Geoffrey & Loren Lomasky(2006), "Against reviving republicanism", *Politics, Philosophy & Economics 5*, No. 2, pp. 221~252.

Brennan, Geoffrey & Philip Pettit(2004), *The Economy of Esteem*, New York: Oxford University Press.

Bresser-Pereira & Luiz Carlos(2002), "Citizenship and Res Publica: The Emergence of Republican Rights", *Citizenship Studies 6*, No. 2, pp. 145~164.

Butler, Judith, Ernesto Laclau, and Slavoj Zizek(2000), *Contingency, Hegemony, Universality: Contemporary Dialogues on the Left*,

New York: Verso.

Caney, Simon(2003), "Entitlements, Obligations, and Distributive Justice: The Global Level", in Daniel Bell & Avner de-Shalit eds., *Forms of Justice: Critical Perspectives on David Miller's Political Philosophy*, New York: Rowman & Littlefield.

Castoriadis, Cornelius(1997), *The Castoriadis Reader*, translated and edited by David Curtis, Malden: Blackwell Publishers.

Choi, Jang-Jip(2009), "The Fragility of Liberalism and its Political Consequences in Democratized Korea", *The Journal of Asiatic Studies 52*, No. 3, pp. 252~272.

Cohen, Andrew Jason(2004), "What Toleration Is", *Ethics 115*, pp. 68~95.

Cooper, John(1988), "Review: The Fragility of Goodness by Martha Nussbaum", *The Philosophical Review 97*, No. 4, pp. 543~564.

Crouch, Colin(2004), *Post-Democracy*, Malden: Polity Press.

Dagger, Richard(2006), "Neo-republicanism and the Civic Economy", *Politics, Philosophy and Economics 5*, No. 2, pp. 151~173.

Dalton, Russell(2004), *Democratic Challenges, Democratic Choices: The Erosion of Political Support in Advanced Industrial Democracies*, New York: Oxford University Press.

Dryzek, John(2000), *Deliberative Democracy and Beyond: Liberals, Critics, Contestations*, New York: Oxford University Press.

Eisenberg, Avigail(2002), "Context, Cultural Difference, Sex and Social Justice", *Canadian Journal of Political Science 35*, No. 3, pp. 613~628.

Euben, Peter(1997), *Corrupting Youth: Political Education, Democratic Culture, and Political Theory*, Princeton: Princeton University Press.

Fabre, Cécile(2003), "Global Egalitarianism: An Indefensible Theory of Justice?" in Daniel Bell & Avner de-Shalit eds., *Forms of Justice: Critical Perspectives on David Miller's Political Philosophy*, New York: Rowman & Littlefield.

Feinberg, Joel(1974), "Noncomparative Justice", *Philosophical Review 83*, No. 3, pp. 297~338.

Fishkin, James(1991), *Democracy and Deliberation: New Directions for Democratic Reform*, New Heaven: Yale University Press.

Francisco, Panizza(2005), *Populism and the Mirror of Democracy*, New York: Verso.

Galston, William(1989), "Civic Education in the Liberal State" Nancy Rosenblum eds., *Liberalism and the Moral Life*, Cambridge: Harvard University Press.

Gaus, Gerald(2003), "Backwards into the Future: Neorepublicansim as a Postsocialist Critique of Market Society", *Social philosophy & policy 20*, No. 1, pp. 59~91.

Goodin, Robert(2003), "Folie Républicaine", *Annual Review of Political Science 6*, No. 1, pp. 55~76.

Gray, John(2000), *Two Faces of Liberalism*, New York: The New Press.

Gutmann, Amy(1980), *Liberal Equality*, New York: Cambridge University Press.

_____(1995), "Civic Education and Social Diversity", *Ethics 105*, No. 3, pp. 557~579.

_____(2006), "Amy Gutmann" in Morten Ebbe Juul Nielsen ed., *5 Questions on Political Philosophy*, New York: Automatic Press.

_____(2008), "Identity in Democracy", *El Pais(Spanish Newspaper)*, Oct. 31.

_____(2009), "College Presidents Pen Admissions Essays", *The Wall Street Journal*, May. 6.

Gutmann, Amy & Dennis Thompson(1996), *Democracy and Disagreement*, Cambridge: Harvard University Press.

_____(2003), *Identity in Democracy*, Princeton: Princeton University Press.

_____(2004), *Why Deliberative Democracy?*, Princeton: Princeton University Press.

Hardt, Michael & Antonio Negri(2004), *Multitude: War and Democracy in the Age of Empire*, New York: Penguin.

Hampshire, Stuart(2000), *Justice is Conflict*, Princeton: Princeton University Press.

Hayek, Friedrich A.(1976), *Law, Legislation and Liberty vol. II*, Chicago: University of Chicago Press.

Honohan, Iseult & Jeremy Jennings(2006), *Republicanism in Theory and Practice*, New York: Routledge.

Hunter, Allen(1977), *Politics and Ideology in Marxist theory: Capitalism-Fascism-Populism*, Atlantic Highlands: Humanities Press.

_____(1988), "Review: Post-Marxism and the New Social Movements", *Theory and Society 17*, No. 6, pp. 885~900.

Kahn, Paul(2005), *Putting Liberalism in Its Place*, Princeton: Princeton University Press.

Kateb, George(2000), "Is Patriotism a Mistake?", *Social Research 67*, No. 4, pp. 901~924.

Knops, Andrew(2007), "Agonism as deliberation-on Mouffe's theory of democracy", *Journal of Political Philosophy 15*, No. 1, pp. 115~126.

Kwak, Jun-Hyeok(2004), "Nondomination and Contestability: Machiavelli contra Neo-Roman Republicanism", *Korean Political Science Review 38*, No. 4, pp. 213~239.

_____(2007), "Democratic Leadership: Machiavelli supplementing Populist Republicanism", *Korean Journal of Political Science 14*, No. 3, pp. 115~142.

Kwak, Jun-Hyeok & Park, Eon-Joo(2009), "Comfort Women Case Reconsidered: Inherited Responsibility with Reciprocal Nondomination", *the Midwest Political Science 67th Annual Meeting*, Chicago, April 3~5.

Kymlicka, Will(1996), *Multicultural Citizenship*, New York: Oxford University Press.

Laclau, Ernesto(2005), *On Populist Reason*, New York: Verso.

Laborde, Cécile & John Maynor(2008), *Republicanism and Political Theory*, Malden: Blackwell Publishing Co.

Laclau, Ernesto & Chantal Mouffe(1977), *Politics and Ideology in Marxist Theory: Capitalism, Fascism, and Populism*, Thetford: Thetford Press.

_____(1985), *Hegemony and Socialist Strategy*, translated by Winston Moore and Paul Cammack, New York: Verso.

_____(1998), "Hearts, Minds and Radical Democracy", *Interviewed with Dave Castle*, Red Pepper, June.

Larmore, Charles(1990), "Political Liberalism", *Political Theory 18*, No. 3, pp. 339~360.

_____(2003), "Liberal and republican conceptions of freedom", *Critical Review of International Social and Political Philosophy 6*, pp. 96~119.

Lefort, Claude(1986), *The Political Forms of Modern Society: Bureaucracy, Democracy, Totalitarianism*, Cambridge: Polity.

_____(2000), *Writing: The Political Test*, trans & edited by David Ames Curtis, Durham: Duke University Press.

Leibovici, Martine(2002), "From fight to debate: Machiavelli and the revolt of the Ciompi", *Philosophy & Social Criticism 28*, No. 6, pp. 647~660.

Macedo, Stephen ed.(1999), *Deliberative Politics: Essays on Democracy and Disagreement*, New York: Oxford University Press.

Manville, Philip Brook(1990), *The Origins of Citizenship in Ancient Athens*, Princeton: Princeton University Press.

Markell, Patchen(1997), "Contesting consensus: Reading Habermas on the public sphere", *Constellations 3*, No. 3, pp. 377~400.

McCormick, John(2001), "Machiavellian Democracy: Controlling Elites with Ferocious Populism", *American Political Science Review 95*, No. 2, pp. 297~313.

_____(2003), "Machiavelli against Republicanism: On the Cambridge School's Guicciardinian Moments", *Political Theory 31*, No. 5, pp. 615~643.

McLemee, Scott(2001), "What Makes Mrtha Nussbaum Run?", *The Chronicle of Higher Education*, October. 5.

Medearis, John(2001), *Joseph Schumpeter's Two Theories of Democracy*, Cambridge: Harvard University Press.

Miller, David(1976), *Social Justice*, Oxford: Oxford University Press.

_____(1989), *Market, State and Community: Theoretical Foundations of Market Socialism*, Oxford: Clarendon Press.

_____(1995), *On Nationality*, New York: Oxford University Press.

_____(1998), "The Limits of Cosmopolitan Justice", in David R. Mapel & Terry Nardin eds., *International Society: Diverse Ethical Perspectives*, Princeton: Princeton University Press.

_____(1999), *Principles of Social Justice*, Cambridge: Harvard University Press.

_____(2000), *Citizenship and National Identity*, Malden: Polity Press.

_____(2003), "A Response" in Daniel Bell & Avner de-Shalit eds., *Forms of Justice: Critical Perspectives on David Miller's Political Philosophy*, New York: Rowman & Littlefield.

_____(2007), *National Responsibility and Global Justice*, New York: Oxford University Press.

Mouffe, Chantal(1979), *Gramsci and Marxist Theory*, Boston: Routledge & Kegan Paul.

_____(1992), "Democratic Citizenship and the Political Community" in Chantal Mouffe ed., *Dimensions of Radical Democracy*, New York: Verso.

_____(1996), "Radical Democracy or Liberal Democracy?" in David Trend ed., *Radical Democracy*, New York: Routledge.

_____(1997[1993]), *The Return of the Political*, New York: Verso.

_____(2000), *The Democratic Paradox*, New York: Verso.

_____(2001), "Democracy-Radical and Plural", *CSD Bullletin 9*, No. 1, pp. 10~13.

_____(2005), *On the Political*, New York: Routledge.

Nozick, Robert(1974), *Anarchy, State and Utopia*, New York: Basic Books.

Nussbaum, Martha(1990), "Aristotelian Social Democracy" R. Bruce Duglass, Gerald Mara & Henry Richardson eds., *Liberalism and the Good*, New York: Routledge.

_____(1992), "Human Functioning and Social Justice: In Defense of Aristotelian Essentialism", *Political Theory 20*, No. 2, pp. 202~246.

_____(1994), *Therapy of Desire*, Princeton: Princeton University Press.

_____(1996), "Patriotism and Cosmopolitanism" Joshua Cohen eds., *For Love of Country: Debating the Limits of Patriotism*, Boston: Beacon Press.

_____(1997), *Cultivating Humanity: A Classical Defense of Reform in Liberal Education*, Cambridge: Harvard University Press.

_____(1999), *Sex and Social Justice*, New York: Oxford University.

_____(2000a), "In Defense of Universal Values", *Idaho Law Review 36*, pp. 379~447.

_____(2000b), *Women and Human Development: the Capabilities Approach*, New York: Cambridge University Press.

_____(2001), *Upheavals of Thought: The Intelligence of Emotions*, New York: Cambridge University Press.

_____(2003), "Tragedy and Justice, Bernard Williams remembered", *Boston Review*, October/November.

_____(2004), "Emotions as Judgments of Value and Importance" Robert Solomon eds., *Thinking about Feelings: Contemporary Philosophers on Emotions*, New York: Oxford University. 183~199.

_____(2006b), "Martha Nussbaum" Morten Ebbe Juul Nielsen ed., *5 Questions of Political Philosophy*, New York: Automatic Press.

_____(2006c), *Frontiers of Justice: Disability, Nationality, Species Membership*, Cambridge: Harvard University.

_____(2008), "Arnold Wolf, 1924~2008", The Faculty Blog. December, http://uchicagolaw.typepad.com/faculty/2008/12/arnold-wolf-19242008.html.

Nussbaum, Martha & Amartya Sen eds.(1993), *The Quality of Life*, New York: Oxford University Press.

Nussbaum, Martha & Harry Kriesler(2006a), "Women's Rights, Religious freedom, and Liberal Education: Conversation with

Martha C. Nussbaum, *Conversation with History*, Institute of International Studies, University of California, Berkeley.

Oakeshott, Michael(1975), *On Human Conduct*, Oxford: Oxford Clarendon Press.

Ober, Josiah(1989), *Mass and Elite in Democratic Athens*, Princeton: Princeton University Press.

Okin, Susan(1998), "Feminism and Multiculturalism: Some Tensions", *Ethics 108*, pp. 661~684.

Olsaretti, Serena(2003), "Desert and Luck"in Daniel Bell & Avner de-Shalit eds., *Forms of Justice: Critical Perspectives on David Miller's Political Philosophy*, New York: Rowman & Littlefield.

_____(2007), *Desert and Justice*, New York: Oxford University Press.

Pettit, Philip(1980), *Judging Justice*, Boston: Routledge & Kegan Paul.

_____(1989), "Consequentilism and Respect for Persons", *Ethics 100*, No. 1, pp. 116~126.

_____(1991), "Consequentialism" in Peter Singer ed., *A Companion to Ethics*, Oxford: Blackwell Publishers.

_____(1996[1993]), *The Common Mind, An Essay on Psychology, Society, and Politics*, New York: Oxford University Press.

_____(1997), *Republicanism: A Theory of Freedom and Government*, New York: Oxford University Press.

_____(2000), "Non-Consequentialism and Universalizability", *The Philosophical Quarterly 50*, No. 199, pp. 175~190.

Pettit, Philip & Geoffrey Brennan(1986), "Restrictive Consequentialism", *Australasian Journal of Philosophy 64*, No. 4, pp. 438~455.

Paehlke, Robert(2003), *Democracy's Dilemma, Environment, Social*

Equity, and the Global Economy, Cambridge: MIT Press.

Panizza, Francisco(2005), "Introduction: Populism and the Mirror of Democracy" in Fancisco Panizza ed., Populism and the Mirror of Democracy, New York: Verso.

Pereira, Paulo(2000), "From Schumpeterian Democracy to Constitutional Democracy", Constitutional Political Economy 11, No. 1, pp. 69~86.

Picardo, Nelson(1997), "New Social Movements: A Critical Review", Annual Review of Sociology 23, pp. 411~430.

Pitkin, Hanna(1993[1972]), Wittgenstein and Justice, Berkeley: University of California Press.

Putnam, Hilary(1981), Reason, Truth and History, New York: Cambridge University.

Rahe, Paul(2006), Machiavelli's Liberal Republican Legacy, New York: Cambridge University Press.

Rawls, John(1971), A Theory of Justice, Cambridge: Harvard University Press.

Scheffler, Samuel(2000), "Justice and Desert in Liberal Theory", California Law Review 88, No. 3, pp. 965~990.

Schmitt, Carl(1976), The Concept of the Political, Translated by George Schwab, New Brunswick: Rutgers University Press.

_____(2005[1985]), Political Theology, Translated by George Schwab, Cambridge: MIT Press.

Schumpeter, Joseph(1976[1942]), Capitalism, Socialism, and Democracy, New York: Harper Torchbooks.

Scott, Alan(1990), Ideology and the new social movements, Boston: Unwin Hyman.

Sim, Stuart(2000), Post-Marxism: An Intellectual History, New York: Routledge.

Skinner, Quentin(1998), *Liberty before Liberalism*, New York: Cambridge University Press.

Sophocles(1991[1942]), *Sophocles I: Oedipus the King, Oedipus at Colonus, Antigone*, David Grene trans., Chicago: University of Chicago Press.

Ste. Croix, Geoffrey Ernest Maurice de(1981), *The Class Struggle in the Ancient Greek World*, Ithaca: Cornell University Press.

Sunstein, Cass(2003), *Why Societies Need Dissent*, London: Harvard University Press.

Swift, Adam(1999), "Public Opinion and Political Philosophy: The Relation between Social-Scientific and Philosophical Analyses of Distributive Justice", *Ethical Theory and Moral Practice 2*, No. 4, pp. 337~363.

Torfing, Jacob(1999), *New Theories of Discourse: Laclau, Mouffe, Zizek*, Malden: Blackwell Publishers Inc.

Udehn, Lars(2001), *Methodological Individualism: Background, History and Meaning*, New York: Routledge.

_____(2002), "The Changing Face of Methodological Individualism", *Annual Review of Sociology 28*, pp. 479~507.

Vatter, Miguel(2005), "Pettit and Modern Republican Political Thought" in Melissa Williams & Stephen Macedo eds., *Political Exclusion and Domination*, New York: New York University Press.

Villa, Dana(1999), *Politics, Philosophy, Terror: Essays on the Thought of Hannah Arendt*, Princeton: Princeton University Press.

Viroli, Maurizio(2002), *Republicanism*, New York: Hill & Wang.

Walzer, Michael(1983), *Spheres of Justice: A Defense of Pluralism and Equality*, New York: Basic Books.

Weinstock, Daneil & Christian Nadeau(2004), *Republicanism: History, Theory, and Practice*, Portland: Frank Cass.

Williams, Bernard(1981), *Moral Luck: Philosophical Papers 1973~80*, New York: Cambridge University Press.

Williams, Bernard & Thomas Nagel(1976), "Moral Luck", *Proceedings of the Aristotelian Society, Supplementary Volumes*. *Vol. 50*, pp. 115~151.

Wolin, Sheldon(1994), "Norm and Form: The Constitutionalizing of Democracy"in Peter Euben, John Wallach, and Josiah Ober eds., *Athenian Political Thought and the Reconstruction of American Democracy*, Ithaca: Cornell University Press.

Young, Iris(2002), *Inclusion and Democracy*, New York: Oxford University Press.

Zolo, Danilo(1992), *Democracy and Complexity*, University Park: Penn. State University Press.

찾아보기

곽준혁 郭峻赫

미국 시카고 대학에서 마키아벨리에 대한 연구로 정치학 박사학위를 받았으며, 경북대 정치외교학과 교수와 이탈리아 볼로냐 대학 방문교수를 지냈다. 현재 고려대 정치외교학과 교수로 있으며, 동아시아연구원 가치와 윤리센터 소장과 고려대학교 평화연구소 정치이론센터장을 맡고 있다. 주요 연구 분야는 소크라테스에서 마키아벨리에 이르는 고대중세 정치사상과 르네상스 정치사상, 그리고 공화주의, 민족주의, 헌정주의, 민주적 리더십, 인권 등 고전 사상의 현대적 적용에 초점을 둔 정치이론이다.

주요 논문으로는 "Domination through subordination" "Multicultural Coexistence without Principle" "Democratic Leadership: Machiavelli supplementing Populist Republicanism" "Nondomination and Contestability: Machiavelli contra Neo-Roman Republicanism"를 비롯해 「키케로의 공화주의」「공화주의와 인권」「『로마사 논고』에 기술된 민주적 권위」「정치적 수사와 민주적 리더십」「민주주의와 공화주의: 헌정체제의 두 가지 원칙」「심의민주주의와 비지배적 상호성」「민족주의 없는 애국심과 비지배 평화원칙」 등이 있다.